编委会人员名单（按姓氏笔画排列）

主　　编　蒋泰维

副 主 编　王宏理　朱仁华
　　　　　吴　东　赵　敏

执行主编　俞鼎起

执行副主编　何飘飘

雄居天下

风起云涌的浙商第一方阵

蒋泰维　主编

ZHEJIANG UNIVERSITY PRESS
浙江大学出版社

目录

前　言

第一章　数字经济:引领转型升级

第二章　先进制造：品牌走向国际

第三章　时尚文化:创意美化生活

第四章　生物医疗:造福百姓健康

第五章　新能源新材料：改变物质世界

第六章　节能环保:呵护自然生态

前　言

曾经，由于历史的原因，浙江缺乏大企业，几乎没有处于国内外前列的行业龙头企业。2003年，时任中共浙江省委书记习近平指出“低小散”是浙江经济发展存在的突出问题，强调必须“腾笼换鸟，凤凰涅槃，浴火重生”。改革开放40余年，浙江经济迅速发展，特别是近20年来浙江民营企业从无到有，从小到大，从弱到强，形成了遍布海内外的庞大的浙商大军，在数字经济、生物医药、高端制造、节能环保、新能源、新材料和文化、时尚产业等领域涌现出一批位居全国乃至全球细分行业龙头地位的“单打冠军”，引领了浙江经济创新发展和转型升级。2018年浙江省高新技术产业增加值占规模以上工业增加值达到51.3%。

阿里巴巴从杭州湖畔花园的18名员工开始创业，经过20年打拼，已成为中国最大和全球领先的电商平台，同时培育了若干新业态的大型企业：蚂蚁金服成为全国乃至全球最大的金融服务企业和独角兽；阿里云成为全国最大、全球领先的云计算及人工智能科技服务公司；菜鸟网络成为全国最大的互联网物流平台。海康威视在中电科技集团第五十二研究所的孵化和支持下，成为全球最大的安防企业。富通成为全球光通信产业领军企业。新华三成为国内外业界领先的数字化解决方案领导者。贝达药业是我国第一家自主成功开发1.1类抗癌新药的企业，被时任卫生部部长陈竺誉为民生领域的“两弹一星”。吉利经过20多年不懈努力，成为中国最大的民营汽车公司,2019年以496.65亿美元的年营业收入位列世界500强排行榜第220位。卧龙集团从村办小厂发展成跨国公司,成为"全球电机NO.1"。三花从名不见经传的乡镇农机厂成为"全球制冷空调部件王国"。巨石玻纤产能规模超180万吨,居世界第一。桐昆成为全球纺织化纤细分行业龙头老大。万丰奥特成为全球最大也是技术实力最强的镁合金汽车零部件供应商,近年来又收购世界前三强的钻石飞机工业公司,打造5.5平方公里的航空小镇,向通用飞机制造业迈进。横店东磁是全球最大的永磁铁氧体生产企业和软磁材料制造企业。横店影视城被称为"东方好莱坞",是全球规模最大的影视拍摄基地。华峰成为全国最大、世界第二的氨纶生产企业。龙盛是令世界染料业为之瞩目的分散染料"单打冠军"。大丰成为全球文体设施产业领航者,中高端市场占有率达60%。圣奥已连续9年保持办公家具行业全国第一。中天跃居全国最大的现代化建筑企业……

总结这些龙头企业的发展经验,概括起来主要有以下几点:

一靠改革开放。这些企业都是改革开放的产物,20世纪80年代起步于乡镇企业,90年代改制为股份制民营企业,近20年来迅速走向国际市场,参与全球化竞争,企业活力和实力不断增强。

二靠党委、政府支持。浙江是一片创新创业的热土,一有雨露就发芽。改革开放以来,浙江历届省委、省政府及市县乡镇党委政府一直全力支持企业创新创业,特别是实施"八八战略"以来,各级党委、政府引导支持企业"腾笼换鸟,凤凰涅槃",大力推进"四换三名"、互联网+智能制造,企业转型升级步伐明显加快,一批优秀企业迅速成长为全国乃至全球的行业"单打冠军"。

三靠自主创新。这些企业无不重视高层次、高技能人才的引进和培养,依靠各种形式的产学研合作,做强做大企业研发机构,不断加大研发投入,着力开发和掌握拥有自主知识产权的核心技术，提高企业自主创新能力与核心竞争力。

四靠经营管理。这些企业始终坚守实业，专注主业，坚持质量第一、用户至上，严格管理，灵活经营，不断开拓国内外市场，加强企业现代化管理。

五靠资本运作。这些企业大部分都是上市公司，依靠在资本市场的谨慎运作，通过上市、并购和股权投资，实现企业全球化布局和跨越式发展。

六靠企业家精神。这些企业都有非常优秀的企业领导人和创新创业团队。他们具有十分敏锐的市场嗅觉、敢为人先的创新意识、追求卓越的创业精神和超凡的经营管理能力。他们勤奋、务实、诚信、守法，开放大气，注重学习，不断提高自身和企业的整体素质，主动适应国内外市场竞争和企业转型升级、做大做强的需要。

为了纪念和庆祝新中国成立70周年，从一个侧面反映和讴歌浙江经济发展的巨大成就，浙江省高新技术企业协会组织浙江大学的老师及博士生和若干新闻媒体的记者，通过深入调研走访50余家位居国内龙头地位的浙江企业，撰写选编了他们创业创新的案例，以供其他企业学习借鉴，也供有关大学和研究机构作为教学、研究之参考。这50余家企业只是浙江优秀企业的部分代表，由于时间关系，我们来不及对所有行业“单打冠军”企业进行调研和梳理。我们衷心地希望浙江的企业抢抓新科技革命和产业革命的机遇，在全球市场竞争的风云变幻中稳步发展，更上层楼，涌现更多的行业“单打冠军”和领袖企业，从而引领浙江经济的创新发展。

蒋泰维

2019年9月25日

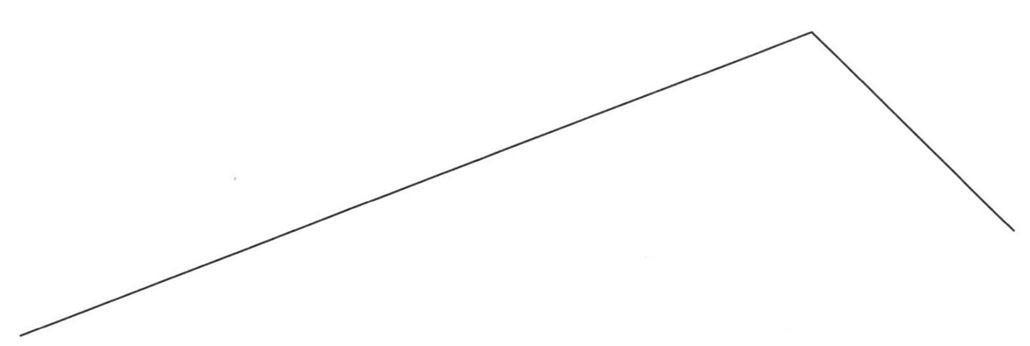

第一章

数字经济：引领转型升级

1. 淘宝网:数字经济王国的霸主

阿里巴巴由原本是英语教师的马云及其团队18人,于1999年在杭州成立。20世纪90年代,互联网经济正处于起步阶段,而马云团队敏锐地注意到了互联网电商产业具有惊人的市场潜力。秉承着互联网可以创造公正公平的竞争环境的信仰,以维护广大小企业的利益为根本出发点,马云团队创立了阿里巴巴,希望通过科技和创新来改造和扩大小企业现有业务,并使这些小企业更好地参与国内或全球市场竞争。

如今,阿里巴巴已经成为一家改变了传统的预订、销售和经营方式的互联网科技公司。正如阿里巴巴的使命"让天下没有难做的生意"那样,阿里巴巴为广大的商家提供基本的互联网基础设施及电子商务营销平台,让这些商家可借助互联网的强大力量与客户互动。阿里巴巴已经成长为一家经营多项业务的集团公司,并且整合关联公司的业务和服务,建立起了一个庞大的商业生态系统。目前,阿里巴巴的主要业务和关联公司的业务包括:阿里巴巴国际交易市场、1688、淘宝网、天猫、聚划算、全球速卖通、蚂蚁金服、菜鸟网络、阿里妈妈、阿里云等。

这些业务类型涵盖了核心电商、数字媒体和娱乐、云计算等方面，另外还有其他创新项目和业务。

创业历程回眸

2003年4月7日，在杭州湖畔花园小区的一套未装修的房子里，马云给他的团队布置了一个任务——在最短的时间内做出一个个人对个人(C2C)的商品交易的网站。这个创业团队的成员包括：三个开发工程师(虚竹、三丰、多隆)、一个UED(二当家)、三个运营(小宝、阿珂、破天)、一个经理(财神)，还有就是马云和他的秘书。当时对整个项目组来说最大的压力就是时间不够，怎么在最短的时间内从零开始建立起一个网站？了解淘宝历史的人都知道淘宝是在2003年5月10日上线的，这之间只有一个月。要是你在这个团队里，你会怎么做？答案就是：买一个来。

买一个网站显然比做一个网站要省事一些，但是他们的梦想可不是做一个小网站而已，要将网站做大，不是随便买一个就行的，网站要有比较低的维护成本，要能够方便扩展和二次开发。那接下来就是第二个问题：买一个什么样的网站？答案是：轻量一点的，简单一点的。于是他们买了具有这样架构的一个网站：LAMP(Linux+Apache+MySQL+PHP)。它直到现在还是一个很常用的网站架构模型。

在接下来的大半年时间里，这个网站迅速显示出了它的生机。当时淘宝网允许买卖双方留下联系方式，允许同城交易，整个操作过程简单轻松。而eBay为了收取交易佣金，是禁止这么做的，这必然会增加交易的难度。而且eBay为了统一管理，把易趣原来的系统替换成了美国eBay的系统，国内用户体验一下子不一样了，操作起来非常麻烦，这等于是把积累的用户拱手送给了淘宝。为了不引起eBay的注意，淘宝网在2003年一直声称自己是一个“个人网站”。由于这个创业团队具有强大的市场开拓和运营能力，淘宝网发展非常迅猛，到2003年年底，已经吸引了大量用户注册，从5月到年底成交额达4000万元。这虽没有引起eBay的注意，却引起了阿里巴巴内部很多员工的担忧，他们觉得这个网站以后会成为阿里巴巴强劲的对手。甚至有人在内网发帖，忠告管理层要警惕这个刚刚起步的网站，但管理层似乎对此无动于衷。

在市场和运营的后方，淘宝网的技术团队也在快速地进行着系统的改进和创新。这里还有个有趣的故事：eBay和易趣早期都有员工在论坛上响应用户的需求，eBay的论坛用粉红色背景来区分员工的发言，易趣的员工在论坛上的昵称都选各种豆豆，例如黄豆豆、蚕豆豆等。淘宝在讨论运营策略的时候提到这个问题，要求所有的员工都去论坛上回答用户的问题。最早回答问题的任务落在小宝头上，那该用什么名字好呢？“淘淘”？“宝宝”？大家都不满意，讨论了很久之后，团队灵光乍现，干脆就取名“小宝”，小宝带七个“老婆”来开店，迎接各位客官，很有故事性。于是很多武侠小说中的人物开始在论坛中“行侠仗义”，这些昵称下面标注着“淘宝店小二”，他们回答着各种各样的问题，快速响应着用户的各种需求。如果是技术上能解决的，几个人商量一下，马上就开发、测试、发布上线。反过来对比一下，易趣被eBay收购之后，系统更换成了全球通用的版本，要响应用户的一个需求，需要经过层层审批，反应速度自然慢了下来。

随着访问量和数据量的飞速上涨，问题很快就出现了，第一个问题出现在数据库上。MySQL当时是第4版，默认的存储引擎MyISAM，这个版本读数据的时候会把表锁住（我们知道Oracle在写数据的时候会有行锁，读数据的时候是没有的），尤其是主库往从库上面写数据的时候，会对主库产生大量的读操作，使得主库性能急剧下降。因此，在出现高访问量的时候，数据库就撑不住了。另外，当年的MySQL不比如今的MySQL，在数据的容量和安全性方面也有很多先天不足。

淘宝技术发展

有人说“好的架构图充满美感”，一个架构好不好，从审美的角度就能看得出来。后来笔者看了很多系统的架构，发现这个言论基本成立。比较淘宝前面的两个版本的架构，显然是第一个比较好看，后面那个显得头重脚轻，这也注定了它不是一个稳定的版本，只存活了不到半年的时间。2004年初，SQL Relay的问题解决不了，数据库必须要用Oracle，从哪里动刀？只有换开发语言了。换什么语言好呢？Java。Java是当时最成熟的网站开发语言，它有良好的企业开发框架，被世界上主流的大规模网站普遍采用，另外，有Java开发经验的人才也比较多，后续维护成本会比较低。

到2004年上半年，淘宝网已经运行了一年的时间。这一年，淘宝网积累了大量的用户，也开发出了很多功能，当时这个网站已经很庞大了，而且新的需求还在源源不断地涌过来。把一个庞大网站的开发语言换掉，对它来说无异于脱胎换骨，在换的过程中还不能拖慢业务发展，这无异于边换边跑，对时间和技术能力的要求都非常高。做这样的手术，需要请第一流的专家来主刀。那么，如果你在这个创业团队里面，请什么样的人来做这件事？答案是：请Sun的人。没错，就是创造Java语言的那家公司的团队，世界上没有比他们更懂Java的了。

Sun的工程师的确很强大，摆在他们面前的问题是用什么办法把一个庞大的网站从PHP语言迁移到Java，而且要求在迁移的过程中不停止服务，原来系统的bugfix和功能改进不受影响。你要是架构师，你会怎么做？他们采用的大致方案是给业务分模块，一个模块一个模块地替换。比如用户模块，老的member.taobao.com继续维护，不添加新功能，新的功能先在新的模块上开发，跟老的共用一个数据库，开发完毕之后放到不同的应用集群上，另外再开个域名member1.taobao.com同时替换老的功能，替换一个，把老的模块上的功能关闭一个，逐渐将用户引导到member1.taobao.com，等所有功能都替换完毕之后，关闭member.taobao.com。因此，淘宝网在后来很长一段时间里面都是在用"member1"这样奇怪的域名。

到2008年初，整个主站系统（有了机票、彩票系统之后，把原来的系统叫作主站）的容量已经到了瓶颈，商品数在一亿以上，PV在2.5亿以上，会员数超过了五千万。这个时候Oracle的连接池数量都不够用了，数据库的容量到了极限，上层系统再增加机器也无法继续扩容了，只有把底层的基础服务继续拆分。底层开始扩容，上层才能扩展，这才能容纳之后三五年的增长量。

与1999年成立时相比，阿里巴巴已经发展成为一个基于数字商务的经济体，其业务领域不断扩大。与过去相比，阿里巴巴的规模越来越大，但面临由数字经济时代带来的无数颠覆性变革的机会，阿里巴巴还将学习如何不断创新和超越，以及作为一个独特的经济体如何与社会及合作伙伴和谐共处。

阿里巴巴要实现更伟大的梦想，还有很长的路要走！

执笔人/李思涵

2. 蚂蚁金服:为金融插上科技翅膀

蚂蚁金服是一家旨在为世界带来普惠金融服务的科技企业。它起步于在2004年成立的支付宝。2014年10月,蚂蚁金服正式成立。蚂蚁金服以“为世界带来更多平等的机会”为使命,致力于通过科技创新,搭建一个开放、共享的信用体系和金融服务平台,为全球消费者和小微企业提供安全、便捷的普惠金融服务。2017年,蚂蚁金服向阿里巴巴支付的知识产权费及技术服务费利润分成合计达到49.46亿元,按照37.5%的分配比例折算,蚂蚁金服的税前利润达到131.89亿元。由此可见,蚂蚁金服已经成为中国互联网金融公司的领军者。

以科技创新为手段,创造企业价值

传统金融机构缺乏竞争意识及创新动力。我国银行业经历了30多年的高速发展,却留下了巨大的市场空白,这些未经开发的市场需求为互联网金融的发展提供了机会。蚂蚁金服发展之初正是抓住了这些需求,通过互联网技术为用户与合作伙伴带来价值。从2004年支付宝成立伊始,蚂蚁金服就秉承用技术创新提升用户体验的原则,不断磨砺技术,创造价值。

经常有媒体问蚂蚁金服副总裁胡喜,蚂蚁金服到底是一家金融公司还是一家科技公司。胡喜的回答斩钉截铁:蚂蚁金服是一家技术驱动的科技公司。他的这个回答从蚂蚁金服的人才结构和技术表现中得到了证实。现在,蚂蚁金服近万名员工中,六成以上为工程师。而且,蚂蚁金服中的6位阿里巴巴合伙人,有一半是技术出身,公司最核心的支付宝事业群和国际事业群的总裁和首席运营官也都是技术出身。

以移动互联、大数据、云计算为基础,蚂蚁金服在经营规模、业务模式及产品多样化方面均获得了快速发展,并获得了丰厚的利润回报。蚂蚁金服涉猎的业务范围如表1所示。

表1　蚂蚁金服的业务范围

支付	贷款	理财	保险	证券	银行	征信	基金	众筹
支付宝、支付宝钱包	蚂蚁微贷、花呗、网商银行	余额宝、招财宝、蚂蚁聚宝	众安保险、国泰产险	德邦证券	网商银行	芝麻信用	天弘基金、德邦基金	蚂蚁达客、淘宝众筹

2004年,支付宝只是一个为了解决淘宝交易中的信用问题而出现的配套产品,后来从淘宝中独立出来,于2014年在此基础上成立了蚂蚁金服集团。蚂蚁金服在发展的过程中遇到了许多困难。支付宝一“出生”就赶上了淘宝业务的高速增长期,几年后开始出现的“双11”更是引发了全民狂欢,交易总额和交易峰值每年都以“谁也想不到的速度”飙升。阿里巴巴集团内部有一个尽人皆知的说法:把“双11”撑过

去了,这一年的技术才算过关了。

蚂蚁金服是中国企业自主研发技术兴起的一个典型样本。如果某个领域存在问题,作为服务于中国这个庞大市场的头号电商巨头,阿里巴巴一定是最早碰到问题的那个企业。而且以蚂蚁金服这样大的体量,它所遇到的很多问题都是其他公司从来没有考虑过的。蚂蚁金服日常要处理的数据量十分庞大。蚂蚁金服副总裁胡喜回忆,到2007年,之前的架构已明显力不从心了。他自己就经历过好几次深夜宕机事故,过了一个多小时都迟迟无法恢复运行。

正是在这样的“倒逼”之下,蚂蚁开始了自主研发的技术创新之路。2008年,阿里集团在业内率先提出“去IOE”的概念。蚂蚁金服、阿里云都开始逐步抛开既有架构,开发自己的系统。当时业内不少人觉得“去IOE”简直是痴人说梦,但蚂蚁金服和它的兄弟企业们经过数年努力,将“梦”照进了现实。这个过程中最关键的技术创新涉及大数据、云计算和人工智能三个方面。

蚂蚁金服在其生态体系中的诸多业务中应用了大数据技术。蚂蚁金服主导的网商银行及其前身“阿里小贷”,多年来通过大数据模型来发放贷款。蚂蚁金服通过对客户相关数据的分析,依照相关的模型综合判断风险,形成了网络贷款的“310模式”,即“3分钟申请、1秒钟到账、0人工干预”的服务标准。

蚂蚁金融云作为蚂蚁金服“互联网推进器”计划的组成部分,是一个开放的云平台,它助力金融创新,推动金融机构的IT架构实现升级,构建更加稳健安全、低成本、敏捷创新的金融级应用,使金融机构可以更好地服务自己的客户。

蚂蚁金服的人工智能技术集中表现为"智能客服"。蚂蚁金服通过大数据挖掘和语义分析技术自动判断和预测问题。这一技术可以识别到用户的身份信息,客户端通过辨别用户的行为逻辑就可以知道用户是在哪个环节遇到了障碍,在哪里停住了。另外,蚂蚁金服也会总结在大的用户层面上大家可能都会遇到的问题。

那些非专业读者半懂不懂的名词既是蚂蚁金服的工程师们在一场场技术攻坚中收获的胜利果实,更是蚂蚁金服最终改变我国金融行业的关键——科技的力量。

以商业模式创新为途径,创造社会价值

以"绿色金融"为支点,致力于环境保护。

一是用绿色方式发展新金融。绿色金融是指因外部性的存在使得市场机制无法令资源达到最优配置,金融机构通过资金投向引导市场资源配置偏向于能产生环境效益的领域,从而促进环境资源市场进行有效资源配置。蚂蚁金服所有金融服务都在线上完成,没有线下网点,初步测算一年至少减少35.4万吨碳排放量。蚂蚁金服充分利用计算机资源,极大地降低业务运营过程中的能耗,在降低企业可变成本的同时助力建设资源节约型社会。

二是用金融工具推动绿色经济发展。在绿色信贷方面,蚂蚁金服为购置节能型车辆及环保电动车提供优惠贷款,给绿色信用标签企业

提供低利率的信贷支持，支持绿色企业的生产经营活动。蚂蚁聚宝平台与超过90家基金公司合作，推出绿色环保主题基金80多只，未来还将引入大数据模型以提高这些基金的回报率。

三是普及绿色意识，推动民众参与绿色生活。2016年8月，蚂蚁金服为旗下支付宝用户全面上线“碳账户”，该账户不仅可记录人们的低碳绿色足迹，未来还可能实现碳资产买卖、投资。这是迄今为止全球最大的个人碳账户平台。蚂蚁金服将支付宝和芝麻信用相结合，与共享单车行业共同推出了“免押金扫码租车”服务，推动了城市绿色交通的发展，减少了碳排放量。此外，蚂蚁金服与“蚂蚁森林”公益行动合作，通过与阿拉善SEE基金会、中国绿化基金会等合作伙伴联合，可以将线上虚拟树变成一棵实体树。截至2018年3月，蚂蚁森林用户超过2.8亿，线下累计种树1314万棵，守护保护地12111亩。现在，在蚂蚁森林的页面里，用户可以实时看到自己种的树，也可以通过卫星，查看自己种下的树给地球带来的改变。

发展“普惠金融”，解决社会问题

2005年，联合国提出了“普惠金融”的概念：金融机构应当向有需求的各个社会阶层和群体提供金融服务，包括小微企业及低收入群体。蚂蚁金服的普惠金融实践有着得天独厚的优势。首先，支付宝是一款具有广泛客户基础的产品，依托支付宝可以有效连接资金供给和需求；其次，以淘宝网及支付宝的数据为基础，可以有效利用大数据及云计算等技术手段对客户的信用情况进行甄别。自成立以来，蚂蚁金服网商银行已累计为400多万小微企业提供了超过7000亿元的贷款，帮助它们解决了资金难题，促进了这些小微企业的发展，助力它们为社会创造了更多的就业机会。芝麻信用与多家长租公寓企业合作开展了免押金、租金月付的业务。针对视觉障碍者，支付宝开发了“听得到”软件，便于他们享受缴费、理财等金融服务。

蚂蚁金服以数字技术驱动普惠金融服务，坚持以数据、技术为驱动，探索信息时代下的数字普惠金融新模式，显著提高了效率，降低了成本，初步解决了服务小微企业和普通消费者时遇到的商业不可持续的难题，推动了普惠金融的全球实践。

蚂蚁金服首席执行官井贤栋提出“科技是这个时代最大的公益”。创造共享价值的理念与普通意义上的慈善不同，它并不要求企业以牺牲自身的经济利益为代价换取公众利益，而是谋求企业自身与社会的共同利益。在这些价值观的推动下，蚂蚁金服致力于运用自身的互联网科技优势为社会创造福祉，并取得了自身商业上的成功。

执笔人/百文晓

3. 阿里云:以数据赋能产业新发展

阿里云创立于2009年,是阿里巴巴集团旗下的云计算品牌,也是全球领先的云计算及人工智能科技公司,为200多个国家和地区的企业、开发者和政府机构提供服务。2017年1月,阿里云成为奥运会全球指定云服务商。阿里云2018财年收入达到133.9亿元,从营收排名看,为全球IaaS服务提供商第三名。

阿里云致力于以在线公共服务的方式,提供安全、可靠的计算和数据处理服务,让计算和人工智能成为普惠科技。阿里云在全球18个地域开放了49个可用区,为全球数十亿用户提供可靠的计算支持。此外,阿里云为全球客户部署了200多个飞天数据中心,通过底层统一的飞天操作系统,为客户提供全球独有的混合云体验。

飞天艰难起步:抓住范式转变机遇

2009年春节后,一群年轻人在北京上地汇众大厦一间快要废弃的办公室里，写下了阿里云计算操作系统“飞天”的第一行代码。这即是中国云计算产业的萌芽。飞天系统是阿里云核心的IaaS产品，是阿里云团队从零开始自主研发的国产云计算系统。阿里为什么能够做到高瞻远瞩？从2012年深圳IT峰会上那场广为流传的辩论中可以找到答案：当时李彦宏说云计算是新瓶装旧酒，没有新意；马化腾说云计算要在阿凡达时代才能实现；只有马云说阿里不做云计算可能会死。因为此时阿里巴巴的电商业务面临着发展快、并发量大的业务数据处理难题。时任阿里首席架构师的王坚曾告诉马云：“未来快速增长的电商业业务，会导致IT基础设施成本过高，从而拖垮阿里。”

阿里云创始员工说：“早期的阿里云属于摸着石头过河，云计算是什么没人讲得清楚。”没有马云的强力支持，没有王坚团队的锲而不舍，也就不会有后来阿里云的领军地位。在早期跌跌撞撞摸索的两年时间里，阿里云初步完成了产品打造。这期间，阿里云的产品曾经被推翻两次。马云决定让阿里金融以捆绑创业的方式成为阿里云的第一个客户，帮助阿里云试错与成长。直到2011年，阿里云推出了云服务器，TeamCola和驻云成为第一批上云的企业，阿里内部将这批用户称为“试飞员”。

正是由于马云和王坚团队意识到，当时普遍使用的IOE（IBM小型机、Oracle数据库、EMC存储服务）提供的集中部署方式不能无限拓展，不能适应淘宝电商业务飞速发展的需要，阿里巴巴才能够抓住这种数据存储计算的范式转变期，提前部署和投资云计算业务，为后期阿里云的先发优势、资源优势和规模优势奠定了坚实基础。

不同于阿里巴巴在起步阶段以引进国外先进的互联网技术来维持B2B运营模式的技术战略，阿里云在成立初期就明确要独立自主地进行新技术的研发。在飞天系统之前国际上也有Eucalyptus等开源云平台，但是阿里云决定从零开始搭建自主的飞天系统。阿里云战略上最与众不同之处，就是坚持追求拥有自己的具有竞争力的核心技术。这确保了阿里云的整体架构是有机统一的，能够随时随地无间断升级，并在全球范围内水平扩展。

发展步入快车道：技术和商业模式双驱动

2013年是云计算发展的一个转折点，这一年云计算热潮刚刚兴起。一方面，UCloud和七牛云等第三方云计算企业都在这一年成立，腾讯开放平台也是在这一年对生态企业开放；另一方面，AWS高调入华掀起了云计算关注热潮。

2013年对阿里云而言也是至关重要的一年。在持续自主创新战略的推动下，阿里云突破了5000台服务器集群管理的技术瓶颈，成为国内第一个独立研发且拥有大规模通用计算机群平台的公司。2013年5月17日，阿里集团最后一台IBM小型机在支付宝下线。2008年阿里提出“去IOE”口号后历时5年，阿里内部完全不再使用IBM小型机、Oracle数据库、EMC存储设备。

更重要的一件事是阿里金融原负责人胡晓明接替了王坚，成为阿里云的首席执行官。王坚本身对技术有足够的远见，适合阿里云的起步工作。胡晓明更善于管理，无疑更适合守业。这一年，阿里云与万网合并为新的阿里云公司，万网能帮助企业备案，让阿里云后续免去了很多麻烦。阿里云把万网上的用户都转到了阿里云上，直接拿到了20万左右的企业用户。阿里云也支撑住了这些客户的运行，然后逐渐从互联网客户拓展到更多的传统企业中去。这为阿里云的初期发展立下了汗马功劳，如果当年阿里云要一家一家地去拓展用户，其艰难可想而知，可能阿里云的发展就不是今天的局面。从这里可以看出商业模式中渠道通路和合作伙伴的重要性。

2014年，MaxComputer的对外开放标志着阿里云成为世界上第一家对外提供5k处理服务的公司。2015年，在Sort Benchmark排序竞赛上，阿里云创纪录地只用了377秒就完成了100TB数据的排序。发展至今，飞天系统已经具备1000PB存储空间，支持百亿级网页在线处理，能够为全球200多个国家和地区的企业、政府提供服务，解决有关计算规模、效率和安全的问题。飞天系统卓越的计算能力表明，通过自主创新，阿里云迅速发展，已经站在了全球技术的前沿。“如果不是自主研发，我们根本无法应对‘双11’每秒32.5万笔的交易创建峰值。”阿里云技术研发负责人蒋江伟这样说道。而阿里云能够拥有独立的自主创新能力，离不开两方面的关键决策：一是阿里巴巴集团通过平台优势和企业影响力，吸引了大量拥有强大技术背景和创新能力的人才；二是集团战略方向明确，在马云的支持下，给予最初的阿里云团队极大的试错空间和资源支持。

建立了技术优势的阿里云，在2014年开始了第一次降价策略，云计算行业竞争开始激烈起来。直到今天阿里云仍旧维持定期降价的风格，阿里云的先发优势与资源优势开始体现出来。一方面，降价策略为阿里云吸引了大批客户，建立了稳固的收入来源；另一方面，规模化又可以为阿里云的日常运营大幅度降低运维成本，优化成本结构。

此外，在向客户提供基础云计算服务的同时，阿里云进一步创新自身的商业模式。阿里云研究中心针对“智能商业”的发展给出了两条路径，分别是数据技术和网络协同。

数据技术的发展分为三个阶段。第一阶段，传统品牌商通过上云构建“在线营销”平台，去除中间环节，直接收集终端消费者的数据。第二阶段，企业通过数据中台实现内部各子公司数据的一体化，让消费者体验到更加便捷的一站式标准服务。第三阶段，当企业拥有了全渠道营销、数据中台之后，可采用智能算法对商业数据进行深度分析，将数据资源的商业价值最大化。

网络协同催生了平台经济。买家越多市场越大，可吸引更多的卖家进入。当平台进化到生态阶段时，就具备了“跨边协同”和“单边协同”的效应。例如，淘宝生态圈孕育出同类兴趣喜好的买家、设计师、网红、供应商社群。平台模式成为传统产业的商业红利，企业上云后有了产业升级的价值空间。

零售行业针对某一位用户，可以在众多商业场景中利用智能设备与传感器采集其线下行为数据，并与线上消费数据比对融合。由此形成的“消费者画像”“供应商画像”随交易增长会愈加精准，平台可随时掌握细分客群的喜好变化，算法实时推荐个性化新款商品，快速返单、小批量定制、反向设计新品、调整品牌定位，形成C2B（Consumer to Business）、S2B（Supplier to Business）的精准产销机制，让库存最小化、生产柔性化、广告精准化。

迈入成熟期：打造云生态赋能全产业

2014年，阿里云宣布"云合计划"，提出建立云生态系统，招募1万家云服务商，为企业、政府等客户提供一站式服务。一些传统云企业ISV、SI等云服务商从开发到最终用户使用之间存在一些鸿沟，如设备采购、网络带宽、架构配置、自动化构建、测试环境、服务支持等。阿里云平台为第三方提供了以上相关资源和服务平台，免去第三方企业独自运营会遇到的一些烦琐过程，如一些社区网站把自身核心业务架设到阿里云上，可以更专注于其核心业务，也可以节约大量人力和资金投入。阿里云依据社区网站不同的发展阶段，提供更合适的架构方案，可有效降低网站的开发运维难度和整体IT成本，并保障了网站的安全性和稳定性。

此外，阿里云技术平台需要支撑几百万的客户，仅凭自身力量无法完全满足用户需求，需要借助开发者、合作伙伴建立共生共赢的生态系统。于是，阿里云拿出1亿元来帮助云计算产业链上的合作伙伴将产业收入分成从8∶2变成2∶8，负责应用创新的云服务商拿80%的收入，从利益分配上保证服务商的利润空间，促进云生态的繁荣，阿里云底层IT基础架构与上层ISV、SI等自然形成了一种资源互补、价值共创关系，目前一些大型IT服务商如东软、中软、浪潮、东华软件等，均已成为阿里云的合作伙伴，构建共创价值的生态系统。

阿里云通过打造云生态系统成了产业的赋能者，在带动全产业链发展的同时，也扩大了自身市场份额，进一步扩大了规模效应，改变了现代社会生产和生活的方方面面。

执笔人/百文晓

4. 达摩院：格局宏大　前景无限

达摩院，这个名字是在一通跨洋电话中确定的。2017年云栖大会举行的两周前，阿里巴巴的首席人力资源官童文红给在美国出差的马云打电话，说公司决定成立研究院，但不知道取什么名字。马云在电话里随口说了一句，那就叫达摩院吧。两个星期后，10月11日，马云在云栖大会上宣布自家全球研究机构——达摩院成立，未来三年里将投入1000亿元作为启动资金，下设14个实验室，覆盖全球8个城市，它将成为阿里巴巴集团的尖刀兵去探索科技无人区。

马云说，现在有了钱，就要考虑未来的问题。阿里巴巴把自己定位为一家创造未来的公司，就必须为未来思考问题。达摩院的定位是为未来解决问题，在产业理论无人区盖房子，以实际应用启发和推动基础研究，突破产业创新的巴斯德象限，引领未来发展。

转型升级:从电商霸主到科技巨头

在1999年阿里巴巴成立之初,马云没有想过这棵小树苗能成长为世界级经济体,而且成长速度如此之快。2001年注册用户超过100万,2003年淘宝网建立,2005年收购雅虎中国,2007年在香港联交所挂牌上市,阿里巴巴的上市之旅只花了8年时间。快速崛起源自阿里对电商体系的创新,这样的商业模式没有垄断性技术壁垒,易于复制,马云敏锐地意识到了这个问题。2012年,在致全体股东的公开信中,他明确提到要完成对阿里巴巴的全面转型升级:阿里从电商霸主逐渐向生态文明推进者的科技企业转型。

是从什么时候起,提到阿里巴巴不再下意识想到淘宝电商的?2009年创建阿里云,2011年推出YunOS系统,2013年完成去IOE,2014年全资收购高德地图,2018年收购中天微芯片、中兴软创,同年建立平头哥公司。过去的十年里,阿里巴巴集团创建或投资了一系列芯片、通信、无人汽车、云计算、物联网等企业,阿里宏大的科技体系与战略愿景面纱渐渐滑落——进军智联网领域,成为最优秀的科技企业之一。

如今,阿里巴巴已经是首屈一指的智联网生态打造者了,但是,在面对像谷歌这样引领世界产业发展的科技巨头时,阿里巴巴仍然难以望其项背。阿里高层了解自身的劣势:技术水平尚停留在工程数学、计算机算法等工程科学的创新层面,尚未真正进入基础理论的研究。随着香农定律、摩尔定律极限的逼近,阿里快要达到现有理论技术的天花板了，这是其与世界级科技巨头的差距。为此，马云出资1000亿元建立达摩院，为阿里巴巴打破这堵墙，埋下一把科技种子。

机会窗口：以基础研究开辟产业新空间

2018年5月6日，马云在第20届中国科技协会年会上提到，未来30年是互联网技术的应用时代，越是快速发展的应用时代，越是要注重基础科学的研究。达摩院瞄准的正是基础科学的“破壁”，扎根计算机领域，包含机器智能、数据计算、机器人、金融科技、量子计算等五大方向，覆盖了阿里巴巴的业务技术需求，同时向未来的风口领域强势延伸。

机器智能方向围绕机器学习等前沿技术，致力于提升零售（如盒马）、医疗（如智慧医疗）、交通（如杭州城市大脑）等行业的效率。数据计算方向旨在解决计算性能、计算效率、计算能耗等问题，满足人、机、物即时互联、信息共享的需求，是阿里巴巴的智联网生态布局的技术目标。机器人方向围绕环境感知、高精定位、智能控制等技术，进行无人驾驶、无人物流等方面的研发与应用，助力阿里巴巴在无人驾驶领域快速发展。金融科技方向主要解决互联网金融的连接、安全问题，提升金融预测和决策能力，是阿里巴巴在互联网金融领域的技术目标，代表作有阿里的“3D结构光刷脸支付”，其下设生物识别实验室的负责人，也正好是蚂蚁金服的副总裁。量子计算方向是阿里巴巴探索科技无人区的排头兵，属于X实验室，已完成了多项“破壁”现有理论的实验室技术。

2018年1月，达摩院参赛团队在SQuAD上打破世界纪录。

2018年5月，达摩院宣布研制出世界顶级的量子电路模拟器“太章”，率先成功模拟了81比特40层的作为基准的谷歌随机量子电路，打破了谷歌的量子霸权垄断。

2018年6月，达摩院研发出开源语音识别模型DFSMN，将全球语音识别准确率纪录提高到96.04%。

年满一岁的达摩院，在基础研究方面的成果不断井喷，语音识别、量子计算、机器翻译……其中多为打破现有理论“天花板”的实验室技术，达摩院交出了第一份突破式答卷。在2018年10月19日举行的G-Summit全球设计科学创新峰会上，阿里巴巴技术委员会主席王坚介绍了杭州城市大脑项目。目前，城市大脑已接管杭州的128个信号灯路口，试点区域通行时间减少15.3%，高架道路出行时间节省4.6分钟。在主城区，城市大脑日均事件报警500次以上，准确率达92%；在萧山区，120救护车到达现场时间缩短一半。随后，该项目先后落地全球11个城市。城市大脑项目的成功，率先为达摩院带来技术创新的红利。

达摩院再次走入创新的历程中，那些含苞待放的实验室技术，将帮助阿里巴巴实现对科技巨头的赶超。

面向世界：奋力冲在理论研究最前沿

达摩院从来不是一个纯研究的机构，它与商业业务紧密相连，既有学术思维，也有产品思维和商业逻辑。达摩院机器智能技术实验室首席科学家鄢志杰曾提到：达摩院的实验室包含三类人：一是做基础算法研究的人，二是做算法落地的人，三是推动产品化的工程技术人员。这三类人结合，使算法的研究成果迅速被产品化，达摩院是阿里巴巴对巴斯德象限的突破。

长期以来，中国企业在基础研究方面投入不足。大多数人认为，基础研究应当由高等院校、科研院所承担，和企业关系不大。这些看法隔离了基础科学和应用研究之间的互动。为了提高这种互动，达摩院建立了独特的组织架构，由三大部分组成。

第一部分是在全球建设的自主研究中心，构建了亚洲达摩院、美洲达摩院和欧洲达摩院三大全球分部，并在北京、杭州、新加坡、以色列、圣马特奥、莫斯科等地建立不同研究方向的实验室，引入100名顶尖科学家与研究人员。将自身的研究机构辐射至全球，充分利用不同所在地的基础科研资源，消除不同国家科学家就职需要前往异国他乡的顾虑。达摩院走出中国，成为真正意义上的世界性研究机构。

第二部分是与高校构建的联合实验室，已建立了包括浙江大学-阿里巴巴前沿技术联合研究中心、RISELab、中国科学院-阿里巴巴量子计算实验室、清华大学-蚂蚁金服数字金融科技联合实验室等多所联合研究所。通过建立联合实验室，达摩院与高校建立了紧密的联系。这种联系的好处，在于能够充分利用高校在基础科研领域的累累硕果，结合自身的商业化需求，实现“研究—商业应用—反哺—研究”的良性循环。此外，这也为达摩院引进了大量的顶尖科学家，吸引了高校的博士们，为达摩院的发展提供优良、充满创新力的人才储备。

第三部分是全球开放研究项目——阿里巴巴创新研究计划。与以往的学术合作不同，达摩院开放了数十个真实的业务场景，使前沿技术在真实场景中快速迭代。联合13个国家，99所高校科研机构，234支顶尖科研团队向产业理论的无人区发起进攻。这是达摩院构建“阿里系”全球性学术合作网络的大战略。一个研究机构是否顶尖，取决的不只是自身的科研实力高低，还要看自身能否制定新的科研体系，能否让学者们认同你的体系，能否有越来越多的学者自发加入这个体系。这是“阿里系”学术圈迈出的第一步。

欲戴王冠，必承其重。

阿里巴巴对标的是世界上最强大的科技企业，达摩院对标的是世界上最优秀的研究机构，二者实现赶超的共同点是需要对现有理论进行“破壁”，在产业理论的无人区打地基、盖房子。基础理论这条路，漫长而单调，因为板凳不仅要坐十年冷，更有一无所获的风险，但这是一条实现卓越的必由之路。

从在各个国家建立客地研究中心到与顶尖高校共建实验室，再到打造“阿里系”学术圈；从打破SQuAD世界纪录到突破谷歌的量子模拟霸权，再到打破全球语音识别准确率纪录；从商业模式创新到技术创新，再到基础理论的突破式创新；从18人的小公司到世界排名前十的互联网企业，再到世界顶级的研究机构。阿里之路，达摩院之举，令人振奋，他们将迈入行业理论无人区，突破产业创新的巴斯德象限，引领产业的未来发展！

执笔人/沈华杰

5. 新华三：屹立在数字产业潮头

紫光旗下新华三集团，作为伴随我国信息化初级阶段应运而生的科技企业，历经了业界的早期信息化建设、云化/移动互联网化发展、数字化发展三个阶段。企业定位也顺应时代进步：从IP领域的领先厂商到新IT解决方案提供商，再到数字化解决方案领导者。它始终以“领导者”的实力与担当引领产业发展，以技术优势服务各行业客户，成功实现创新的迭代升级，为推动我国信息化建设做出了应有贡献。

截至2019年8月底，新华三的专利申请总量为10376件，其中90%以上是发明专利，荣获中国专利银奖、浙江省专利金奖、浙江省科学技术进步奖一等奖、“十大创新企业”等多项殊荣。

永葆初心，屹立数字产业潮头

2019年，政府工作报告以“智能＋”，接棒“互联网＋”，标志着数字化转型已经开始向纵深发展，“智能＋”将成为升级传统行业、促进新兴产业发展的新动能。因此,建设智能基础设施和平台、对接智能应用和服务,成为企业数字化转型的关键因素。

为加速数字化转型进程,成功践行"智能+",新华三集团在2019年发布了"数字大脑计划"。凭借不断增强的自身平台能力,新华三将与生态伙伴开展智慧应用领域的创新,共同为各行各业的客户打造属于他们的数字大脑,帮助其成功实现数字化转型。

紫光股份董事长兼新华三首席执行官于英涛认为:"在数字化时代的全新发展阶段,产业发展与ICT演变都在不断地加速和深化。如何在这一阶段充分拓展'智能+',是我们能否帮助客户成功实现数字化转型的关键。"

奋发创新,科技引领发展

新中国成立70年来,我国坚定不移走中国特色自主创新道路。拥有自主创新能力和核心技术的企业,才能在激烈的竞争中立于不败之地。

自成立以来,新华三集团坚持以技术创新为核心发展引擎,先后在北京、杭州、成都、合肥、郑州和重庆设立了6个研发中心,研发人员数超过公司员工总数的50%。今天,新华三集团拥有计算、存储、网络、安全等全方位的数字化基础设施整体能力,提供云计算、大数据、数字化连接、信息安全、新安防、物联网、边缘计算、人工智能、5G等一站式数字化解决方案及端到端的技术服务,并于2019年4月成立新华三半导体技术有限公司,致力于研发新一代高端路由器芯片。

新华三集团持之以恒的技术创新使其赢得了业界和市场的广泛认可,其中包括:获批国家级博士后科研工作站,赢得科技部高端网络检测仪重大研发专项,获得信息安全"CNVD漏洞报送突出贡献单位"殊荣,刷新全球SPECvirt虚拟化测试纪录,多款产品入选"2019年中国品牌日电子信息行业国货精品推广目录"。

与此同时,根据权威研究机构IDC(互联网数据中心)的2019年最新数据,新华三集团2019年上半年在中国市场的企业级WLAN、企业网交换机、防火墙和刀片服务器领域赢得市场份额第一。

践行使命,助力各行各业数字化转型

改革开放后,党中央审时度势对科技发展进行全面系统规划,进一步强调了科技发展要与经济建设相结合的战略方针。新华三集团始终以客户需求为导向,坚持技术与应用的双轮驱动,致力于通过持续的技术创新为各行各业客户转型升级和业务发展提供坚实的支撑。

在政府行业,新华三集团助力智慧政务建设,让服务更便民。新华三打造了内蒙古"云上北疆"等行业领先的政府现代化建设项目;连续多年保持政务信息化和政务云市场领先地位,承建了15个部委级政务云、21个省级政务云、300余个地市区县政务云,并参与多项行业标准/指南的制定。

在运营商行业,新华三集团凭借开放云化的5G产品、5G融合应用解决方案及在行业场景方面的积极创新实践，正成为运营商5G时代的价值合作伙伴。新华三一直积极参与运营商5G业务领域的技术创新与合作，为运营商提供5G专有产品和解决方案，并积极推动5G网络架构全面云化，降低5G建网成本，实现开放、集约、弹性的高性价比的5G领先网络；同时，新华三凭借多年在各行各业的数字化转型的实践经验，以支持行业场景为抓手，携手运营商共同探索可行的5G商用之路，并已经率先在安防、水利等行业将其成功落地。

在广电行业，新华三集团参与了以北京电视台融合媒体云平台为代表的行业先锋实践，为20多个省级和省会广播电视台交付融合媒体云平台解决方案；为10个省级以上广电网络交付数据中心/云资源池整体解决方案；为10个省级和200多个地市级广电网络交付IP骨干和城域网方案，提供场景化政企信息通信技术解决方案。

在企业市场领域，新华三集团将新一代信息技术与产业深度融合，协助企业挖掘数据价值，驱动商业创新，促进企业数字化转型。新华三服务400多家中国500强企业，70%以上的百强连锁企业。参与了海尔互联工厂等多个制造企业的智能生态系统建设，帮助德邦快递等综合服务企业释放数据价值。联合十余家工业领域领军企业，成立新华三工业互联网技术联盟，推进中国工业互联网产业迅速发展。

在金融行业，新华三集团以实力铸就金融科技，携手金融企业共绘数字金融，推动实体经济的发展。新华三服务中国90%以上的金融行业客户，具备面向生产环境和互联网应用场景的大规模金融云实践能力。

在教育行业，新华三集团与客户共建数字化校园，激发智慧潜能：成功服务2400多所高校和科研院所；参与600多个地方教育局的三通工程建设；布局1600多所学校园区的WLAN，建设50000多所数字化校园，与30多个校企开展科研合作，为超过100万师生提供新商业模式服务。

在医疗健康行业，新华三集团助力医疗生态体系重构，拓展生命科学边界：连续9年保持医疗行业ICT（信息通信技术）市场第一品牌，服务全国700多家三级甲等医院ICT建设，承建9个主管医疗健康单位的信息化平台、18个省级卫生信息化平台，以及百余个市级卫生信息化平台。

在交通行业，新华三集团助推交通强国，让智慧出行触手可及：服务全国60余家国内机场，18个铁路局，43个城市的205条地铁线路，以及400余条高速公路，总计支持了1400亿人次的交通出行。

在电力能源行业，新华三集团协助构建能源互联生态，助力智慧能源建设：打造了新华三泛在电力物联网、智慧电厂、智慧矿山、智慧油田等多个场景化解决方案，是国家电网、南方电网、中海油和中石化的主流供应商。

坚定执着，贡献数字化力量

多年来，新华三集团以实际行动践行使命，持续发力技术创新，深耕行业应用，连续五次被授予“年度责任企业”称号，荣获“2018年数字化转型优秀企业”“中国IT生态20年卓越成就奖”“中国电子信息行业社会贡献50强”“2018中国电子信息博览会（CITE）”多项大奖，跻身软件业务收入中国企业百强和中国电子信息百强企业榜前列。

经过多年的发展，我国科技创新正处在实现战略性转变的关键时期。紫光股份董事长兼新华三首席执行官于英涛对新华三集团的企业使命和社会担当做出新的时代注解，他表示：“随着经济改革进入深水区，科技的驱动作用愈发重要，前沿科技的攻坚克难也愈发急迫，这时候更需要我们守初心，担使命，找差距，抓落实。新华三作为一家科技企业，以帮助各行各业成功实现数字化转型为新时代的初心和使命。未来，我们将继续怀着‘永远在路上’的坚定和执着，怀着对祖国美好未来的由衷期许，勇挑时代重担，勇做创新先锋，为中国的数字化转型持续贡献力量。”

执笔人/余　君

6. 海康威视:向受人尊敬的世界级企业进阶

善见致知,同行致远。海康威视是由中国电子科技集团第五十二研究所中一个以28名工程师为主的创业团队于2001年底注册成立的。成立之前,视频监控领域正酝酿着一场从模拟技术范式①向数字技术范式②转变的风暴,创始团队敏锐地注意到了这种发展趋势。经过一系列行业调查与技术分析之后,公司决定以视频压缩板卡为核心切入数字视频监控领域,抓住范式转变期的"机会窗口",开始企业化运作,从此,公司迅速壮大。公司于2010年在深交所挂牌上市,2013年成就"百亿海康",2016年跃居全球安防50强第一位,2018年实现营销收入498亿元、利润超过113亿元。

目前,海康威视已经拥有了一套专业的知识产权管理体系,截至

① 模拟摄像机输出的视音频信号由磁带录像机进行记录,通过模拟同轴电缆传输到显示设备。

② 数字摄像机输出的数字视音频信号由专用芯片进行压缩及解压缩回放,通过IP网络传输到Web服务器。

2017年底，申请专利1959件，其中，发明专利397件，实用新型专利471件，外观设计专利1091件。

持续创新，积蓄行业技术优势

海康威视的发展，经历了多轮技术范式的迭代，成为各代技术范式创新重要的见证者和推动者。通过持续创新的技术发展，其积累的技术创新能力有效地增强了其国际竞争优势。

2001年11月底，海康威视正式注册成立，12月份海康威视与其他竞争对手几乎同时开始研发基于MPEG－4算法的新一代压缩板卡。由于算法只达到一定的成熟度，还有很多工作需要做，海康威视看准未来技术发展趋势，全力以赴，投入开发。

2002年6月，海康威视成功开发出基于MPEG－4算法的新一代DS－4000M压缩板卡。这一代压缩板卡整体压缩比更高，可以节省更多硬盘空间，吸引了大量用户购买。在成立第一年，海康威视销售额就达到了3000万元。在DS－4000M板卡推出之后，海康威视又立即启动了基于H.264技术的产品研发，短短几个月便研发出具有自主知识产权的DS－4000H视音频压缩卡。公司也因此成为全球第一家把H.264技术引入监控领域的企业。

2003年，由于H卡系列（基于H.264技术的压缩板卡）产品的成功，当年公司实现了1.5亿元的销售额，视频压缩板卡销量更是居全国第一。基于视频压缩板卡的成功，海康威视又向数字监控产品研发领域进军。数字监控系统中的主导产品就是嵌入式硬盘录像机，简称DVR（Digital Video Recorder），它的核心技术是数字视音频编解码，海康威视在视频压缩板卡的研发过程中，已经掌握了这一技术。此外，硬盘记录技术、电源设计技术、嵌入式操作系统应用技术、热设计等补充性技术，海康威视在之前的业务中都有所积累。海康威视还独家提出并攻克了三项磁盘录像记录技术，大大提高了DVR的可靠性。短短一年，海康威视就研发出嵌入式DVR，奠定了其在硬盘录像机领域中的地位。2005年，其国内市场占有率高达30%，成为国内行业领军者。

早在2003年，海康威视就开始深入进行摄像机核心技术ISP（图像信号处理）的研发。2007年，公司继板卡和DVR之后推出第一款摄像机产品“红外筒机系列摄像机”，该产品一上市就赢得了客户的青睐，凭借其在性能、质量方面的优势迅速赶超其他品牌，成为市场上主流红外摄像机品牌之一。2009年，海康威视在ISP技术方面获得了重大突破，并推出国内第一款实时百万像素网络全高清球机[①]。2010年，上海世博会对高清摄像机的需求量高达12000只，这是全球首个大规模使用高清摄像机的项目，视频监控安防行业迎来了高清监控时代。自此之后，我国的平安城市建设，基本开始走高清化道路，前端高清摄像机所占销售比重越来越大。海康威视加快了对高清摄像机产品的研发：2010年率先推出全线高清监控产品；2014年在行业内首次引入H.265技术，为4K高清发展奠定基础；2015年创新研发Smart265技术，在H.265编码的基础上进一步提升压缩率。

---

① 相对于标清格式在图像解析度方面有了明显提高。

世界品牌,在资源配置国际化中打造

18年间,海康威视经历了多个发展阶段。目前,它已成为以视频为核心的物联网解决方案和数据服务提供商,在每个发展阶段它都成功实现了对于对标企业的追赶与超越。2005年,海康威视的视频监控产品——硬盘录像机超越国内竞争对手,市场占有率居国内第一。

从成立那天起,海康威视的创始团队就怀揣着一个梦想:打造出一个响当当的国际品牌。

2007年起,海康威视就开始走打造自主品牌的道路,努力根据世界不同地域的特点和需求,研发、设计产品,力图得到当地消费者的认可和欢迎。这条路走得非常艰难——除了文化差异,还要面对国外客户对于中国品牌的不信任,这个问题的解决需要持续地投入。在一些项目中,有人会要求直接把中国品牌踢出去,他们认为中国制造的产品质量没有保证。面对来自竞争对手的打压,海康威视没有却步。

哲学家尼采曾说:"杀不死我的,只会令我更强大。"海康威视正视市场竞争的复杂环境:一方面,针对国外客户需求进行调查,调整产品设计;另一方面,抓住技术代际变换的机遇,研究新技术,开发新产品,在压力下前行,最终实现了追赶与超越,创立了受国际市场欢迎的自主品牌。

2008年,是公司自主品牌推广的分水岭。2008年北京奥运会后,中国的国际形象得到提升。同时,经济危机也让客户更加注重性价比,更理性地进行选择，这使海康威视的产品在世界各地的影响大为扩展。

海康威视品牌的国际化，离不开全球资源的统一协调与配置。公司建立全球网络的背后，实际上是全球供应链网络、研发网络与服务网络的协同支撑。目前，公司在国内拥有四大生产制造基地，分别是杭州滨江制造基地、杭州桐庐智能制造基地、武汉智能产业园和重庆科技产业园制造基地。在国外拥有两大物流中心，分别是美国仓储物流中心和荷兰欧洲仓储物流基地。中国产品的海外竞争力，实际上来源于市场响应速度和满足当地消费者的定制化需求，而这两大物流中心可以负责装配、检测、测试，直接给当地供货，可大大加快公司的供货和响应速度。

研发、制造、服务体系通过协同配置物流、财务、IT等资源，不仅完成了生产管理的本土化，而且实现了资源支撑的全球化。全球化的网络布局使得海康威视离成为一家“受人尊敬的世界级企业”的目标越来越近，“新视界”也在慢慢被打开……

“跑马抢滩”，实现产品营销全球化

见远，行更远。海康威视成立之初，业务重心是国内市场，公司通过数字化DVR产品突破了某些厂商的先发优势壁垒，但是仍与行业内国际主流厂商存在较大差距。随着技术创新能力的积累，海康威视加紧海外业务布局，逐步在美国、印度等国家建立了海外子公司，目标是实现从国内市场向全球市场的扩展。

从海康威视的发展数据可以看出，国际化营销所占比重越来越大，境外营业收入占总收入比重从2010年的17%增长为2017年的29%，近几年境外营业收入始终保持20%以上的增长率。海康威视的国际化营销明显经历了两个阶段，最初是以OEM形式为主的产品“走出去”阶段，随着中国国际地位的提升与企业自身发展战略的需要，海康威视逐步实施国际化战略，通过建立海外子公司开启国际化之旅。

2007年，海康威视将第一家海外子公司设立在美国；2009年，海康威视在荷兰阿姆斯特丹设立第一家欧洲海外全资子公司。子公司通过本土化的营销及服务团队，消除了与当地的集成商、经销商及终端客户的文化隔阂。同年，海康威视在“金砖四国”之一的印度设立合资子公司。“金砖四国”市场庞大，是海康威视走向全球化的必经之地，但是，国家之间的制度差异所导致的监管、规范、认知冲突，为其国际化拓展带来了不小的困难。海康威视一一解决了这些问题，并占据了越来越大的市场份额。

2011年，海康威视视频监控产品全球占有率首次位居全球第一，并蝉联至今。2016年，据全球视频监控市场研究报告，海康威视在中国以外的市场份额，首次超越瑞典安讯士，位居榜首，并超越霍尼韦尔公司连续两年在全球安防50强榜单中位列第一，充分展现了其国际竞争力。

海康威视，致力于探索感知世界的科学规律，让万物能见，万物可知。我们相信，海康威视将会持续创新，带来新的创见、新的感知，启迪新的智慧，驱动新的行动。

执笔人/李思涵

7. 浙大网新:在“巨人”肩头诞生和成长

浙大网新集团,是一家在智慧产业和绿色产业深耕已久的高科技服务企业。诞生于2000年11月的网新,依托浙江大学的学科优势,将传感、控制、计算机、云服务、大数据等技术,转化为绿色智慧城市建设的创新驱动力,可在智慧城市、能源环保等领域提供专业化、高品质的解决方案。如今,网新集团已成为信息技术服务领域的技术领先者、机电系统服务领域的创新力量。目前,集团已有三家上市公司,获得了中国轨道交通信号系统行业市场占有率第一名、全球IT服务100强、亚洲新兴外包10强、中国软件百强Top10、中国自主品牌软件企业Top10、中国软件外包第三名、中国软件研发竞争力/软件外包研发竞争力10强、IAOP认定的全球外包50强、中国轨道交通信号系统市场份额第一名、中国烟气脱硫总装机容量第四名等荣誉。

作为以科技创新为核心理念的信息技术业界实践者,浙大网新从诞生以来,便以产学研协同创新系统为依托,走主导产业核心技术发展的路径,并通过产业整合与升级、技术创新持续投入,不断实现业绩的阶梯形增长。

浙大孕育网新　创新带动成长

自20世纪80年代以来,产学研协同创新模式在全球不断涌现,从发达国家到发展中国家,以产学研模式为依托,新兴企业逐渐成为推动世界技术创新和技术进步的重要力量,并开始引领新的商业风潮。

为了不在全球科研商业化进程中掉队,1992年,由国家经贸委、教育部、中国科学院联合发起推出的"产学研联合开发工程",扶植了一大批新兴的高新技术产业,旨在建立企业、大学、科研院所之间密切而温馨的交流合作制度,为科研成果转化为生产力提供加速通道。数据显示,1992年至2005年这10多年间,全国每年参与产学研合作的企业近10万家、大学8000余所,合作开发或者转让的成果达17万多项。

在科创企业的千军万马之中,浙大网新这一新世纪的弄潮儿,因得天独厚的生长环境,被无数人寄予厚望。

1998年,因四校合并,浙大一举跃为全国排名第三的综合性大学,其王牌学科计算机应用也十分令人瞩目。据浙大网新董事长史烈介绍,当时,浙江省委做出了建设"天堂硅谷"的部署,对浙江大学在信息化带动工业化方面寄予厚望。时任国务院副总理李岚清、浙江省委书记张德江等领导更是多次表达"浙大在信息化建设方面应做出更大贡献"的希望。

当年11月,时任浙大校长的潘云鹤院士就此提出一个设想:以产学研一体化平台为基础,整合浙大的计算机资源,组建一家创新型、有影响力的高科技企业，肩负起中国信息化带动工业化事业的历史重担，并建议这家公司以英文“创新”（Innovation），音译“亿脑网新”中的“网新”二字为名。

万众期待中，浙大网新应运而生，浙大校长潘云鹤院士任网新第一任董事长，提出了“打造软件与网络业航母”的远景目标。多年来，网新通过与浙江大学各学院，尤其是计算机学院、软件学院的深度合作，形成了互动互补的良性循环。

发挥人才优势　推进国际合作

“浙大是网新人才的摇篮，网新的很多高管、中层和骨干员工、软件工程师都来自浙大。”史烈说。董事长史烈即为浙大计算机学院博士，副董事长陈健是计算机学院硕士，总裁沈越毕业于浙大电机学院，董事潘丽春、张四纲和董丹青也均为浙大毕业生。

根据ESI（基本科学指标数据库）公布的数据，截至2018年3月：浙大18个学科进入世界学术机构排名前1%，7个学科进入ESI前100位，均居全国高校第二；8个学科进入前1‰，5个学科进入ESI前50位，均居全国高校第一；浙江大学在第四轮学科评估中，计算机科学、技术学科和软件工程学科均排名全国第一，实力十分雄厚。浙江大学在科学技术上的前瞻性和引领性优势，要在成果转化上体现出来，就必须实施创新引领产业发展的战略，让好的技术不只停留在论文和专利上，而是高效地使科技成果商业化。

2016年10月8日，在中国工程院院士潘云鹤、陈纯两院士的坐镇下，网新与浙大合作成立"浙大网新-浙江大学人工智能联合研究中心"，扩大产学研平台优势，全面推动双方技术、人才、资金、市场等资源的高度整合。首先，网新在浙大设立了"网新计划"等特色办学项目，建立面向企业需求的高端软件人才培养机制，打通产学联动的高速通道。其次，网新与浙大共同组织大型学生科技文化活动——"浙大电脑节"，以及"大学生创新创业大赛"，在着力打造品牌知名度和深度的同时，培养了一批又一批有潜力、敢创新的IT人才和综合人才。除此之外，网新还十分注重高科技人才的技能应用和创新实践，与浙大合作成立了浙江省最大的欧美软件外包人才培训基地——网新国际培训中心，也为浙江大学的紫金众创小镇项目提供从孵化、投融资、国际技术引进到市场对接的一站式服务，像一台源源不断的发动机，为浙大学生梦想的实现增添动力。与此同时，网新也通过产学研一体化人才培养模式，与浙大多个学院保持长期全方位合作，系统地影响浙大的学科研究和课程设置，成功发展出了国际先进的金融信息工程复合学科。

在浙大技术和人才的带领下，作为中国主要的软件外包商之一的浙大网新率先进入中国软件欧美出口工程试点企业名单，并作为全球最大的金融服务集团——美国道富公司的信息技术服务提供商，承担了道富公司的一系列软件开发项目，如股票交易执行系统、证券交易匹配系统、债券投资组合诊断分析系统等，面向国际市场取得了良好业绩。日本著名的《产经新闻》统计数据表明，网新从2002年起始终在对日软件出口的中国大陆公司中排名前三。浙大网新软件外包业务在日本市场起步早、起点高，成功地为富士电机、NEC等一批大型企业提供了服务。在此基础上，浙大网新还与全球500强企业——日本富士电机系统株式会社分别在东京、杭州两地成立了两家合资公司，从软件工程的上游就开始合作，围绕软件开发、制造、售后服务等方面展开紧密协作，全面开拓海外市场。

坚持协同创新　取得累累硕果

在人才技术和创新模式的双重保障下，以“创新”为使命的浙大网新便有了大胆实践的资本，其产学研协同发展之路也在势如破竹地前进着。正如史烈在乌镇第五届互联网大会上提到的那样：浙大网新一直在进行“创造性破坏”的实践。

第一大成果：Linux兼容内核专利——打造操作系统龙头。

诞生于浙大-网新-浙江大学人工智能联合研究中心的“Linux兼容内核”软件是网新的一张王牌。“Linux兼容内核”可以把windows操作系统中的全部应用软件无差别平移到“Linux兼容内核”操作系统上。浙大网新已联合中国移动、中国软件和集成电路促进中心，向国家申报“核高基”项目中的基础软件一项，已得到批准和资助。事实上，在操作系统兼容领域，浙大网新一直以来都处于国际领先地位，其自主研发的龙井操作系统是国产三大操作系统之一，为国内一流的游戏运营商提供定制兼容windows操作系统的Linux服务器版本，并于2010年12月正式拿到了两项国家“核高基”项目的开发合同。随着中美贸易战的打响,美国将诸多中国高新企业拉入技术黑名单,并有意联合微软、高通等行业巨头对其进行操作系统和半导体领域的全面封锁。浙大网新基于“Linux兼容内核”的操作系统专利,有望为华为等国产电脑厂商提供强有力的支持。

第二大成果:“人工智能2.0”创新驱动——领航智慧城市。

浙大网新在智慧管廊业务上也深耕已久。以前人们经常为城市道路施工所困扰,路面一会儿被挖开维修燃气,过几天又被挖开抢修水管,不仅影响市民正常出行,还会造成拥堵和事故。常常有市民抱怨“恨不得给路面装个拉链”,现在,浙大网新就做成了这个智能“拉链”。网新的智慧管廊,首先是通过建造市政公用隧道空间,把电力、给排水、燃气、网络通信等市政公用管线根据要求集中铺设,实施统一规划、设计、施工和管理,然后通过管廊一体化的综合监控平台远程操控管廊内的所有设备,将每一根管线数字化,把水务、电力等不同系统整合化,彻底改变以往各个管道各自建设、各自管理的零乱局面,大大降低使用、维护成本。

事实上,浙大网新将传统业务与算法技术完美结合,离不开背后来自浙大专业团队的技术支持和管理层的战略布局。2016年12月,浙大网新以18亿元收购华通云数据——一家国内技术领先的新型互联网综合服务提供商,主营业务囊括IDC托管服务、互联网资源加速服务和云计算服务。目前,浙大网新已成为阿里巴巴大数据的重要战略合作伙伴。另外,根据网新与浙大的人工智能中心战略合作协议,浙大网新将分三年投入总计不少于500万元作为支持浙大人工智能研发基地的专项运营经费，在浙江大学单独建账，专款专用。该团队集聚了浙大丰富的人才资源，在大数据分析与处理、机器学习、知识工程、行为识别、图像分类标注，以及分布式AI等方面积累了大量研究成果，拥有百余项人工智能、计算机视觉和多媒体领域的中国授权发明专利和软件著作权。可以看出，浙大网新在人工智能技术与大交通、大金融、大健康业务领域结合方面的积极探索，得益于其前瞻性的资源投入和战略布局。

肩负时代使命的浙江大学，以面向世界、面向未来的战略眼光和创一流的竞争意识，继承和发扬“求是创新”的优良传统，努力跻身世界一流综合性大学的行列。浙大网新作为一个老牌IT公司，也已经在中国高新技术行业经历了18年的风风雨雨。从“站在巨人肩膀上诞生”的初生牛犊，到在“大交通、大金融、大健康领域布局”的成熟企业。浙大网新的发展，始终秉持产学研协作创新的战略模式，以核心技术创新主导产品和业务的发展迭代。未来随着智慧城市增量市场的大发展，浙大网新需要在行业理解、业务数据的积累中不断反哺技术，紧跟时代发展趋势，保持战略布局的前瞻性，同时加大技术研发和创新力度，保持长期的核心竞争力，真正成为一艘乘风破浪的创新航母！

执笔人/李嘉伟

8. 三维通信:融合创新　拥抱未来

走近三维通信,公司办公大厦宛如一棵参天巨树,矗立在笔者面前。

时间回溯到1993年,从电信工程专业毕业的李越伦凭借着专业敏感,嗅到了无线网优领域的商机,随即创办了三维通信股份有限公司。由一个小小的产品代理公司到如今业务遍布全球的上市企业,三维通信股份有限公司这20多年的前进步伐,迈得又阔又稳。

从产品代理到自主研发,从网络优化到多业务格局,三维通信已经由移动通信设备制造企业发展成为集设备制造、服务运营、移动互联网信息服务于一体的移动综合信息服务提供商,2018年营收35.54亿元,净利润2.15亿元。经过20多年的积淀,以专研、多元、创新为发展轴线,三维通信集团所构建的庞大的"三维"空间,正在不断向外延展。

专注专一:创新形成实力

用公司副总鲁佳的话来讲,"专研、专业、专一"便是三维通信从成立之日起一路发展的指向标，而这种公司文化的形成与公司早期创业团队的艰辛创业历程自然是分不开的。

1984年从南京邮电学院电信工程专业毕业之后，李越伦在浙江省邮电研究所担任科研工程师一职。之后，李越伦于1993年创办了三维通信股份有限公司，并与法国萨基姆公司建立了合作关系，取得了其公司生产的直放站产品在中国的代理权。

在这一过程中，李越伦敏锐地察觉到了中国通信行业未来发展的无限前景，同时，与萨基姆公司差距巨大的收益额，也让他认识到了公司现有业务的不足。为了更好地扩充公司力量，抓住通信行业发展的黄金时机，李越伦下定决心为公司建立自己的生产线和研发体系，走自主创新的道路。

走自主创新的道路自然离不开人才队伍的扩充，而对于人才引进，李越伦也是毫不吝啬，在他自己月工资只有800元左右时，他花费百万年薪从法国萨基姆公司引进了直放站研发团队。功夫不负有心人，高额的投资很快就赢得了巨大的市场回报，由于人才队伍的扩充，加之适逢行业发展的黄金时期，三维集团依靠自主创新的无线射频技术迅速占领了国内市场，并于2007年成功上市。

作为一家国家规划布局内的重点软件企业和国家重点高新技术企业，三维通信拥有强大的自主创新能力和完善的提供解决方案能力。多年来，三维通信坚持走“专业化和国际化”之路，坚持以市场需求为导向，以客户为关注焦点。而随着三维通信的无线网优产品在国内市场的铺展，三维通信的专业化发展之路也受到了海外市场的认可，其产品的海外知名度和影响力也与日俱增。

"日本无线网络运营商UQ通信,几年前对我们的产品线进行过考察,不得不说,日本人对产品的质量要求真的是十分严格,从车间到员工宿舍,一整个考察团队几乎是走遍了我们公司的各个地方,对于一些产品细节甚至拿着放大镜观察,考察完之后就离开了,过了将近一年也没有任何消息。我们本以为这单生意没有做成,但是,后面又突然收到了来自日本的订单,原来是UQ通信经过一年多的考察,将各个公司的产品进行了逐一对比,结果发现还是我们的产品性价比最高!"谈到这次经历,副总鲁佳话里满溢着喜悦,"等到交付订单的时候,UQ通信也是派出了一位常驻人员对我们的产品进行验收,不得不说,这种对产品质量的严苛要求真的是令人叹服"。

三维通信成立20多年来,一直走在网络技术革新的前沿,三维通信提供的无线产品和网络覆盖解决方案已经遍及国内及海外不少国家和地区,日本东京、新加坡、泰国、马来西亚、印度尼西亚、越南等地均享受了三维通信网络信号覆盖带来的便捷服务。目前,三维通信已掌握多制式信号融合技术,多网融合产品也已得到了大规模商用,例如,为海外楼宇提供光纤分布系统解决方案,以此实现多网融合,共建共享,已申请300多项发明专利。

融合创新:拓宽业务市场

三维通信股份有限公司的产品线,目前涵盖了网优覆盖设备、安全通信设备、行业专网通信设备等方面，服务领域涉及卫星通信运营服务领域、安全通信专网领域等，形成了较为丰富的移动通信产品网络。而除了在无线通信领域继续深耕之外，三维通信还随着时代发展潮流而不断调整自身发展战略，积极延伸产业链条，增加对广告和游戏等业务的投入力度。而并购巨网科技，正是这一阶段公司战略成果的集中体现。

2016年，公司积极进入以腾讯社交广告和微信公众号为主的新媒体业务领域。随后，在2017年9月14日，公司出价13.5亿收购了江西巨网科技股份有限公司，而此次重大的资产并购也使得公司成为阿里巴巴、腾讯、奇虎360、百度、美团、京东等互联网巨头企业的核心流量供应商，并为包括阿里巴巴、腾讯、百度、淘宝、奇虎360、京东、美团、搜狐、赶集网、乐视体育等在内的多家电子商务、网络游戏、网络服务等品牌客户提供精准广告投放服务。2018年，三维通信子公司巨网科技在腾讯中长尾渠道服务商中获得腾讯广告颁发的"2018年度卓越服务商"及"2018年度突破服务商"称号。而在自媒体业务拓展中，巨网科技已在文学、轻娱乐、原创动漫、在线教育、金融、游戏、美妆等多个细分领域累计覆盖过亿用户群体。

除此之外，公司还坚定推行海外战略，组建了独立的海外营销团队，为海外客户提供多运营商、多网络融合、多制式的室内覆盖产品及服务，实现国际上行业应用领先。目前，相关产品及服务已应用于英国伦敦谷歌总部、英国伦敦高盛集团、新加坡地铁、日本东京JR地铁、澳大利亚Barangaroo中心等不同场景，实现了该业务在全球范围内的新一轮扩张。

在企业专网领域,公司提供智能信号管控系统、高铁GSM-R无线覆盖系统、VSAT卫星通信天线系统、4G专网系统等为企业专网构筑定制化的通信连接和信息服务。

子公司海卫通服务商船和渔船近3000艘,商船业务已实现单季度盈亏平衡。三维通信正在打造以海上宽带卫星互联网为基础,由"互联网+航运""物联网"和"海洋大数据"共同组建的智慧海洋平台。

在无线网络优化市场打拼多年,三维通信的技术和产品都已经趋于成熟,而一次偶然的发现,更是为公司打开了新市场的大门。

"我们之前所做的一直都是无线网络覆盖,就是要让信号到达每一个角落。但是,在一次网优产品的试验中,我们一位工作人员由于疏忽未将设备接通,而这反倒是给了我们一个灵感。"副总鲁佳绘声绘色地描述着这一次经历,"在很多情况下,我们需要的是信号覆盖,但是逆向推导过来,在很多环境下我们同样需要屏蔽掉信号,而这也催生了我们新一代智能屏蔽系统的设计与生产"。

与传统大功率压制式屏蔽器相比,三维通信自主研发的新一代智能屏蔽系统创新性地采用信令干扰技术,具有绿色环保低功率、精确覆盖无死角等特点。而该系统与G20的一次邂逅,更是让三维通信公司获得了杭州市颁发的"特别贡献奖"。

在杭州G20峰会期间,与会各国首脑车队都要放置信号屏蔽器以保证行车安全,而美国从本国带来的设备突发故障,机缘巧合之下,三维通信研发设计的信号屏蔽系统便临时上阵守护总统车队,并借此机会大放异彩。“我们的信号屏蔽系统不仅能够无死角覆盖，而且还能够设置白名单，不影响覆盖范围内特定场景下的信号交流。”公司有关负责人介绍道，“正因适合的场景范围较广，功能强大，所以该款产品在国内外市场都大受欢迎”。

顺应潮流：创新拥抱未来

该如何理解创新？在三维通信科创人员的心中，创新不仅是对已有产品的不断升级革新，更是对未来科技发展趋势的判断与挑战。纵观世界科技发展趋势，5G大潮正汹涌而来。

随着5G时代的来临，基于物联网的泛接入将成为网络需求的主流，三维通信发挥移动通信设备研发和运营服务的优势，全面整合卫星宽带通信技术实现无差别的天地一体网络接入服务，不断开发适用于5G的新产品及解决方案，积极布局5G时代。

李越伦认为，和原来的4G相比，5G的特点是基站的小型化和密集化，由于5G的频段比较高，覆盖半径随之就会变小。比如在3G、4G时代可能需要建设10个铁塔，5G时代则可能需要建设20多个铁塔，基站密集覆盖的特点就导致了要建设的杆和塔更多、要选择的站址更多。

他表示：“5G时代必是微基站的天下，街道两边的路灯杆将成为最理想的微基站。三维通信提供的正是覆盖大基站盲区的设备优化、设计和安装服务。微基站市场规模不亚于运营商的大基站。”

从2G到5G，30多年的通信发展历程见证了社会生活的巨大变革。虽然2G已成遥远的过去,但对于通信运营商来讲,从2G到5G,每一代通信网络背后都拥有巨大的产业链与市场。此外,通信由2G发展到5G,其背后的网络格局也同样发生了巨大的变化,而全球各大运营商的硬件铺设和软件协议标准之间的差异也使得通信格局纷繁复杂。因而,应用由三维通信设计生产的能够兼容多种网络信号的DAS系统便成为解决此类问题的最优方案。

从外观上看,DAS(开放系统的直连式存储)与普通的路由器大小差不多,虽然体型娇小,实则凝练了多项5G通信前沿的技术,可以实现全球各大运营商对2G到5G不同频段的信号覆盖,并为智能制造、远程医疗等5G应用场景的室内覆盖提供了现实路径。

DAS系统只是三维通信通过自主创新迎战5G时代挑战的其中一个案例。据了解,公司从2015年就开始跟踪5G技术和产业发展;到2017年,公司已经开始在多个城市和地区开展5G智慧杆塔运营服务试点工作;到2018年,在5G产业迅速推进、全球多个国家提出启动5G商用计划之时,三维通信表示公司将加大力度推动产品研发,建设并提供与5G网络相适配的各项产品,并将申请加入O-RAN联盟组织,与Open RAN等市场领先企业合作。而明确5G产品线及具体工作计划,也意味着三维通信的5G业务已从前期布局正式进入了实际落地阶段。

“创新是公司发展的核心推动力,尤其是通信行业,只有加大前期投入,才会在5G时代来临前抢占先机,保证企业竞争力。”为此,公司将在继续进行4G通信设备的降成本研发投入之外,加大5G领域的技术预研和开发投入。根据三维通信披露的研发投入情况,其2018年研发人员共418人，较上年同期增长27.44%，占公司员工总数的比重也提升了8.23%，达到36.63%，研发投入金额1.20亿元，较上年同期增长34.18%。

三维通信打造了“诚信、协作、执行”的核心价值观和“创新、协作、敬业”的企业文化，正如公司董事长李越伦所讲的那样，“不求走得最快，但求走得更远”。用创新推动公司发展，依靠专业扩大商业版图，背负着“运用我们的智慧和努力不断拉近世界的距离”的使命，三维通信一直紧随时势潮流，初心未改，始终如一。

执笔人/陈　潇

9. 娃哈哈：产业数字化的标杆

在2019年8月播出的一期央视《对话》节目中，主持人陈伟鸿来到杭州，与多位大咖在西湖边共话“数字经济”。浙江省委常委、杭州市委书记周江勇在节目中提到，数字经济有三个维度：数字产业化、产业数字化、城市数字化，其中，娃哈哈是民营企业产业数字化的标杆。

杭州娃哈哈集团创建于1987年，从3个人、14万元借款白手起家，从承包上城区校办企业经销部发展为中国领先的民营饮料生产企业，产量位居世界前列。在全国29个省、市、自治区建有80个生产基地、180余家子公司，拥有员工近3万名，企业规模和效益已连续20年蝉联中国饮料行业第一，位居中国企业500强、中国制造业500强、中国民营企业500强前列。

创品牌：企业得“以小吃大”

1986年，杭州市上城区文教局要对下属校办企业经销部采取承包经营的方式进行改革。1987年,宗庆后被选为经销部负责人。那一年,宗庆后42岁。“这张聘书给了我一个平台,让我自由发挥创办企业的能力”,他说。

1988年,娃哈哈儿童营养液一上市便受到市场热捧。1990年,娃哈哈销售收入突破亿元大关,利润超2000万元。宗庆后说,自此娃哈哈实现了“从零到一”的突破。

1991年,娃哈哈儿童营养液供不应求,如何扩大生产规模成为摆在宗庆后面前的一道难题。杭州市人民政府决定,让娃哈哈营养食品厂兼并资不抵债的国营老厂——杭州罐头食品厂。

宗庆后回忆,当时罐头厂和娃哈哈的员工都不乐意,罐头厂的职工觉得被“弄堂小厂”兼并很没面子,而娃哈哈员工则担心接收罐头厂这么多的员工,自己的福利会受影响。

“既然答应了,就要坚持下来。”宗庆后用8000万元兼并了拥有2000多名职工的罐头厂。娃哈哈利用产品、资金和市场优势,迅速盘活了罐头厂的存量资产,顺利扩大产量,增加市场占有率,开启了迈向全国的第一步。仅3个月后,原本亏损4000多万的罐头厂就扭亏为盈,当年娃哈哈销售收入、利税就增长了一倍多,第二年销售收入达4亿元、利润7000多万元。

宗庆后坦言,娃哈哈当时开创了“小鱼吃大鱼”的先例,实现了规模化经营。在宗庆后看来,改革开放至今,党和政府对民营企业的鼓励和支持力度一步步加大、深入,正是不断扩展的政策空间造就了今日的娃哈哈。

数字化：生产经营效率高

创立32年来，娃哈哈以食品饮料制造企业的身份闻名全国，却鲜少有人知道，娃哈哈接触数字化的时间比大多数企业都要早。

娃哈哈的数字化，可追溯至1997年第一次引进信息系统，此后大致可以分为四个发展阶段。

一是起步阶段（1997—2003年），娃哈哈引进外部系统，初步实现了销售和财务业务的信息化；二是ERP应用阶段（2004—2008年），娃哈哈引进SAP ERP系统，财务、生产、采购、仓库等多个核心业务实现信息化管理；三是全面升级阶段（2009—2014年），娃哈哈自主研发的信息技术在生产经营的各个环节均得到了普及应用；四是智能化阶段（2015年至今），娃哈哈引入BPM概念，搭建了流程管控平台，实现业务全流程的移动化和智能化。

“如今，娃哈哈90%的系统都是自主开发，从订单管理、采购管理到生产管理、物流管理，再到客户服务，所有关键环节都被纳入BPM（业务流程管理）流程中，通过网络把供应商、企业、客户、消费者连接到一起，实现供应链的横向集成”，娃哈哈相关负责人表示。

现在“大数据”“工业云”的概念很火，娃哈哈在这些方面也早有布局——2017年用Hadoop和Spark建立了全新的大数据分析平台，2018年打造了“哈宝游乐园”移动端平台，获取第一手消费者数据。未来，娃哈哈还将建设“私有云”，打造自己的数据平台，为今后的商业决策提供依据。

智能化："制造"升级为"智造"

如何准确、高效地完成定制化生产是目前饮料行业普遍面临的一大挑战。在实现数字化和智能化之前，很多饮料企业虽然能够根据客户的需求生产具有定制化标签的饮品，但是在切换产品批次时，需要操作员自己去判断当前批次的终点。

娃哈哈建造了全数字化管控智能工厂，通过发展"制造业＋互联网"，打造了一个涵盖从客户下单、生产调度、原材料采购、工厂生产、物流和客户服务等完整产业链的大数据智能制造体系，实现了传统制造和现代传感技术及联网技术的深度融合。

"通过传感器反映关键技术参数，当偏离标准指标时可自动调整，从而节约能耗。"宗庆后介绍，技术装备上的先进使得娃哈哈成为国内食品饮料行业唯一具备自行研发、自行设计、自行安装调试设备能力的企业。工作人员坐在电脑屏幕前，就能管理每一个生产环节，使生产线变得更加透明。娃哈哈饮料智能工厂，从原材料的入库环节就开始连续而严格的质量检测，供货单上的原料、辅料和包装材料的信息通过扫描或电子标签进行自动识别，与供货有关的数据被读取后自动对系统的原料库存进行修正。

娃哈哈微生物菌种工厂，同样采用了智能化设计：根据产品制定的标准工艺参数包括了从菌种发酵、分离、冻干、调配到产品包装的整个工艺过程，所有标准工艺参数都可进行在线集中设置，集成了智能检测装置的生产线设备可以在生产过程中对工艺参数进行连续的实时在线检测并实现在线调整优化，确保了稳定的工艺过程和产品质量。

智能化菌种车间的建成，是娃哈哈32年匠心坚守的缩影。在国内菌种开发起步较晚、可借鉴经验少的背景下，娃哈哈从零起步，在不断地摸索、实践中，在不断的尝试—失败—再尝试的无数个循环中，终于在菌种的采集、开发、生产和系统的集成等方面，持续取得突破，锻造了行业领先的精品工程。

以菌种研发的第一步——样品的采集为例，为了采集到优良天然的样品，在近10年的时间里，娃哈哈的研发人员进深山、上高原、赴雪地，多次远赴四川等地，跑遍了几百个菌种资源丰富的村镇，深入农户、牧民家中，从当地特色的天然发酵食品中精心采集。

菌种车间的投产，不仅打破了依赖“洋菌种”的桎梏，更有利于做出适合国人体质现状、保健功能更加完善的益生菌产品。娃哈哈变“中国制造”为“中国智造”，用自主创新激活了企业的内在竞争力。

2015年，娃哈哈“食品饮料智能化工厂项目”入选全国首批工信部智能制造试点示范项目，在打造食品饮料全数字化管控的智能工厂上进行了实践探索，将食品饮料研发、制造、销售从传统模式向数字化、智能化、网络化升级，助推传统食品饮料制造业向智能化转型。

2017年初，娃哈哈对杭州下沙第二生产基地的一条生产纯净水和含气饮料的生产线进行了升级，打造了中国第一条数字化与智能化饮料生产线，打破了各个设备的信息孤岛，让全部的数据从设备层到管理层彻底贯通，成功实现了对整条生产线进行中央监控。

娃哈哈还将建立完善的智能仓储系统，实现基于大数据优化的物流智能运输，实现仓库库位智能化管理，包括自动码垛、自动入库、出库、发货及自动装车卸车，实现饮料仓库无人化控制。

宗庆后表示："数字化和智能化给娃哈哈带来的最直接的影响，就是提高了管理水平和技术水平，提高了工作效率，降低了能耗，提高了效益。"

经过数字化和智能化改造，生产线工人数由18人缩减为3～4人，人员劳动负荷降低20%以上，生产效率提高10%以上，能源利用率提高20%以上，确保产品100%合格。

一个典型的节能案例是，在制作瓶坯的过程中，PET粒子会被吸入干燥塔进行约四个小时的预热，这个过程需要消耗大量的电能。在过去，操作员有可能在所有生产过程都结束时才会去关闭干燥塔。现在，技术人员可以通过中控系统，在制瓶任务完成后就立刻关闭干燥塔，由此节约了大量电能。

重研发：深入探索工业机器人

宗庆后在节目中表示，娃哈哈已经积累了资金，积累了人才，除了要把主业做好以外，还要发展高新技术产业，为国家科研事业做贡献。

一直以来，娃哈哈都非常注重企业基础能力建设，是国内食品饮料行业中少有的具备自行研发、自行设计、自行安装调试设备能力的企业，曾获得过"国家级高新技术企业"的称号。

娃哈哈下设一家机电研发机构——机电研究院，致力于高端装备技术的开发与产业拓展。

目前，技术人员正致力于采用机器人技术解决箱型物品自动装车的问题，期望开发出系列化的智能物流装备，填补国内空白。

在积极探索机器人产业发展的同时，娃哈哈还在与国外先进技术企业洽谈合作，努力建设一个包括伺服电机及驱动器、精密减速机、运动控制器及视觉和传感系统等核心部件在内的机器人产业园。

未来，娃哈哈仍将专注于主业发展，以饮料行业为基础，以产业数字化为手段，开发面向全行业的高端自动化装备、工业机器人的集成应用及高效节能电机，重点对工业机器人、高端智能装备领域进行开拓创新。

宗庆后说，企业家要始终领先时代半步，才能带领企业不断创新，不断进步，紧跟时代潮流，实现健康发展。

执笔人/杨　昊　阳　欢

10. 传化:智慧物流引领转型升级

1986年,传化从一个小作坊开始创业,抓住了改革开放的历史机遇,成为中国改革开放后浙江的第一批私营企业。深耕实业33年的传化集团不断转型升级,如今已发展成为涵盖化工、智能物流、现代农业、科技城、金融投资等领域的实业集团。2019年度,传化集团位列中国企业500强第232位,中国民营企业500强第73位。传化的发展可谓是中国时代变迁中产业进化的缩影。

在传化集团董事长徐冠巨看来,传化要打造时代企业,追求高质量发展,就必须坚定地走全面转型升级的道路。传化正通过物流的发展,引领各产业改变过去站在产业链环节上找机会的思维,形成"搭平台、建生态、供服务"的思维,把化工、现代农业、科技城、金融投资也同样打造成为开放、共享、共生、连接的服务平台。目前,传化智能物流构建了线上与线下相结合、自有资源与社会资源相结合的智能物流服务网络,形成了以智能信息服务贯穿全业务流程,以物流服务、智能公路港服务、支付与供应链金融服务为利润中心的创新模式。

从“制造业”到“平台型”

中国纺织印染界流传着“全球10件衬衫里有7件会用到传化的印染助剂”的说法。能获得这样的美誉，离不开传化对科研和技术的重视。而这，要从“2000元买一勺盐”带来的转折说起。

1986年，徐传化父子先是创业生产液体皂。当时作坊里的技术活主要依赖从外面请来的“星期日工程师”。每个周末，“星期日工程师”来到徐家，在液体皂工序快完成时，将一包粉末倒入配料中，随后液体皂就会变得黏稠；但是没有这包粉末，液体皂就会又清又稀，无法出售。然而，“星期日工程师”一直拒绝告诉徐家粉末是什么东西。

液体皂销量好，供不应求，但“星期日工程”是本身有自己的工作，他不在的时候，徐家父子只能摸索着自己制造。为了知道粉末是什么，徐家到处寻找答案，最终，徐家以2000元买到了这包粉末的配方：这个高深莫测的东西，实际上就是徐家天天都要用的、再普通不过的食盐。

2000元买了一勺盐，让徐家父子深受刺激，他们也从这件事上醒悟：必须依靠科学，依靠人才。

“2000元买一勺盐”的故事也是传化的一个重要转折点——从简单粗放的生产到依靠技术、打造核心产品，为后来传化的稳定发展奠定了根基。

再后来，看到高效脱油助剂国内尚无法生产、完全依赖进口的情况，徐冠巨投身于研究既能洗去油污又不损坏布匹质量的特效纺织助剂。经历过无数次失败，在1990年，徐冠巨自主研发出高效去污剂“901特效去油灵”，产品的前两个数字代表了产品诞生的年代：1990年。该产品打破了中国印染助剂依赖进口的状况，填补了国内行业空白，为企业的快速发展奠定了基础。它的诞生带动了传化其他精细化工产品的发展。

随后，传化持续在制造业领域中创业创新。从最早期的液体皂产品，发展成为功能化学品等业务集群。变得是新的产品，始终不变的是持续以科技创新推动绿色发展，为人们丰富多彩的生活提供服务，成为全球化的功能化学公司，在纺织化学品等领域位居世界前列。传化携手纺织印染、造纸、塑料、建筑等行业伙伴，共同推动中国制造业蓬勃发展，带领行业冲破西方发达国家曾经设置的重重贸易壁垒，在世界舞台上展现了中国制造的风采。

造纸化学品增白剂产量，亚洲第一；传化印染助剂市场占有率全国第一、全球第二；PTY油剂行业标准起草单位、产销量全球第一……业内有个说法，在功能化学品领域，传化的诸多产品都是行业的“隐形冠军”。

十几年来，传化能迅速成长为中国物流业的领军企业，是一以贯之创新的结果。20世纪90年代，徐冠巨研发了“901特效去油灵”，多次获得国家级、省市级奖项，开始了传化科技创新之路。

传化起初接触物流是为了解决自己的产品销售和原料运输。最开始是肩担、车推，而后购置第一辆汽车又成立车队，1997年传化将车队改组为储运公司，使得车辆运营效率大幅提升，运输成本降低了25%

左右。这也让传化认识到,模式创新与资源整合才是促进大发展的关键。

随着业务不断做大,徐冠巨发现,繁华的城市与落后的物流十分不匹配。运输车空载、物流成本高等物流难题日益凸显,这样的情况下,制造业企业得不到高效的物流服务,生产成本居高不下。这些行业痛点,成为传化的创新原点。

浙商徐冠巨以前瞻性眼光,在当时中国很多人对"物流"这个词都还没概念的时候,开始思考解决物流的信息不对称和缺乏信任的问题。最后传化决定建立一个人、车、货的集聚整合平台,传化公路港物流模式由此诞生。此后,传化积极谋划建设公路港平台模式。2000年,首个传化公路港开建;2003年,传化在中国首创的公路港——杭州传化公路港正式投入到运营当中;2007年,在第一个公路港成功运营的基础上,传化在全国实施连锁战略,先后在成都和苏州陆续建立传化公路港。2012年前后,随着实体平台的网络化运营,传化开始探索互联网、云计算等技术在网络构建中的运用,线下线上逐渐融合,构成一体化的公路物流网络运营系统。

"十三五"期间,杭州正积极拓展以电子商务与物流、金融融合发展为显著特征的新型全球贸易方式"跨境电子商务"。现代化、标准化的物流运输,正是维系这一切发展的重要的纽带,传化由此成为中国(杭州)跨境电子商务综合试验区首批试点企业之一。

2016年,传化股份正式更名为传化智联,紧跟时代步伐的企业全面起航。

截至2018年年底，传化智能物流业务已覆盖27个省、自治区和直辖市，总计为近26万家物流企业、430万辆货车提供服务。未来，传化希望通过智能物流平台持续帮助更多的货主企业与物流企业降本增效，推动中国实体经济高质量发展。

从“高速度”到“全链条”

浙江省是我国纺织印染产业的聚集地，传化正在为这个行业提供全链条的智能供应链物流服务。从中国优质棉生产基地阿克苏到棉纺产品集散地浙江绍兴等地，通过“棉花特需专列”把原来15天的行程缩短到4～7天。传化在采购、仓储、配送、运输、结算及供应链金融等各个环节为上下游纺织印染企业提供整体解决方案。通过测算，可以使纺织印染企业的综合物流成本降低40％以上。

这一变化背后是传化的智能物流平台。针对制造业企业缺少服务体系支撑、物流成本高等关键痛点，传化打造智能物流平台，建设服务实体经济的现代物流体系。

国内知名母婴电商平台“海拍客”下游渠道覆盖全国30个省100多个城市，超过15万家母婴实体店，经营商品品类千余种，对于其主要供应商中商（浙江）商业经营管理有限公司来讲，仓储运输等一直是限制其发展的一个关键难题。

杭州传化公路港共享云仓相关人员经前期考察，打通自主研发的OMS(订单管理）、WMS（仓储管理）、TMS（运输管理）系统与海拍客系统,实现信息的无缝衔接。更新后的系统结合新建立的出入库标准化SOP流程,捡货时围绕波次、效期、包装等维度,自动优化货物拣选路径,拣货员只需按照系统提示进行标准化操作,即可完成拣货。

据了解,共享云仓的接入让库存分拣成本降低15%,上架及时率提高20%,库容利用率达提升20%,发货及时率达到99.95%,综合物流成本降低5%～10%。

仅在浙江省,传化的公路港城市物流中心就已经有9个项目正式运营,形成了一张高效联动的区域公路港城市物流中心网络,助力提升物流运行效率,推动了浙江省制造业的转型升级。以杭州传化公路港为例,目前已吸引500多家物流企业入驻,整合社会车辆30多万辆,服务杭州及周边地区制造企业和商贸业达30000多家,产业集中度明显提高。2003年至今,入驻企业平均营业额增长率达到30%左右,重点引导、培育近百家成长型中小物流企业,产生了8家近亿元物流企业,14家A级物流企业。

"要把中国的生产资料和生活资料的供应链服务体系建设好,需要政府、行业和社会各界共同努力。"徐冠巨说:"传化将通过智能物流平台,致力打通供应链各环节,形成共生共赢的行业生态,支撑实体经济迈向中高端。"

从对接"一带一路"到推动"持续创新"

在"一带一路"背景下,传化智联的智能物流业务也逐渐国际化。

截至目前，经过19年的深耕，传化已经在“一带一路”经济走廊上的18个省区市布局了近50个智能公路港，基于此为各主体提供供应链一体化、运力、仓储、系统、数据等各类基础服务。公路港城市物流中心被形象地称之为“新丝路驿站”，逐步成为“一带一路”互联互通的基础设施和全国各大城市智能物流的中心，让最后一公里无缝对接国际市场。

杭州传化公路港通过国际公海联运将产自东南亚吉隆坡的葵花籽油运抵浙江宁波北仑港，再由“公路甩挂”运输至杭州传化公路港内，由公路港对货物进行仓储、分拨，最终将货物配送到买家手中。“一站式”多式联运物流供应链解决方案将客户的综合物流成本降低了15%～20%。

除了杭州，传化智联在西安、重庆、成都等“一带一路”节点城市，都提供了一站式的多式联运解决方案。

在西安，传化通过智能物流平台将全国各地机械配件聚集，通过中欧班列“长安号”发往波兰马拉舍维奇。传化为这些机械配件生产企业提供全程门到门多式联运、报关报检、方案预审等服务，帮助企业通关时效提升40%，运输时间相对缩短近70%。

在重庆，传化提供从白俄罗斯提货、报关、订舱、国际铁路运输，到国内清关报检，再由传化公路港进行全国末端派送等。传化将白俄罗斯的乳制品原材料通过“中欧班列”运至重庆，缩短了从外国工厂到中国企业的物流运输距离，让全程运输时间从原来的60天缩减到25天，由于货物运输时效的提升，综合物流成本明显降低。

在成都，传化通过多式联运的资源整合，让阿尔卑斯等品牌产品享受“一带一路”相关福利，由意大利直发中国，并提供全程“门到门”一条龙服务。

不久的将来，波兰的土豆粉、意大利的新能源材料、越南的大米、泰国的海苔等也将享受到传化的“一站式”多式联运服务。浙江制造的机器、工艺品等产品也将通过传化的“一站式”多式联运解决方案出口到澳洲、欧洲、北美等地区。

一路走来，不间断的技术创新、模式创新，是传化前行的动力。传化全力打造的智能物流平台已不断升级，从最初的“车货匹配”物流需求，发展到智能化运力调度、多式联运、仓储、配送等，并围绕物流供应链衍生出一系列金融及创新增值服务，为生产制造、进出口贸易等企业提供系统性全链条解决方案。

执笔人/徐慧敏

11. 中控:为中国智能制造提供“大脑”

创建于20世纪90年代初的中控集团(SUPCON),经过20余年的不断创新、突破和发展,如今已成为中国自动化领域的领军企业。在智能化的大浪潮中,依托深厚的科研积淀及强大的自主创新能力,中控又开始致力于打造中国的智能制造工厂,为“中国制造2025”目标的实现贡献自己的力量。

目前,中控集团的DCS(分布式控制系统)已成功应用于国内外6000余家企业,并已成为全国石油化工行业DCS市场份额的单项冠军。

自主创新打破国外垄断

20世纪90年代初,我国的自动化行业处于被国际巨头垄断的被动情形之中。由于缺少有条件与之抗衡的本国产品,国外企业为中国市场提供的产品和服务的价格一直居高不下。然而,由于技术的匮乏及代理工作低风险、短期高回报的特征,当时大多数国内企业选择代理经营国外自动化公司的业务，长期从事着低附加值的劳动。

但是，当时年仅30岁、刚从日本京都大学博士毕业回国的褚健明白，自动化产业是国民经济中工业生产装置的“大脑”和“神经中枢”，有着极为重要的作用，中国人一定要做出自己的“工业大脑”。尽管他清楚地知道当时其面临的是“蚍蜉撼大树”的局面，但责任感和远大抱负使其毫不畏惧。1993年，和一帮志同道合的年轻人一起，褚健创立了浙江大学工业自动化公司（中控集团的前身），选择通过自主创新、建立自主品牌打破国外垄断的坚冰。

不断地试验和实践后，在成立不到一年的时间里，公司就推出了国内第一套1∶1热冗余的分布式控制系统。该系统于1993年年底在巨化锦纶厂顺利投入使用，且售价仅为同类进口产品的三分之一。随后，通过不断的试验和实践，中控又相继推出了多款自主开发的高水平控制系统。相似的性能下的巨大价格优势使得中控的产品受到了普遍青睐。垄断被打破，国外产品在中国市场的价格自然也大幅下降。褚健在2003年就曾感慨道：“我们中控人的希望是不断创新，最大的满足是能为民族工业自动化做一些事情。”

在振兴民族工业的使命感的驱动下，中控通过技术创新不断地发展与壮大。其研制的DCS控制系统不断更新迭代，已成为国际领先的控制系统产品。在国内石化控制系统领域，中控的产品不断在国家特大工程上取得突破性应用。公司已具备了在关键的项目及装置中与阿西布朗勃法瑞、西门子等国际一流企业同台竞争的能力。2007年，中控联合浙江大学主持制定的EPA标准被国际电工委员会批准，这是我国第一个工业自动化国际标准。成为标准的制定者体现了中控的技术实力,也意味着我国自动化行业开始具备与国际跨国集团平等对话的能力。2011年,在中石化四个千万吨级炼油项目上,中控集团成功中标其中三个,标志着中控的自动化控制系统在高端流程工业领域也具备了战胜国外著名厂商的实力。

人工智能融入生产企业

随着大数据、云计算及人工智能的发展,全球新一轮工业革命风起云涌。

“如果中控有一天不卖DCS了,那还能卖什么?”这是中控在迈向工业4.0时代的深入思考。

在集团总裁贾勋慧看来,“中控的自动化产品,比如DCS、SIS、PLC、SCADA及现场使用的仪表,这些市场提升空间已经比较有限,但人工智能、大数据却为我们自动化行业开辟了新的市场空间,用户新的需求可能得通过一些新的技术才能解决”。在敏锐地嗅到了工业时代的新趋势后,中控决定从信息化迈向智能化。

“智能制造的时代,不管是人工智能,还是大数据,我们需要做的都是将知识转变成概念,再将概念转变为产品。其实,这些事情对于中小企业来讲并不是那么容易。所以,中控就是要帮助它们找到捷径,提供它们所需的核心技术,从而让问题迎刃而解。”褚健如是解释中控的智能制造思维。也就是说,中控要将人工智能、大数据等技术全面融入工厂中,帮助中小制造工厂用智慧大脑进行控制,实现安全生产、绿色环保、节能降耗、质量提升、降本增效等目标。

凭借着在制造业摸爬滚打多年的经验,中控从工艺技术、设备技术、运营技术、自动化技术和信息技术五个方面切入,紧紧抓住企业的核心价值,将智能融入传统的制造工厂。中控的智能制造系统通过收集大量装置的物联网节点数据进行分析、训练和学习,高效地为制造工厂的设备预测维护、设备性能分析、能源平衡预测、工艺参数寻优等内容服务。如今,用智慧大脑便可完成以往只有经验丰富的操作工、调度员才能完成的工作,能为企业切实降低生产成本,提升经济效益。

目前,中控已与多家制造业企业开展战略合作,推动智能融入工厂。2018年,中控与红狮集团达成全面战略合作,为其提供水泥工厂智能化的解决方案。在不改变已有生产设备及控制系统的前提下,单位材料煤耗可下降2.5%,单条生产线每年可节省205万元,成功推动实现节能降耗、减员增效,为水泥行业的智能化转型树立了典范。同年,中控与桐昆集团合作的功能性聚酯纤维智能化生产项目,以及与泸州老窖合作的固态法白酒生产车间新模式应用项目,均获批国家智能制造专项。

谱写智能联通工厂新篇章

中控知道,仅仅将人工智能融入单条生产线、单个车间是远远不够的。相较于试图进入智能制造领域的互联网企业而言,中控具有丰富的工业自动化和信息化背景，更能发现工业企业的痛点。中控知道，目前广大的工业企业还是面临着信息孤岛、缺乏顶层设计等问题。虽然坐拥海量数据，但企业却在生产数据、管理数据、运营数据的融合方面遇难，难以从信息中获取更多的商业价值。

因此，真正高效的智能工厂势必要走出孤岛，形成闭合环路，从而构建“工业领域的安卓系统”平台，并以打通数据、实现管控一体化为路径。从全球来看，工业控制系统领域的巨头们都已开发和推出了自己的平台，如美国通用公司的Predix、SIEMENS的MindSphere、阿西布朗勃法瑞的Ability等。在这样的情况下，始终坚持自主创新的民族企业中控不甘落后，决心开始从卖产品到构建S2B平台及卖服务和打造生态圈的升级之路。

在2017年，中控发布了自主开发的工业操作系统supOS。该系统在国际上率先以实现“厂级信息全集成”为切入点，帮助制造工厂将不同信息的孤岛连接起来，以集成化、数字化和智能化来解决企业的生产控制、生产管理和生产经营问题，为企业创造更大价值。作为工厂通用连接器，supOS可以使企业所有设备（包括动设备、静设备和机电仪控），包括各种信息系统、管理软件系统、自动化系统、智能设备相衔接。借助该系统，工厂每天产生的大量数据被联通了，数据活起来便能有效赋能制造企业。另外，supOS还有助于打造智能生态圈。对于工厂管理者和决策者来说，借助supOS的可视化DIY工具，可对数据进行透视分析，扫除工厂数据雾霾，提高工厂能见度，优化工厂运营效率。作为开放性的工业应用APP大型孵化平台，该系统能为合作伙伴免费提供开发工具、开发包、接口及认证发布服务，进而推进产业间的协同合作。

与此同时，中控以“厂级信息全集成”为切入点的智能工厂实践也已开启。在2018年投入运行的神华宁煤百万吨级烯烃智能工厂项目中，中控成功实现了原有系统与新增系统之间的集成，实现了区域的信息全集成，构建了高效、节能、安全、绿色的智能工厂。在2019年验收的传化合成材料智能工厂项目中，中控成功实现SRP系统、地磅系统、访客系统等15项异构系统的集成，真正把所有各自独立运作的“应用孤岛”紧密连接起来，并运用大数据分析技术、云端运算技术、移动技术，建构了一个由机器、设备与人工智能组成的庞大的网络系统。

执笔人/余　璐

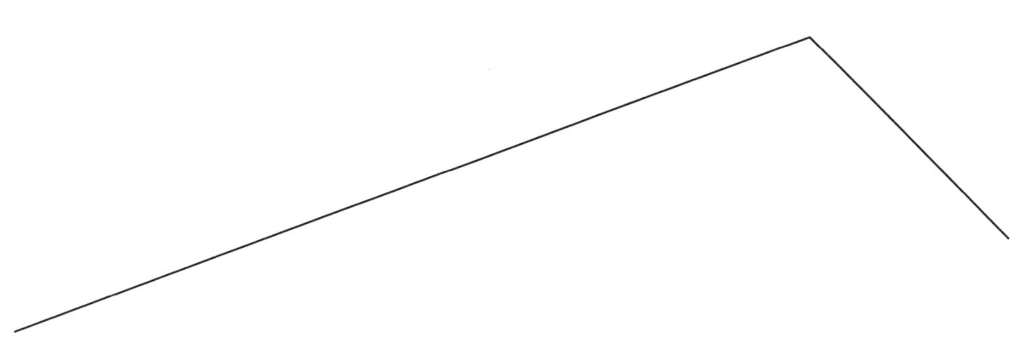

第二章

先进制造：品牌走向国际

1. 吉利:以并购和创新拥抱世界

“锲而不舍,金石可镂”,作为中国第一家进入汽车产业的民营企业,浙江吉利控股集团有限公司通过20多年的不懈努力,已经成为目前中国最大的民营汽车企业,其以229.40万辆的年销量,位列2018年全球车企轻型车年销量排行榜第13位。不久前,《财富》杂志发布了2019年世界500强企业榜单,吉利集团成为中国大陆唯一上榜的民营汽车企业,自2012年进入榜单以来,连续8年上榜,以496.65亿美元的年营收,位列世界500强排行榜中第220位。“筚路蓝缕,以启山林”,吉利创业33年,造车23年,已从一家生产电冰箱元器件的小企业,成长为资产超过2700亿元、员工人数超过12万人的全球化汽车集团,完成了从“落后者”“追赶者”到行业的“领先者”乃至“引领者”的华丽转身。

转产:开山造车

1986年11月6日,李书福以冰箱配件为起点,开始了吉利创业历程。经过10年发展，1997年，吉利集团投资5亿元进军汽车制造业，该时期的吉利走的是学习模仿的道路，以简单地模仿已有的成熟产品和工艺为主，采用“干中学”的方式，通过生产过程中工人熟练程度的提高，逐渐提高生产效率与体现规模经济性，降低生产成本，逐步提升市场占有率和减少对引进技术的依赖。

1998年，第一辆名为吉利豪情的汽车驶出了位于浙江临海的工厂流水线，也打开了中国第一家民营汽车企业之路。在桑塔纳卖20多万元、夏利卖十几万元、奥拓还卖七八万元的市场情形下，吉利提出“造老百姓买得起的好车”的口号，希望以低价战略快速打入市场。为达成此战略目标，吉利提出“三五计划”[①]，避免与大型车企正面竞争。豪情汽车相比于市面上其他汽车具有明显的价格优势，当时的中国汽车销售市场虽然相对低迷，但吉利瞄准了数量庞大的个体商贩和处于创业初级阶段的创业者们，以3.5万元至8万元的汽车定价，填补了当时的市场空白，一年后，吉利就创下了几千台汽车的销售量纪录。通过低价战略，吉利成功开拓了国内市场，一举冲破了三大轿车合资企业的价格垄断和市场垄断，使轿车从“奢侈品”“官车”变成了老百姓都能买得起的消费品，并成功跻身中国轿车行业十强。吉利也顺利推出该时期的代表性产品“老三样”：“豪情”“美日”“优利欧”。至此，吉利已基本在汽车行业站稳脚跟。

2000年，吉利已经拥有了宁波、临海、路桥和上海四个生产工厂，

① “三五计划”即汽车能坐五个人，百公里消耗五升油，五万块钱售价。

初步建成了由426个零部件供应商、156间4S店和191个汽车经销商，以及604家售后服务站组成的供应和销售体系。此时，吉利的年汽车销售量已经达到了2.7万辆，其生产的经济型轿车的销量已经占据了当年全国汽车市场的4%。

但随着消费者消费升级的新需求，吉利的低价战略已经逐渐成为其发展的障碍并饱受质疑。同时，核心部件供货厂商的无理涨价，将其利润空间压缩得所剩无几，此时的吉利毅然决定尝试转型，走自主研发道路，获取发动机、变速箱等核心部件的自主知识产权。

“对标”：自主创新

2003年，吉利邀请韩国大宇汽车前副总裁沈奉燮，作为副总裁和技术顾问加盟，为吉利“自由舰”的研发进行指导。吉利采用完整的技术管理体系、计算机虚拟化设计、并行开发模式，初步建立起一套与国际社会接轨的开发流程，彻底告别了原来的使用图版铅笔的老旧方法，逐渐走上自主创新之路。

2005年，在造车技术上实现重大突破的“自由舰”下线，标志着吉利的整车技术上升到了一个新的台阶。这一款汽车从一开始就采用一流的模具、一流的检具、ABB焊装机械手等先进工艺和装备，大大提高了产品的质量，在设计时就考虑了汽车安全问题，采用了28项汽车安全技术，极大地提高了汽车的安全性能。

此后，吉利的产品线也得到了进一步的扩张。2006年，吉利用3年时间进行自主研发的首款CVVT发动机JL4G18在吉利宁波基地正式投产，这是吉利在汽车核心零部件研发方面的一个里程碑，也标志着我国汽车核心零部件研发已经与世界接轨。同时，吉利推出了搭载自主研发发动机的新产品“自由舰”“金刚”和“远景”，这三款车型是这一阶段的代表产品，被称为“新三样”。

该时期，吉利开始着力提升自己的研发能力和产品质量，同时扩张产品线。吉利在学习造车阶段积累技术的基础上，逐步提高了自身的研发能力，根据自身发展与国内市场的需求，开始对变速箱、发动机等核心零部件进行自主研发，提升了整车开发能力，逐渐摆脱了对技术输出方的依赖。同时，吉利的定位更加多元，进一步勾勒出吉利产品线扩张的蓝图。

但是，暴风雨似乎就要来临，经历了快速繁荣之后，吉利汽车于2006年下半年突然出现了卖不动的情况，原因正是批次质量出现问题，导致用户满意度降低，市场上弥漫着不安的情绪。吉利的“高速扩张”，使它遭受了诸多质疑，有人认为吉利是为了在激烈的汽车行业立足，拼命做大规模，导致品牌、管理及其他配套资源难以跟上，进而影响销售。

2007年5月18日，面对来自全国的100多位经销商，李书福发表了吉利汽车史上具有里程碑式意义的“宁波宣言”。这次讲话涉及技术元素、品质要素和品牌意识，并宣布吉利进入战略转型期——从“卖得便宜”变成“技术领先”，为此后吉利的技术创新与全球扩张奠定了基础。

“越标”：奔向世界

在全球第二大变速器制造商——澳大利亚DSI公司宣布破产后40天，2009年3月27日，吉利收购了它的全部股权，包括厂房、生产设备等有形资产和研发中心、知识产权等无形资产。澳大利亚DSI自动变速器公司是一家集研发、制造、销售为一体的自动变速器专业公司，是全球仅有的两家独立于汽车整车企业之外的自动变速器公司之一。该公司已有80多年历史，拥有雄厚的技术积累和产业经验，其四速和六速前后驱动及全驱动大扭矩自动变速器一直有着不错的口碑，是美国福特、韩国双龙和印度马新爵等汽车企业的重要供应商，此次收购，大大增强了吉利的自主研发与创新能力。

2010年3月，吉利控股集团出资18亿美元收购了沃尔沃轿车的全部股权，吉利通过并购获取技术的想法更加明确。“这如同一个农村来的穷小子，追求一个世界顶级的明星”，吉利集团董事长李书福这样评价吉利收购沃尔沃交易，他说：“这项收购对中国汽车业是具有里程碑意义的，也为吉利汽车带来了新机遇。”

2011年，吉利和沃尔沃之间形成了更加紧密的战略资源的互补和共享关系，在瑞典哥德堡共同建立了中欧汽车技术服务公司（CEVT）。CEVT拥有来自全球20多个国家的2000余名顶尖的汽车工程师，充分运用吉利和沃尔沃的优势与资源，通过分摊研发经费、共享研发成果的方式，让来自吉利和沃尔沃的技术人员共同合作开发全新的基础模块架构和核心部件，满足沃尔沃汽车集团和吉利汽车集团未来的市场需求。CMA（基础模块架构）平台就在此背景下应运而生，它标志着吉利集团拥有了世界领先的平台设计能力，更使得吉利集团的技术能力上升到了新的高度。2017年，吉利和沃尔沃联合协同打造的全新高端合资品牌领克汽车上市，并创下137秒6201台订单的傲人成绩，这一款新车型就是在CMA平台进行开发的。另外，吉利和沃尔沃双方的采购体系也进行了融合，在提高采用效率的同时降低了采购成本，同时在供应商管理方面有了进一步的提升。

2012年，英国锰铜宣布进入破产程序。次年2月，吉利大胆地进行了海外抄底，成功并购了锰铜的所有股份。2017年吉利收购了马来西亚唯一的整车企业——宝腾49.9%的股权，以及宝腾旗下路特斯51%的股权。这一项收购是吉利海外布局，尤其是抢占大洋洲市场的重要一步。

这段时间是吉利战略转型的关键时期，吉利通过频繁的国际并购获取先进技术、与全球先进企业合作设立联合研发中心等方式来布局吉利的全球化创新研发网络，谋求互补共赢。也正是因为如此，吉利的技术能力能在更短的时间内达到新高度并开发出新的整车开发平台。同时，吉利坚持以市场和用户为中心，打造各个细分市场的标杆产品，满足和引领消费者不断升级和个性化的消费需求，进一步将产品线扩大至高端车型，与高端合资品牌形成“越级对标”，实现战略转型的华丽变身。

机遇：拥抱未来

吉利在2015年发布新能源战略，提出蓝色吉利的行动计划——到2020年，实现新能源汽车销量占比90%以上。汽车行业也处于由传统燃油汽车向新能源动力汽车的范式转变期，面对范式转变期所带来的机会窗口，吉利已经逐步打造出丰富的新能源产品梯队，形成了一个良好的开局，初步实现了从技术追赶到技术超越的新跨越。

而在过去的一年（2018年）里，吉利稳步推进创新型科技企业建设，逐步从汽车制造商向移动出行服务商转变，从汽车“新四化”做起，携手互联网、大数据、人工智能等领域伙伴，在无人驾驶、车载芯片、操作系统、低轨卫星、激光通信、太空探索等前沿技术方面继续提升技术能力，打造以全面轻量化、全面智能化、全面电动化和全面网联化为核心理念的新技术、新业态、新模式的全新产业生态链条，为吉利抢占下一个行业发展范式的制高点奠定基础。

行稳致远，天道酬勤。这是吉利的非线性成长之路，也是吉利从“学标”到“超越对标”的跨越之路。未来，吉利还将努力抓住全球科技革命和信息技术变化的新机会，去实现追赶与超越追赶，拥抱更广阔的未来！

执笔人/李思涵

2. 杭汽轮:“大国重器”扬帆出海

从1958年在杭州半山破土动工至今,杭州汽轮动力集团有限公司(下称杭汽轮)已经迈入全球工业汽轮机生产的第一梯队,与西门子、三菱等具有百年历史的国外公司同台竞争。1998年4月公司股票上市,代码为200771。2018年主营业务收入46.4亿元,同比增长34.7%;利润总额达4.7亿元,同比增长30.0%以上。

能够完全按照客户特殊需要量身定制工业汽轮机,可生产品种达800多个……这背后,一次又一次的艰辛探索铸就了灿烂与辉煌,一轮又一轮的改革创新激发了内生动力和活力。

“杭汽轮的基因和骨子里,始终有一种求变、求新的因子,这是一种宝贵的精神和文化。正是这种‘不安分’的因子,让杭汽轮一步一步取得了成功。”杭汽轮集团董事长郑斌说。步入科技创新和产业变革时代,杭汽轮集团依旧匠心独具,继续加大技术研发,2018年研发投入达2.65亿元,占营业收入的5.7%。他们正昂首阔步,挺进5G应用新蓝海。

与国家发展“同频共振”

杭汽轮的故事，当从61年前说起。

1958年，为了尽快改变物资匮乏的状况，当时的浙江省人民委员会批准在杭州半山北郊兴建杭州汽轮机厂，这便是杭汽轮的前身。当年10月20日，该厂开始破土动工，郑斌的父母正是当时的“垦荒者”。

“听老一辈人讲，当时半山还是一片杂草丛生的荒地，那时也不像现在，有专门搞基建的施工单位，很多时候都是员工们自己干，白天在车间干活，晚上或者节假日还要加班加点进行义务劳动，搞厂区建设。”郑斌告诉我们。

据郑斌介绍，当时半山的交通十分不便，许多杭汽轮的员工，为了避免从市区到厂区来回跑，便举家搬到厂区的简易员工宿舍里，在那边扎下了根，这一扎就是二三十年。

然而，正是在这种艰苦的条件下，杭汽轮不仅顺利地完成了厂区建设，还以最快的速度制造出了浙江省首台750千瓦电站汽轮机。当时，来自捷克的汽轮机专家到杭汽轮参观，看到在简陋如大作坊的厂房里用简易设备造出的汽轮机，赞叹道“茅草棚里飞出了金凤凰”。

虽然在短时间内取得了不俗成绩，但在汽轮机这个细分领域，当时杭汽轮的地位还并不凸显。上海汽轮机厂、哈尔滨汽轮机厂、四川东方汽轮机厂……细数全国各地的汽轮机厂，没有一个名气不比杭汽轮来得响亮，“不安分”的杭汽轮人开始了求变之路。

“我们通常说的汽轮机，可以分为发电用的汽轮机和工业用的汽轮机。虽然都是汽轮机，但两种的技术要求、产品特性都不一样。工业用的汽轮机生产要求、管理难度、技术标准比发电汽轮机要高，是定制产品，每一台都要根据用户的特殊需要进行单独设计。”郑斌告诉笔者。在改革开放前的计划经济体制下，工业汽轮机是许多同行不愿意去触碰的东西，杭汽轮却反其道而行之。20世纪70年代初，杭汽轮老一代的领导人、技术人员达成了一个共识：国家已经有那么多具备一定生产规模、拥有一定生产技术的汽轮机厂，我们如果继续沿着发电汽轮机的路子走下去，未来的路只会越来越窄，一定要做工业汽轮机，和同行走差异化的发展道路。

庆幸的是，杭汽轮不久便迎来了机遇。1973年，通过多年向境外出售农产品，中国积累了43亿美元，国家领导人指示机械工业部用这宝贵的43亿美元购买国际上最先进的工作母机，并要求国内企业使出浑身解数消化、吸收国外企业的新技术。

因为在工业汽轮机领域有着初步实践，杭汽轮被指派与德国西门子汽轮机厂展开合作，引进最新技术和设备。经过多轮谈判和争取，西门子允许杭汽轮获得部分设备运行程序的源代码。

至此，在改革开放的浪潮来临之前，“不安分”的杭汽轮人就已经喝到了国际先进技术的“头啖汤”。

1981年，刚刚高中毕业的郑斌，满怀着憧憬与期待，如愿成为杭汽轮工厂总装车间的一名正式员工。当时，改革开放的东风刚刚吹到全国各地，杭汽轮也迎来了检验是否成功消化了引进技术的关键时期。

“我进厂的时候，厂里正在制造一台生产编号为T6003的产品。这是一款考核产品，考核我们引进西门子技术成不成功，西门子方面对我们认不认可。”郑斌回忆道。

根据郑斌的记忆，这台机子一共装了两年多，员工们一边制造，一边熟悉产品的生产标准、技术要求。经过艰难的摸索，最终这台汽轮机试制、验收全部合格。这也意味着，杭汽轮获得了工业汽轮机生产的准入通行证。

迈过工业汽轮机生产的门槛以后，杭汽轮在技术领域的突破，让许多同行感到吃惊。

据郑斌介绍，杭汽轮和西门子曾签订过两个十年的技术合作协议，随着杭汽轮的快速发展，西门子开始转变策略，提前终止了第二个十年合作协议。此后，杭汽轮开始走上了自主研发之路。

前不久，杭汽轮在大连恒力公司应用于大型石化项目的特大型汽轮机设备招标中，再一次打败西门子而中标，目前已完成试车。

郑斌说，回望杭汽轮的发展历程，始终与国家发展、改革开放“同频共振”。

用改革创新铸就辉煌

如果说是凭借艰难探索突破技术瓶颈，让杭汽轮赚到了“第一桶金”，那么持续不断的改革创新，则是其在日益激烈的竞争环境中逆流而上的“秘诀”。

在6月结束的2019年全国大众创业万众创新活动周上，杭汽轮集团与浙江移动、浙江大学等单位合作研发的5G三维扫描建模检测系统，在余杭区未来科技城梦想小镇的主会场展出，这是浙江省首批5G工业互联网应用成果之一，也是5G技术在离散型工业应用中的典型成果。

“工业汽轮机属于非标定制产品，每一台都是根据实际应用场景来‘量身定制’的，所以，要求我们有非常强的设计研发能力。”杭汽轮公司工业透平研究院副院长董太宁介绍，5G三维扫描建模检测系统能够大幅提高公司设计研发的效率。

笔者在杭汽轮的车间里看到，在5G三维扫描建模检测系统的帮助下，车间工作人员只要用一台精密的电子扫描设备，对需要检测的设备进行立体扫描，与扫描设备连接的电脑上，就会同步生成实体扫描的三维模型，并自动判断产品误差率是否在正常范围内。

车间负责人告诉笔者，叶片是工业汽轮机的核心零部件之一，杭汽轮根据客户需求“量体裁衣”制造的叶片外形结构复杂，精度要求极高，以前传统的检测程序需要人工与设备结合进行，一个叶片的检测需要2～3天，使用该系统检测后，只要3～5分钟。

回望风雨兼程的61年，杭汽轮的改革创新一轮接着一轮，这种创新不仅体现在技术研发上，更体现在体制机制的变革上。

在技术研发上，早在2007年，杭汽轮就成立了中国机械科学研究院-杭汽轮集团联合研究院，整合了集团内外部的技术资源，加大、加深企业“政、产、学、研”相结合的力度。同时，杭汽轮以每年10%的速度加大科技研发投入，并定期召开科技大会，表彰在公司技术创新及产品开发工作上取得优异成绩的项目和人员。

而在体制机制改革上，杭汽轮的步伐也从未停止。1987年，杭汽轮招标选聘经营者试点成功；1992年，不遗余力推进内部改革，并于年底成立杭州汽轮动力（集团）有限公司；1991年，首次引进外国智力，并获浙江省"八五"引进外国智力重大项目成果一等奖；1992年，"一炮打响"进入梦寐以求的锅炉给水泵汽轮机领域；中共十四届三中全会召开后，杭汽轮积极响应政策，最终入选全国建立现代企业制度试点100家企业名单；1998年，杭汽轮在深交所上市；2003年，完成了对下属10多家分/子公司"分立式"改制，发力扩大产能，进军海外市场；2015年开始，压缩过多的管理层级，剥离了效益差、非主业资产，实现"瘦身强体"。

2016年，浙江启动实施推进企业上市和并购重组的"凤凰行动"计划，杭汽轮下属的热联、辅机、铸锻名列其中。目前，杭汽轮正积极帮助这些具备条件的分/子公司在新三板、中小板、创业板、战略新兴板等上市，提高资产证券化水平，为集团后续的全球化发展开辟融资通道。

让"大国重器"扬帆出海

工业汽轮机被誉为装备制造业的"皇冠"，这些重大装备的核心部件对整个国家发展的战略地位影响深远，是国之重器。当前，凭借着在这一领域核心技术上的不断突破，杭汽轮工业汽轮机年产量已经占全球产量的20%左右。其中，杭汽轮凭借着代表“中国制造”的优秀口碑，取得了亚洲、非洲、拉丁美洲、欧洲的众多订单。

这两年，杭汽轮工业板块还迎来了史上最大的订单量，拿到了以大连恒力、浙江石化等为代表的世界级超大型石油化工项目已累计超过10亿元的订单，在商贸服务业务板块也闯出了一片属于自己的天地，业务拓展实现亚、非、拉美多大洲布局，进出口、转口、内贸多面开花。

财报显示，2017年杭汽轮海外市场增长显著，海外订单达到5.2亿元，比2016年增长七成以上，获得了尼日利亚丹格特及越南的项目。郑斌表示，杭汽轮也正在巴基斯坦寻找市场机会，并计划在亚洲、南美和非洲多布几个点。

然而，杭汽轮前进的步伐却从未停止。

“眼下，在我们杭汽轮流行着一句话，叫作‘皇冠我们已经有了，但是还差一颗明珠’。”郑斌说。

据了解，郑斌口中的这颗明珠便是燃气轮机。它是目前全球最高端的先进装备制造业的代表产品，其制造技术仅掌握在美国、德国、日本等少数发达国家手上。

2003年，杭汽轮与日本三菱公司在小型燃气轮机M251S生产方面开展合作，开启了燃气轮机市场的拓荒之路。2006年，杭汽轮与三菱重工合作生产的首台燃气轮机出厂，标志着公司制造史开启“新纪元”，这也开了浙江省燃气轮机制造史的先河。

2017年，郑斌接棒杭汽轮集团，又定下了新的发展目标，“要通过8到10年的时间，充分利用各方资源，研发、制造出国产燃气轮机”。目前，杭汽轮已经成立了由60多人组成的燃气轮机研究所。2017年，杭汽轮还完成与西门子技术合作协议的最终谈判与签约，全面开启中小型燃气轮机配套国产化工程。

技术创新，永不止步。2019年底，杭汽轮将搬入位于杭州钱江经济开发区的新厂区。郑斌坚信，公司将在这里迎来更加辉煌的明天。

执笔人/黄玉环　邹　薇

3. 万丰奥特：书写在蔚蓝天空的“浙商传奇”

作为浙江民营企业的代表，万丰奥特控股集团坚守实业、创新发展，为振兴地方经济做出了重大贡献；作为新时代女企业家的典范，万丰奥特控股集团党委书记、董事局主席陈爱莲白手起家，在制造业领域开疆拓土，彰显了敢为人先、勇立潮头的浙商精神。

民营经济作为社会主义市场经济的“有益补充”，沐浴着改革开放的阳光雨露，经过25年奋斗，陈爱莲掌舵的万丰奥特，在大浪淘沙中固本培元，逐渐枝繁叶茂，从资源匮乏的山区小县冲向世界，缔造了一个千亿企业的时代传奇。

铿锵玫瑰　逐梦芳华

浙江省绍兴市新昌县素有“八山半水半分田”之称，是一个典型的山区县，也是陈爱莲出生的地方。25年前，她就是从这里出发，突破一无资金、二无装备、三无厂房的艰难窘境，在两幢厂房之间的夹道上搭了个简易棚，组建起十几人的创业团队。

万里之行，始于“轮”下。经过一番调研考察，陈爱莲决定以汽车零部件项目起步，提出了“一览众山小，再览众山无”的市场战略定位。她甚至让团队拆解了丈夫送给自己的生日礼物——一辆崭新的进口雅马哈摩托车作为研究样本，夜以继日开展铝轮试制，由此切入了一个快速发展的交通工具市场。

颠覆了人们对于江南女子温柔娴静、弱柳扶风的传统印象，陈爱莲坚定果敢的作风堪称“商界花木兰”。1995年春节，全厂职工加班加点赶制出了一批存在细微瑕疵，但仍符合行业标准的产品，总价值60多万元。她毅然做出决定，将这些瑕疵品全部砸掉，做出检讨后回炉重造，凭借质量与口碑打开了行业市场。

1998年，正处于起步阶段的万丰奥特方兴未艾，申请到了承办ISO/8644国际标准修订会议的机会。这次高规格的会议基于整车厂及配件的全球化布局，修订摩托车车轮生产中的检测标准，是该组织成立30年来首次在亚洲国家举行会议。陈爱莲注重把企业置身于国际一流平台，既提高了公司的知名度，又使万丰从初创转入到行业核心企业，开始全方位接触全球产业的脉络。

而后，她带队接连奔赴日本、美国、欧洲等地学习考察，上午大家分头跑，晚上回来开会讨论，成员思想高度统一后再贯彻落实，就这样在学习的过程中步步超越，促使万丰不断加快国际化步伐，拓展海外市场。

2013年11月，万丰以15.3亿元的价格完成对全球镁合金领域的领跑企业——加拿大镁瑞丁公司的全资收购。通过万丰科学的经营管理和品牌影响力的加持，镁瑞丁的市场竞争能力、经营管理水平、溢价能力等都得到了大幅提升，并一举获得北美市场中65%的份额，两年内收益增长了10倍。

此外，万丰又进军环保涂覆产业，率先实现无铬化涂覆技术的应用，成为全国最大的环保涂覆加工基地，并先后收购上海达克罗涂覆工业和宁波达克罗公司，实现了产业链从传统汽车零部件向环保新材料、新工艺等新兴产业的转型升级，成为行业细分领域的“隐形冠军”。

巾帼掌门　志在云天

多年耕耘和积累，如此斐然的成绩足以让公司在市场上站稳脚跟。但陈爱莲并未停止产业转型的步伐，转而把目光投向了自己从未涉足过的航空领域。从广袤地面到无垠蓝天，这位“巾帼舵手”又一次展现出了超乎寻常的远见和格局。

2018年9月25日，两架由万丰自主研发的固定翼飞机“ALTO100”和“钻石DA20”在发动机的轰鸣声中滑出跑道，飞上天空，完成了令在场者惊叹的首秀。总投资100亿元、规划面积5.5平方公里的万丰航空小镇于当日正式开园。

这既是万丰发展通航产业的重要阵地，也是一个具有里程碑意义的战略规划。整个小镇布局“一核两翼”——“一核”为飞机整机制造，“两翼”为航空装备和航空服务，集飞机制造、通航运营、国际展览、航校培训、文化旅游、商贸社区和核心零部件生产等功能于一体,被列为国家级通航产业综合示范区、国家级空中游览基地和第三批浙江省特色小镇培育对象。

她认为,通用航空这个领域在国内几乎是空白,万丰要做实航空梦,打造航空特色小镇,只能选择通过跨国并购、合作等方式,缩短发展历程。万丰要将航空小镇打造成为中国百年经典航空特色小镇样板,全力融入浙江省"空中1小时交通圈",在产业发展中抢得先机。为此,万丰航空团队花费两年时间绕地球两周,学习考察了70多家飞机公司,讨论确定了全产业链的发展思路,并通过与国际高端飞机制造公司开展战略合作,制造拥有自主知识产权的飞机整机。

2016年12月中旬,万丰收购了全球前三强的通用飞机制造商——加拿大钻石飞机工业公司。时隔一年,陈爱莲又将奥地利钻石飞机公司收入麾下,在"一带一路"倡议下再结硕果。"我们的钻石系列拥有5款单发、双发和喷气式飞机,将'请进来'到万丰航空小镇进行制造。"陈爱莲脸上写满了自信。通过"走出去"战略,万丰在加拿大、捷克、奥地利建立飞机设计研发平台,在国内建设飞机整机制造工厂,生产拥有完全自主知识产权的系列轻型运动飞机,初步形成国际研发、万丰制造、全球销售的航空产业格局。

在2018年、2019年美国威斯康星州举行的一年一度世界通用航空盛会——"EAA飞来者大会"上,万丰受邀参展,所携DA20、DA40、DA42、DA62等数款钻石飞机华丽亮相,其流畅的外表、优越的性价比、现代化的操控性,每年接受全球近千家厂商及50多万名通航爱好者检阅及飞行体验，并与“红牛飞行世界锦标赛”达成了合作意向。“我们具有自主知识产权的万丰ALTO轻型运动飞机2017年就在千岛湖机场投入使用。在万丰航空小镇制造的飞机，早已于2018年9月份在航空小镇开园庆典时，在万丰通航机场下线首飞。”陈爱莲补充道。

“我国已把通用航空业作为战略性新兴产业，通用航空业既是高端制造业，也是高端消费业，是新的经济增长点。”陈爱莲介绍，万丰将通航产业视为产业转型升级和军民融合的一次重要举措。“通航做好了，万丰就能继续稳健发展二三十年，这也是我们打造‘百强万丰、百誉万丰、百年万丰’的一个重要路径。”

走进位于航空小镇的智慧工厂生产指挥中心，覆盖了整面墙的电子大屏幕十分抢眼，工作人员不仅能够通过屏幕监控工厂各处的运作情况，还能看到日产量、月产量、工艺、能耗等指标，实时更新变化的数据在上面一目了然，这也是万丰转型升级的重要成果之一。

“没有战略就没有方向，没有创新就没有突破，企业要发展就要不断地转型升级。”陈爱莲说，万丰一直坚持科技创新是企业发展的永恒主题。从零部件到智能化装备制造，从新材料研发到通用飞机的制造者，万丰的创新和转型都是环环相扣的。只有在主业做精、做深的前提之下，结合主业进行转型的效果才可以事半功倍。只有科技创新力量强，拥有自主知识产权，不断地引领细分市场，才能在行业中占据一席之地。

创新女杰　引领百年

昔日的简易厂房摇身一变，成为眼前拔地而起的欧式建筑群。如今漫步在万丰奥特的园区内，一派富丽堂皇的风光让人不得不叹为观止，这一民营企业所谱写的发展传奇离不开陈爱莲的引领和管理。

当前已经迈入高质量发展的新时代，意味着万丰也将进入下一个转型升级阶段，而这次的关键词是“以退为进”。陈爱莲坦言，中国汽车产业从成长期、成熟期到井喷式增长期，现在的确有所回落。而她自己要做的，就是引领万丰在产业升级中华丽转身，实现“营造国际品牌，构筑百年企业”的美好愿景。

作为连任第十二、十三两届全国人大代表的陈爱莲在履职尽责期间始终心系国家富强、民族振兴，她聚焦中国制造业的全面升级，以及如何提高核心竞争力等前瞻性话题，先后就工业4.0、中国制造2025、互联网＋、大数据、新能源汽车、通用航空等产业的发展提交了近30项提案。

“没有创新就没有活力。”为了储备引领未来的技术，万丰还建立了行业首家国家级企业技术中心、院士工作站、博士后工作站，加强与高等院校的交流合作，通过“产、学、研”结合解决关键性技术难题。同时，借助党建引领企业文化，在员工心中树立“永恒提升价值，不断奉献社会”的价值理念，以推动生产力为核心，打造“活力幸福企业”，让精神文明和物质文明同步发展。

生于岩者，因其顽强，地瘠亦能繁茂；长于丘者，因其坚韧，风沙不减欣荣。展望未来，陈爱莲为万丰制定了第六个五年规划。她说，只有跟着外部形势，结合企业实际，与时俱进调整发展战略，随时与国家战略同频共振，做精做专、做强做久，才能打造一个可持续发展的百年企业。

执笔人/甘　玲

4. 三花:盛开在制冷配件峰巅

从资源匮乏的新昌小山城到充满机遇的世界大舞台,从名不见经传的乡镇农机小厂到享誉海内外的“全球制冷空调部件王国”,从筚路蓝缕的时代“拓荒者”到行业细分领域的“领头羊”……一路走来,三花控股集团砥砺前行,在实践中创造了历史与荣光。

历经30多年的风霜雨雪,三花集团坚持“专注领先、创新超越”的战略思路,探索出了企业创新发展的“三大法宝”——科技之花、管理之花、人才之花,并带着这样的经营理念从市场竞争中脱颖而出,结下产业创新的累累硕果。

科技之花显优势

一只打铁红炉、几间破厂房,三花的历史可以追溯到1967年建立的新昌县西郊人民公社农机修配综合厂,彼时生产条件十分简陋,仅靠少量手工工具进行简单的农具修造。

直到张道才进厂担任供销科科长,他们才一边做对外加工业务,一边选择自主定型产品,确定了精巧型制冷配件的市场大方向。不久后,农机厂便更名为“新昌县西郊制冷配件厂”。1984年,34岁的张道才被任命为新昌制冷配件厂厂长,由此开启了三花深耕制冷配件领域的新纪元。

为了进一步提升企业的研发实力,张道才联合上海交通大学的科研力量成立“星火联合体”,自主开发了第一个拳头产品——二位三通电磁阀。这个配件的成功研发不仅打破了国外垄断,加快了冰箱国产化的步伐,也为企业创造了上千万元的年利润。

令人称道的是,几年后三花又研制出了四通换向阀,自主建成第一条生产线。行业内长期垄断该部件的美国兰柯公司得知后,上门提出以10倍溢价收购这项业务,却被张道才婉拒。此后漫长的10年竞争中,三花专注研发,靠成本优势成功逆袭,在2007年实现了对兰柯业务的反向收购,成为行业新领军企业。

但张道才并未止步于此,而是逐渐将布局从制冷空调产业向汽车零部件产业拓展,建立了浙江三花汽车零部件有限公司、浙江三花汽车控制系统有限公司等企业,与世界500强的法雷奥、德尔福、马勒贝洱等知名汽车空调制造公司建立了长期友好合作关系,产品直接配套应用在奔驰、宝马、大众、通用、福特、本田等品牌车系上。

2010年,杭州三花研究院正式成立。在这里,平均两天诞生三项专利,每年专利申报增量400～500项,是世界行业内一流的研发中心。2017年4月,三花EXV(电子膨胀阀)获得了美国《汽车新闻》颁发的PACE大奖，即“全球汽车供应商杰出创新贡献奖”，这被视为国际汽车界的“奥斯卡金奖”。三花成为首个且是唯一一个获得PACE荣誉的中国企业。

除此之外，三花在美国休斯敦、底特律、硅谷和德国等地都设有海外技术中心，拥有研发人才2000多人，全球申报专利4000多项。同时，三花还拥有11家高新技术企业、1个国家级技术中心、1个国家地方联合研发中心、1个中科院院士工作站、1个博士后流动站。

“无论市场如何波动，企业的研发不能停，产品创新不能停。”在张道才眼里，科技进步是企业发展的根本动力。从低成本优势到技术领先，从机械部品开发到电子控制集成的系统技术解决方案开发，三花今天的成功正是因为舍得研发投入，注重产品和技术的自主创新。

管理之花优品质

走进三花的生产车间，地面一尘不染、环境干净整洁、流水线作业井然有序，一改我们曾经脑海中机械生产企业杂乱无章、满地油污的传统印象，这得益于长期以来三花在精益生产管理、半自动化与自动化改造方面的提升。

1989年6月，张道才带队第一次出国考察了丹佛斯等丹麦、德国、瑞士的先进企业，开阔视野的同时也让他深受触动。与大型厂家的现代化设计技术和自动化加工设备相比，当时的三花可以说还处在工业1.0时代，大多数操作都以人力劳动为主。

在张道才的领导下，三花认真学习国际先进企业的管理经验和方法，以贯彻体系条款为基础，以管理信息化为平台，通过推进IE项目，推行精益生产改造和机器换人，不断优化工序与工装，减少浪费，降低成本，提高了企业的生产效率。

1994年10月，浙江三花集团公司正式成立。张道才适时提出了“二次创业，振兴三花”的战略思想，使三花实现二次腾飞，为创造更高层次的发展奠定了基础。同年，张道才向全厂强调三花的工作重心要转到质量管理上来，质量永远是产品的生命线。

为了加强全厂干部职工的质量意识，张道才甚至向海尔的张瑞敏学习，现场销毁了被退回的1790只不合格的真空电磁阀产品。在持续做好体系认证、QC小组活动的同时，重点实施质量目标管理、质量改进活动、深化零缺陷工程，积极推动企业管理向前迈进。

正是因为注重“每天进步一点点”，三花博采众长、不断实践、持续改善，先后获得了“全国质量奖”“浙江省政府质量奖”，形成了与时俱进的三花管理模式。此后，三花启动推行卓越绩效管理模式和建立战略管理体系等一系列工作，从产品实物质量管控转向企业经营质量管控，再走向企业发展质量管控，将企业经营管理水平提升到一个新台阶。

在张道才看来，对照丰田、宝马、特斯拉这样的行业标杆，三花现在的管理水平还远远不够。在2019年1月召开的年度经营计划大会上，他再次强调要向高水平的客户学习，向世界行业最高水平看齐，要善于学习吸收不同客户的体系要求和管理特长，从而促进自身发展。

“管理进步永无止境。”张道才表示，三花要化压力为动力，用“人家走路我跑步”的节奏，在技术研发、项目管理、营销管理、计划管理、生产管理、质量管理、供应链管理和工艺装备水平等环节全方位提高自己，在生产质量管理体系建设和自动化设备投入等方面提前布局，以符合国际一流客户的要求，为公司更长远的发展打下良好基础。

人才之花创价值

“企业是树，人才是根；根有多深，树有多盛。”这句写在三花常青树底部的“树根理论”，就是张道才一直坚持的人才理念。而他所创造的条件和环境就像是滋养树根的肥沃土壤，为企业发展和人才培养提供了源源不断的养分。

在三花，无论是生产线、技术研发部门还是其他管理岗位，每一个新员工都有具备专业技能和丰富经验的老师助力其成长。三花不仅建有员工之家、报告演艺大厅，还设置了多种运动场地和体育设施，举办各类文艺体育活动，丰富员工的业余生活。三花被机器替代的工人一般不会被直接辞退，而是在接受培训后充实到新的业务板块中……

以科学的体制机制管理人，以公平的绩效价值回报人，以优秀的企业文化凝聚人，以远大的发展目标激励人。三花的“人才之花”在于以人为本，只有具备高素质的人，才能推动企业高质量发展，才能让员工在发展中实现自我价值。

30多年来，三花采取内部培养为主、外部引进为辅的人才战略，集聚了以黄宁杰博士为代表的一大批行业顶尖专家和精英，并与多所高校开展校企合作，招募和培养优秀人才，着力打造一支高效的国际化人才队伍，为企业发展储备丰富的人力资源。

不唯学历、不唯职称，除了大力引进关键核心技术人员之外，三花还注重激励普通员工在实践中创新创造。例如，以发明者姓氏命名的“马氏升降车”和“马氏物流车”，就是由三花一名基层员工自己想出来的，目前已经广泛应用在车间生产作业中。

“原来零部件上下流水线要有人管，现在员工想出一个可以自动上下的设备，替换了整个车间的人工，节省了部分劳动力。”张道才说，哪怕是个普通工人，只要在实践中勤于动脑、敢于创新，能为公司创造价值，就都是人才，应该充分肯定他们，鼓励他们主动思考。

为了使研发人员在物质和精神上有所保障，除了建有一整套薪酬福利和股权激励体系之外，三花还专门召开三花科技创新大会，对为企业发展做出重大贡献的人员进行表彰，最高奖金达200万元。同时，三花设立相应的购房激励、科研奖励、互助基金，以此来激发研发人员的工作热情和创新意识，不断提高广大基层员工的满意度和忠诚度。

如今，三花集团有21000名员工，其中技术人员2000多人，科技、营销、管理人才4000多人，外籍生产员工2000多人，可以说三花真正做到了以奋斗者为本，向价值创造者倾斜，开放包容，使企业与员工共生共荣，共同发展。

执笔人/甘　玲

5. 卧龙:全球电机NO.1

1984年被称为“中国现代企业元年”,在改革开放的春风吹拂下,涌现出了一批日后名噪一时的企业和企业家。也正是在这一年,25岁的陈建成联合几个年轻人,在浙江省绍兴市上虞县蒿坝村承包了一个旧厂房,创办了卧龙控股集团有限公司的前身——上虞多速微型电机厂,由此踏上了创业之路。

从村办小厂崛起为跨国集团,从“东方西门子”的奋斗愿景到“全球电机NO.1”的战略目标,35年匠心沉淀,变化的是卧龙在市场上的份额、地位和影响,不变的是在电机产业中的探索与实践,并积累和传承卧龙经验的精神。据统计,2018年,卧龙产值超过365亿元,利润20亿元,研发投入10亿元,纳税总额近15亿元,拥有海内外员工18000余人。

企业并购:拓展全球版图

如今的卧龙已经发展成为全球电机行业和市场上的领军企业,拥有卧龙电气、卧龙地产、Brook Crompton(AWC.SI)3家境内外上市公司和57家控股子公司,形成了以电机及驱动为主业、房地产业和金融投资业为两翼的产业布局。

回顾卧龙的壮大历程,海外并购是企业快速扩张的核心法门。通过并购,卧龙迅速形成了电机与控制系统产业主体,并与众多世界500强企业和国内知名企业建立合作关系,成为他们的主要供应商,一系列成功的收购案例也为后来者留下了可资借鉴的实战经验。

自2002年在上交所挂牌上市后,公司步入发展快车道,先后收购了绍兴灯塔蓄电池有限公司、湖北电机总厂,以及包括银川变压器厂在内的三家变压器公司,迅速形成了电机与控制系统、输变电和电源电池三大产业主体,规模日益壮大。

但董事长陈建成敏锐地意识到,卧龙要做大做强,必须在国际市场上占有一席之地。2010年初,受欧债危机影响,欧洲三大电机制造商之一ATB集团的母公司出现债务危机,准备出售。陈建成获知这一消息后,立即召集公司决策层进行商讨,并亲自赶赴奥地利参与多轮谈判,首次将并购触角延伸至海外。

经过一番努力和周折,次年,卧龙以1.02亿欧元成功并购ATB集团,填补了国内在特大电机领域的空白,占领了国际高端电机市场。同时,将ATB集团积累了120多年的管理、技术、品牌及市场资源收入囊中,形成全球化布局。

此后,卧龙"走出去"的步伐从未停止,相继并购了意大利工业机器人集成应用制造商SIR公司和全球最大的振动电机制造商OLI公司,以及美的清江电机、海尔章丘电机、南阳防爆电机、鞍山荣信等多家国内外企业。

2018年6月,卧龙集团又与“世界最大的工业巨头”美国通用电气公司(简称GE)签署协议,以1.6亿美元收购了该公司的中低压电机业务,并获得GE商标10年使用权,进一步打开了北美市场,成为继收购ATB集团之后又一行业佳话。

目前,卧龙电机产业的全球布局已经基本完成,拥有亚洲、欧洲、美洲3大制造基地、39个工厂,其中境内有25家工厂,境外有14家,境外员工占员工总数的30%。同时在中国杭州、日本大阪、德国杜塞尔多夫建有3个电机及驱动控制技术研究机构,研发、制作和业务网络遍及英国、意大利、墨西哥、奥地利、波兰等全球50多个国家。

“买得起,管得住,经营好。”这九个字便是卧龙实施并购所坚持的基本方针。陈建成说,有些人希望保守发展,有些人希望快速发展,不断兼并的过程中肯定会有争议。但最终的目的是要做大做强,企业应该根据自己的财力量力而行。

专注研发:打造行业品牌

无人运载车来去自如、机械手臂操作有序……卧龙电气EV电机生产车间上演的这一幕,充分展现了企业的智造实力。为积极响应国家智能制造2025的号召,加速产业转型升级,公司先后投入3亿多元,建成了年产20万台新能源汽车电机的数字化工厂。

“企业没有内功、没有好的技术、没有好的产品，成功的概率是很低的。”技术员出身的陈建成始终坚信，智能制造和科技创新是卧龙步入全球行业前列的核心力量，并在企业的管理和运营中始终贯彻执行这一发展理念。

在卧龙的数字化工厂里，以新能源汽车电机为代表的一批大项目、新项目加速落地，成为企业新的产业增长点。陈建成说：“企业都是逼出来的，你要留住好的客户，好客户就会对你有要求。比如奔驰就要求我们从仓储系统、物流系统到加工系统实现全生产线自动化，基本要求是人工不能参与。”

从制造走向智造，卧龙依靠科技创新提升产品档次，提高企业核心竞争力。通过研究虚拟仿真、多总线无缝集成、信息安全等关键技术，创新集成数控机床、机器人等新能源电机技术装备，形成集在线检测、能效管理、系统融合为一体的智能制造新模式。

作为国家重点高新技术企业，卧龙设有博士后科研工作站和国家重点实验室，建立了省级电气研究院和国家级企业技术中心，目前已实施国家级火炬项目及科技攻关项目23项，开发国家级重点新产品16项，获得77项国家重点科技开发成果和887项国家专利。卧龙牌商标被认定为中国著名商标。

“卧龙追求的不单是全球电机销售和利润的第一，更是研发能力的第一，工厂智能化、数字化的第一。”陈建成表示，当前，集团正不断加大在科研方面的投入，全面推进“高大上”战略性技术项目的研发和产业化工作，建立健全三级研发体系，以进一步提升卧龙电机驱动产品的核心竞争能力，扩大卧龙在全球电机行业的影响力。

为此，卧龙于2018年开始在上海积极组建全球中央研究院，构建"中央研究院—产品集团技术中心—制造工厂技术部"三级技术研发体系，加大对新能源汽车驱动技术、工业互联网智能电机及工业机器人驱动集成等方向的研究，通过技术进步向高端产业链进军。

据介绍，卧龙全球中央研究院将遵循"项目来源于市场、服务于市场，技术驱动商业成功"的战略思想，在3～5年的时间内，专注于开发全球未来市场急需的新技术产品，争取高速及低速永磁传动系统产业的全球领导者地位，助力卧龙由部件供应商转型为系统方案供应商，为客户持续提供"效率更高、运营成本更低、绿色环保"的系统解决方案。

广纳人才：厚培创新沃土

科技创新离不开人才支撑，卧龙就像是一个巨大磁场，吸引了源源不断的创新生力军。在几十年的发展过程中，陈建成始终不忘为公司注入新鲜的血液和活力。他通过海外并购，挖掘了一大批来自ABB、GE、西门子等国外名企的高级管理人员和工程师，并先后与全国20多所知名院校、科研单位建立协作关系，培养和储备人才，打造强大的科研团队。

"卧龙这些年的发展主要依靠引进大批人才，尤其是国外一些高端人才。"陈建成感慨道："这些人对维护卧龙全球化的道路、研发高大上产品、开拓国际化市场的贡献很大，没有他们的支撑，卧龙也不能这么快走上国际舞台。”

重视人才是卧龙员工对这位董事长的一致评价。公司创立之初，陈建成就因为工厂缺乏技术人才，前去上海聘请“星期天工程师”。这些专业的技术人员周五工作结束后，坐一夜火车赶到上虞，星期天再返回上海，他们对推动卧龙创新发展起到了至关重要的作用。

当时为了请浙江大学电机系的一位专家担任厂里的技术顾问，求贤若渴的陈建成可以说是三顾茅庐，一趟一趟地往杭州跑。教授在哪里开会，他就跟到那里等在门外。最终，这位教授被他的诚恳和热情所打动，同意加盟卧龙。

诸如此类的惜才事例不胜枚举。兰州电机厂一位总工程师和他的妻子都是浙江大学的毕业生，同样是陈建成不远千里，去兰州找了好几次才把他们请过来。“开始只是帮忙，后来，夫妻俩都加入了卧龙，并一直干到退休，为公司做出了很大的贡献。”陈建成说。

对于这些科技功臣，陈建成也建立了相应的人才创新激励机制，给予他们最大的支持和鼓励。1992年，浙江开始推行股份制，为了用股权来体现技术人员的价值，他向有关部门汇报自己的想法，得到县里的支持后，对卧龙进行了股份制改革。并在此后六七年的时间里，又实行了5次股份改造，员工个人持股比例逐步上升。

此外，陈建成还善于为引进人才搭建施展才华的平台，无缝对接各地研发机构和集团资源，根据引进人才的特点，把他们安排在不同岗位上，使员工能够各展所长，最大限度地发挥了人才的群体优势，鼓励员工在自我学习的同时，继续深造，注重技术和学历的提升。

如今的卧龙真正称得上是“卧虎藏龙”，集聚了各类高科技人才，拥有强大的研发力量。陈建成说：“未来，卧龙将通过亚洲、欧洲、美洲三大板块的相互配合，实现资源共享、优势互补，发挥协同效应，打造高效的跨国经营平台，尽快达成‘全球电机行业No.1’的战略目标，为卧龙成为一家真正强大的、知名的、成熟的跨国企业打下扎实基础。”

执笔人/甘　玲

6. 奔腾激光:三十年如一日追逐那束“光”

从神舟飞船、运载火箭到高铁机车,奔腾激光生产的高功率激光切割和焊接设备已经成为中国高端制造必不可少的一部分。2012年在温州市建设国家激光与光电产业集群的号召鼓舞下,吴让大率领武汉的技术与经营管理团队落户温州,成立了奔腾激光(温州)有限公司。2019年4月,由奔腾激光研制的20000瓦智能光纤激光切割机在第16届中国国际机床展(CIMT)上进行全球首发。吴让大表示,这款20000瓦激光切割机是目前市场上功率最高、速度最快、幅面最大、性能最优的激光切割机,将引领全球激光切割应用变革。

从中国首台8000瓦光纤激光切割机到首台10000瓦光纤激光切割机,再到首台12000瓦、15000瓦、20000瓦超高功率光纤激光切割机——奔腾激光过去三年来不断创新,刷新高功率激光加工装备纪录,引领激光切割技术和应用攀上新高峰,填补激光高端装备市场空白,成为国内高功率激光切割设备的领军企业。

2018年,奔腾激光产值突破10亿元,是国内产值增幅最快的企业之一，高功率激光切割设备市场占有率为全国第二。奔腾激光产品还大量出口美国、意大利、澳大利亚、印度等国家和地区，深受国际市场的认可。据统计，2019年上半年奔腾激光外贸额比2018年增长107%。

3年中，奔腾激光共获发明专利100多件。公司还将每年销售额的5%投入科研开发，使公司始终保持技术上的领先地位。这些亮眼的“成绩单”背后，到底有着怎样的故事？

心无旁骛做实业　一生只追一束“光”

吴让大，本科毕业于华中科技大学电气自动化专业，是教授级高级工程师、国务院特殊津贴专家，是名副其实的“技术派”。1988年，吴让大大学毕业就进入了一家国企，从事激光技术研究工作。作为一个技术男，他从一开始就对激光产生了浓厚的兴趣。“那时候的激光技术功率还低得可怜，只有几瓦到几百瓦，只能做一点很小的工艺和应用”，但吴让大还是一头扎进了激光事业。他坚信激光技术的未来一定会不同凡响，并义无反顾地开始了自己30年的“追光”生涯。

1992年，为更好地进行激光技术的研究开发，吴让大放弃了让很多人羡慕的国企工作，进入了民营企业楚天光电子公司（楚天激光的前身），从工程师开始做起，直至做到了厂长。“一把手对当时的我来说，是一个全新的挑战，因为过去只是做技术，对做市场和管理确实有点茫然。早期的创业过程是艰苦的，当时国内激光技术应用的发展之路又是无比的漫长，让人看不到前景和希望。很多一起搞激光的同学都纷纷放弃了。”吴让大始终坚信激光产业的未来一定会无比辉煌，他选择了坚守。白天跑市场、晚上搞研发，朝着一个目标没日没夜地干。

2005年，吴让大所率领的楚天激光发展遇到瓶颈，关键技术几年都无法突破。为了迅速提升激光技术水平，吴让大带队遍访德国、意大利、法国的著名激光公司，“走访过程中，意大利EL.EN集团有意向在中国开拓市场”。吴让大说，经过无数次谈判，最后成功与意大利EL.EN集团达成合作，合资组建奔腾激光，这让激光的技术水平得到了迅速提升。

“他们把公司当作一个孩子或者一棵树来培育，只有长时间的投入才能获得成果。对他们来说，像转投房地产这样的事是不可想象的。”吴让大告诉笔者，国外的经营理念更让他坚定了信念，要心无旁骛地聚焦激光产业，做中国最好的激光加工设备品牌。

也正是有大量与他一样的追光人的坚守，几年间，中国的工业激光技术从几百瓦的低功率发展到5000瓦的大功率。2017年，吴让大和他的奔腾激光团队在国内率先成功研究开发出10000万瓦的激光切割设备；2018年，国内首台15000瓦激光切割机也已经完成研发；2019年，国内首台20000瓦激光切割机于5月投放市场。

勇于创新善开发　追“光”路上不停顿

说起落户温州，吴让大坦言，要感谢温州市委市政府，“当时为了促进温州市的产业结构转型升级，国家科技部批准温州成立国家激光与光电产业集群基地。温州市委市政府研究对策，决定从全国大的激光企业里引进骨干企业，起引领带头作用”。温州通过专家推荐结合实地走访、考察，大概花了大半年的时间，千里挑一，奔腾激光成为唯一一家被温州引进的大型激光装备企业。

“能在温州这个集群里有所作为，温州市委市政府给了我们很大的支持，包括研发团队、研发经费、从武汉过来的搬迁费用、土地价格等等。另外，我们在江浙沪的客户占了销售额的50%。我想，把企业建在靠近客户的地方，对企业的发展是非常有利的。靠近市场，以客户为中心嘛！我们可以更便捷地为客户提供产品和服务。”吴让大告诉笔者，一路走来，也证明了当初的那个决定是非常正确的。

所谓“十年磨一剑”，甚至，十年还不够。在智能车间领域，奔腾激光还将建立工业物联网，并加快“机器换人”的速度。为了打造温州激光装备制造的牌子，推动温州激光与光电产业集群的建设，提升温州装备制造的知名度，进一步拓展市场，奔腾激光每年拿出销售额的5%作为公司的研发投入，从2012年到2018年已经投入科研经费1个多亿。通过长期的努力和持续的攻关，奔腾激光研发人员先后研发出了和我国重型运载火箭配套的首台激光切割机，国内首台8000瓦、10000瓦、12000瓦、14000瓦、15000瓦和20000瓦激光切割机，开发出了3000瓦三维五轴激光精密切割机和三维五轴激光切管机，以及4000瓦四工位激光焊接机等新产品。通过开发新产品淘汰老产品，奔腾激光的知名度在业界得到了快速的提升，每年开发的新产品销售额占企业销售总额的60%以上，企业的产值连年翻番，新产品的突出表现为企业的快速发展做出了重大的贡献。2013年时，奔腾激光年销售额2亿多元；2017年，超过8亿元；2018年，达到10亿元。

而所有这一切的实现，人才的投入必不可少。作为一家合资企业，奔腾激光高速发展，无疑是发挥了“两条腿”走路的优势。在双方分工方面，作为控股方的意方主要负责技术应用和推广，中方主要负责市场营销和内部管理。“意方会轮流派工程师在公司进行技术指导。”奔腾激光相关负责人表示，目前奔腾激光在温员工有440多人，其中，研发相关人员就有近80人，公司高管及车间一线工人几乎都可以用英文和意方工作人员沟通。

“对于人才引进，我们主要采用了三种模式。”吴让大介绍：首先公司有股权激励机制，通过设立持股平台，让高技术人才共同参与到公司成长中；其次是通过异地设立联合研究院，解决一些高端人才异地办公的问题；再次是通过柔性引进的方式，通过聘请院士、高工等专家级人才作为公司顾问，达成人才服务公司的效果。

目前，奔腾激光已经建有5个研究中心，分别落户温州、武汉、上海（焊接中心），并在北京和北京工业大学联合成立研究院，在意大利佛罗伦萨也设有联合研究院。对于因家庭原因无法来到温州的人才，通过这种在各地建立研究院的方式实现资源共享，他们负责研发，温州则负责成果产业化。未来，奔腾激光还将继续成立世界级研究院，甚至计划在美国、瑞士和日本等激光产业发达的国家并购成熟研究院。

激光设备功率越高，对激光设备的系统集成能力要求就越严格，不仅要求机床的精度高，而且对电气控制和操作软件也提出了更高的要求。“奔腾激光研发的‘闪电’，切割速度每分钟200米，提速、刹车都很快，加工效率比其他机器高20%～30%，而且可以保证精度。奔腾激光10000瓦以上高功率激光切割设备不仅攻克了高功率激光切割行业内存在的厚板切割不稳定、高温切割效果不好等‘卡脖子’难关，而且不锈钢切割最厚可达到100毫米。通过深入研究万瓦级激光设备的焦点补偿、智能光束控制系统、水雾冷却切割等先进工艺，使高功率厚板长期切割稳定、质量高、速度快、精度高，此项研究打破垄断，突破激光行业技术瓶颈，而且很快出口，实现了我国万瓦激光切割设备零的突破。”

此外，高功率激光设备机床在设计方面采用特殊镂空设计，规避烧损区域，结构稳定，独特双向平衡运动调整装置与涨紧结构，交换时间仅需16秒。其承载能力强大、防护优异，既保证了厚板切割的有效进行，还使抽风除尘效果更佳，再加上合理轻量化设计，高效节能，在非承重部位大量使用铝合金材质，大幅提高运行速度和加速度，使设备运行速度达到每分钟200米，加速度28米每二次方秒，在国内遥遥领先。2018年在“激光焊接在高铁机车上的应用”这一国内尚无激光企业涉足的研发领域，奔腾激光成为第一个吃螃蟹的企业，并以综合考评第一的成绩拿到了该浙江省科技厅重大招投标项目，目前该项目已经基本完成样机的试制工作，并将于2019年11月份接受专家的最终验收……

一心专注于激光事业的吴让大，每周行程都排列得满满的，为了能更快地获取客户需求及向客户推广自己的新产品，每周末他和外籍董事马丁诺都会前往全国各地召开新产品发布会，亲自介绍产品。他表示高新技术企业要想在行业中领先，主要依靠产品创新，而奔腾激光的优势就是不断进行产品创新。目前，中国石油、中国中车、中国航天、美的、富士康、西门子等均是其客户。

据悉，奔腾激光的年产值约10亿元，是国内该行业增幅最快的企业之一，计划到2020年产值突破20亿元。二期工程还在建设，预计2020年底可竣工投产。二期工程总投资达3亿元，建成后年产能为665套设备，届时年总产值预计可达30亿元，成为我国最大的大功率激光切割和焊接设备制造基地。

执笔人/徐慧敏

7. 老板电器:创造厨房新生活

3把老虎钳、5名工人、2000块钱,这便是当年余杭县博陆红星五金厂的全部家底,老板电器的前身。

自1979年创立至今,从纺织机配件(下柱)到智能吸油烟机,老板电器已经走过了40个年头。曾创下靠一台吸油烟机做了500亿的生意,每29秒占领一个中国家庭厨房的销售奇迹,也曾经历20世纪90年代末销售量迅速滑坡,市场占有率滑出前十,库存大量积压,产品纷纷被退货的企业寒冬。

作为老板电器的创始人、厨电行业的开创者,任建华亲历了老板电器的沉浮与辉煌。一路走来,任建华亲眼见证了中国企业创业史的三个时代:从改革开放初期兴起村办企业,到20世纪90年代末大刀阔斧进行股份制改革,再到现在公司上市致力于技术创新。2018年,老板电器营业收入达74.3亿元,实现利润14.7亿元,技术板块严格贯彻公司技术驱动的发展战略,全年共获得专利授权313项,其中发明专利9项。

经过40年的发展与壮大,老板电器现已成为中国厨房电器行业发展历史最悠久、市场份额最高、生产规模最大的企业。公司取得了吸油烟机21年国内销量第一,吸油烟机连续四年全球销量第一的佳绩。根据奥维房地产精装修月度监测数据,“老板”品牌吸油烟机占市场份额为40%,位居行业第一。

40年来,老板电器走过了辉煌与荣耀,抗住了危机和低谷,完成了一次次完美的逆风翻盘,这样的创业经验在今天似乎更值得我们参考。

创业初成:注册“老板”牌商标

1979年,任建华所在的螺蛳桥村是十里八村最穷的地方,别的村子早就买上了拖拉机,只有自己的村子连一台像样的拖拉机都买不起。时任村主任的任建华觉得自己有责任和义务带领村子脱贫致富,“办厂!要让螺蛳桥村人人都开得起拖拉机!”这便是余杭县博陆红星五金厂成立的初心,也是任建华百年之梦的开始。

想法有了,资金从哪里来呢?思前想后,任建华和村里几个年轻人拿出了自己所有的积蓄,又去信用社借了2000块钱。3把老虎钳、5名工人、2000块钱,一个简易的乡镇企业就此成立。当时的办公场地就选在村子里的畜牧场中,产品也只有一种——纺织机配件下柱。

1980年,随着人员的增加,红星五金厂开始扩大规模,厂房搬迁至红星大队大礼堂,同年销售额达到20多万元。这20多万,一下子给村子带来了活力,每个人起早贪黑充满了干劲,也给任建华打了一剂“鸡血”。没想到办厂赚钱这么快,尝到了甜头,他开始尝试做冰箱的外壳、电风扇的叶轮，但这些尝试，却均以失败告终。接二连三的打击让任建华明白："市场变幻莫测，要想生意做得长久，总是代工做配件肯定行不通，必须要生产自己的产品。"这一次，他把目光放在了吸油烟机上。这个产品虽然在内地（大陆）没有普及，但是在香港和台湾已经是尽人皆知了，未来的市场前景不可估量。

1987年，五金厂升级业务格局，与航空航天部804研究所合作，研发中国第一代吸油烟机。为补偿转型生产线耗费的高额资金，合同规定，红星五金厂可以在完成标定生产任务之余，出品少量自有品牌的油烟机。红星五金厂成为中国第一批吸油烟机生产制造企业。但很快任建华就发现不对劲了，同样的产品，自己的吸油烟机却鲜少有人问津。经过一番调查，他发现市面上叫红星的产品到处都是，根本没人注意到自己的吸油烟机。面对激烈的市场竞争环境，任建华意识到品牌的重要性——必须要起一个既能代表自己又具有标识性的名字，任建华想起自己早年走南闯北，热衷结交朋友，出手又大方，人们送给他的绰号"小老板"，不如就叫这个。他揣着一沓文件，跑到当地工商局，却被告知不予注册，吃了闭门羹。后来，他直接来到国家工商总局，经过一番软磨硬泡后，终于成功注册了商标专用权。

1989年，"老板"商标注册成功。同年，老板电器覆盖多个产品领域，老板牌吸油烟机开始逐步走向全国市场。

技术创新:企业翻身的关键

从1994年至1996年,老板电器靠着“薄式吸油烟机”连续三年成为中国销量冠军,并在此后两年间继续大举扩张,全线进军灶具、消毒柜、烤箱、蒸汽炉、微波炉、电压力锅等厨电细分市场。除此之外,他们还做起了DVD和保健品的生意,被销售总额冲昏了头脑的人们并没有意识到一场巨大的变故正等着他们。

1999年底,市面上出现了一种“亚深型吸油烟机”,“薄式吸油烟机”的市场迅速遇冷。当时,任建华正带领老板电器大举扩张,进军厨电细分行业,对市场风向的转变一无所知。一时间老板牌吸油烟机销量迅速萎缩,库存量急剧增加,旧款产品从各地被纷纷退回。更糟糕的是,老板电器在新进入的产业无一建树,与此同时,方太、华帝等竞争对手快速崛起,抢占了市场份额。老板电器从市场占有率第一名,跌出行业前十名,市场销售总额从最高峰的4亿多元,大幅下滑到8000万元。

突如其来的挫折让任建华开始反思,过快扩张让企业陷入了发展困境。具体原因有:没有适应市场的需求;“老板”的设计、营销、理念与时代不协调;企业的所有制结构制约了企业发展;等等。这些因素都是导致“老板”崩盘的原因。到底还是在商场上摸爬滚打了十多年,任建华认识到企业是时代的产物,品牌内涵当然更是时代精神的体现,品牌的建设需要顺应时代潮流。凭借着多年的经验和对市场的了解,他毅然砍掉厨电以外的所有业务,用“大换血”的方式来进行业务重整。

这个决定在当时引起了不小的风波，但事实证明，任建华这次的决策是对的。

在经过一系列大刀阔斧的改革之后，老板电器重新调整了业务重心，对“老板”品牌进行了持续的、系统的整合提升。吸取了之前的教训，这一次老板电器迅速抓住了消费者的喜好，开发免拆洗系列油烟机。这类油烟机一经推出，广受好评。免拆洗油烟机可以说从最大程度上抓住了消费者的痛点。抓住了消费者心理就等于抓住了市场，从前流失的客户也慢慢回来了。老板电器靠着免拆洗油烟机，最终回到了中国厨电行业数一数二的位置。

2008年，老板电器研发全球首台大吸力油烟机。正是依靠创新研发出的“大吸力”，老板电器真正巩固了在厨具行业的地位。紧接着，大大小小的吸油烟机品牌也都将自己的产品定位为“大吸力”。为了不让独特的定位同质化，老板电器深耕技术，不断创新，在2016年研发了第四代大吸力油烟机，喊出“2倍风压、超大风量”的口号。

在经历了创业—扩张—挫折—翻身之后，任建华深深懂得了市场环境的瞬息万变，要想让企业在大浪淘沙中屹立不倒，必须要有核心竞争力。老板电器开始注重专利技术的研发，重点研发智能厨电，通过ROKI智能烹饪系统重构厨房产业链。现在，在老板电器搭建的中国新厨房里，有下嵌式蒸箱、蒸烤一体机、燃气灶，还有模块化吸油烟机等厨房电器。

正是因为吸取了之前的惨痛教训，“老板”在经历危机之后再次崛起，迎来了近10年的快速增长。

未来希望:新生代企业家成长

2010年11月23日,老板电器在深圳证券交易所正式上市,成为国内第一家登陆资本市场的高端厨电企业,完成了从"制造"向"创造"的转型。2013年12月16日,任建华将老板电器总裁一职交予儿子任富佳,自己保留董事长职务,但已基本退入幕后。

任富佳在接受媒体采访时谈道,老板电器40年来从不炒股,也不碰房地产,是因为一直记得早年走过弯路,吃过苦头,所以,老板电器一直强调艰苦奋斗的老虎钳创业精神。宁可只做一个品类,也不去盲目扩张,"你什么都想做的时候,恰恰是你什么都做不好的时候",想起从前的大起大落,任富佳感慨万分。

正是靠着这种居安思危的意识,2014年,面对楼市寒冬、原材料上涨、劳动力成本上升、信贷紧缩等局势,老板电器的全年营收仍增长35.50%,达36亿元,其中净利润增长49%,达5.75亿元。对于厨具行业现在的市场情况,任富佳表示,在蛋糕本身没有变大的情况下,竞争者越来越多了,厨具市场已经趋于饱和。行业虽然趋于饱和,但总量没有下滑,其市场结构发生的变化,主要体现为零售收缩、房地产精装修工程量大幅上升。对老板电器来说,行业内结构发生转变既是机遇,也是挑战。对此,任富佳信心满满,"不是每家企业都能转型做To B的,To B对于产品的特有需求已经将大部分的中小企业拒之门外,而'老板'就是仅有的能承接To B 业务的三四家企业之一"。对于老板电器来说,这无疑是一次加速发力扩展To B业务的大好机会。

作为中国厨电行业的领跑者,老板电器已率先使用工业物联网技术和智能机器人。靠着这些技术,机器与机器、机器与人可以智能连接和感知,生产实时状态都在智能信息指挥中心的屏幕上一览无余。据老板电器相关工作人员介绍,这里的智能仓储物流中心是中国家电行业内规模最大,也是最"智能"的,整个仓储中心的运行靠两到三人在显示屏前监控和指挥即可。物联网技术的应用大大降低了劳动力的成本。老板电器致力于研究新型技术,带给消费者更多便利,始终走在智能新技术领域的前列。

历经40年的发展和挑战,孜孜不倦地专注于厨房电器行业,如今,老板电器获"CCTV全球领先民族品牌"称号,连续五年荣登BrandZ最具价值中国品牌百强榜。老板电器在这个行业内已经拥有绝对的话语权和对产品的定价权。在被外国品牌冲击得七零八落的电器领域,唯有吸油烟机领域是"中国的天下"。多年来,老板电器靠着老虎钳精神在行业动荡时以退为进,稳扎稳打。即便如西门子等强势的国外品牌,也始终未能撬动"老板"的地位。

习近平总书记在多次讲话和论述中强调"创新",认为"创新决胜未来"。老板电器之所以能在40年中屹立不倒,并迎来了厨电家居的黄金时代,靠的就是"创新"。

未来,老板电器将在新生代企业家的带领下,继续发扬老虎钳精神,主动承担社会责任,创新研发,尤其是加大对产品品类的创新力度,增加研发投入占比,把主要增长点放在新型品类上,加大嵌入式烤箱、蒸箱、微波炉、洗碗机、净水器等嵌入式厨电的开发力度。老板电器以“创造人类对厨房生活的一切美好向往”为使命，传承与创新中国烹饪文化精髓，用现代科技改造中国厨房，创造中国新厨房，打造百年企业，让每个家庭享受到地道的中国味。

执笔人/文 菲

8. 方太:中华优秀文化滋养中国品牌

走进位于宁波慈溪市杭州湾新区的方太集团,除了以灰色为主、棱角分明的办公楼和漂亮的欧式风格建筑及自动化、智能化程度极高的生产车间之外,绝大多数人都会被展厅里一面十几米长的“专利墙”所吸引。

这家成立于1996年的浙江本土厨电品牌企业,践行着“为了亿万家庭的幸福”的初心使命,用创新与匠心不断推动产品迭代升级,不仅让厨房不再油烟弥漫,更是让旧时国产品牌低价劣质的“帽子”成为历史,引领中国厨电行业从“拿来主义”盛行的历史阶段,迈入自主研发乃至原创发明的历史阶段,成为“中国制造”的骄傲。

如今的方太:2018年实现企业产值超100亿元,拥有员工16000多人,每年拿出不低于销售收入5%的经费用于研发,组织了一支包含厨房电器领域专家在内的750余人的研发团队;拥有国家认定的企业技术中心和中国合格评定国家认可委员会认可的实验室,同时在德国、日本等地设立了研究院;2013年被国家知识产权局评为第一批国家级知识产权示范企业。而那面令人记忆犹新的“专利墙”还在不断扩大，截至2019年7月，方太已拥有近3000项专利，其中发明专利超过400项。

2016年，《第一财经周刊》“中国公司品牌调查”中的方太品牌提及率在厨电行业连续8年稳居翘楚；截至2018年，方太以独特的创新模式、优厚的品牌价值，连续五年荣登亚洲品牌500强。

子承家业不承父业　父子同心创新业

1985年，方太集团董事长茅忠群的父亲茅理翔成立慈溪无线电元件九厂，并自任厂长。但翌年即遭遇其创业过程中的第一次严峻危机。当时因国家宏观调控，慈无九厂生产的黑白电视机零配件严重滞销。茅理翔凭借着艰苦奋斗、顽强拼搏、勇于挑战、绝不放弃的创业精神，于1986年开发、投产了JZDD-3型电子点火枪，让企业获利20万元。1989年，茅理翔到广交会摆地摊，将点火枪出口海外，把产销做到世界第一，他也因此被外商和媒体誉为“点火枪大王”。然而1994年，点火枪市场大打价格战，价格从每支1.2美金一直降到每支0.3美金，他创立的飞翔集团严重亏损。

“父亲身上那种始终在奋斗、始终在攀登的精神，那种人生榜样的力量是创业家族的宝贵财富，也是方太企业的宝贵财富”，茅忠群透露，茅理翔当厂长的时候，下过两个决心，他做厂长一定要像国有企业一样按时发工资，一定要让员工享受丰富的文化生活。“这两个决心的实质就是要让员工得到物质和精神两方面的幸福，这既是个人的承诺，又是创业家族的承诺，阐述了诚信为本、以人为本的经营理念和企业环境，这种精神已成为方太及全体方太人理念、原则和行为的常态。这两个承诺标志着方太人在创业历程中给企业注入了原则和爱。”

1994年，从上海交大电子电力工程专业硕士毕业的茅忠群放弃了去国外继续深造的机会，决定留乡创业。父子俩认真反思总结了之前企业数次遇到危机的原因，达成了今后一定要创高端品牌、研发自主技术的共识。因此，茅忠群与父亲约法三章：一是将工厂搬到开发区，以获取地域优势；二是不带老厂人，重新招聘人才；三是要做新产业，从而推进产业转型。

子承家业，但不承父业，父子要共创新业。通过一段时间的调研，茅忠群发现油烟机行业的产品无论是工艺性能还是外观设计都与国外产品差距甚大，虽然国内当时已有250多家厂商，但伴随着住房改革热潮的兴起，油烟机成为现代家庭的标配家电，当时国内年产能仅300万台，而市场需求高达600万台。“那时候国内都在模仿国外：一方面是制造工艺水平差，市场上充斥着各种小厂粗制滥造的产品；另一方面是当时的国外吸油烟机不适应中国厨房油烟大的实际情况。不少人觉得这个行业根本不是什么蓝海，但我们认为这个行业有很大的改进潜力，还是决定去尝试。”1996年，在一片反对声中，父子俩毅然投资3000万元进入油烟机行业，当年1月宁波方太厨具有限公司成立，茅理翔任董事长，茅忠群任总经理。

虽说父子俩有过约法三章，但在方太成立之初，他们还是就品牌名字问题产生了分歧。茅理翔提出沿用“飞翔”一名，而茅忠群认为，方太是一个新创企业，必须从市场的需求出发，因此提出“方太”这一品牌名。其原因是，“飞翔”这个名字太平淡、不聚焦，也缺乏联想度，而一个厨电品牌必须考虑联想度，“方太”给人“方便太太”的联想，对于提升厨电产品的客户认同感很有帮助。

最后茅理翔同意用“方太”这一名称，这件事还被媒体戏谑为，“飞翔”改“方太”，老子输了，儿子赢了。

当时在香港有一档火爆的烹饪节目叫“方太美食广场”。1997年，茅理翔两次前往香港，请香港方太——方任利莎拍“方太”广告，1998年，诞生了红遍大江南北的“炒菜有方太，抽油烟机更要有方太”的广告语，从此方太的名字风靡全国。

以品质赢得当下　靠创新开拓未来

方太在1996年之初，就定下了专业化、高端化、精品化的战略定位，而要做高端的品牌就需要高端的产品去支撑。当年茅忠群与两位浙江大学的学生一起合作，发放了500份调查问卷，总结出了“滴油、漏油、不美观、噪声大、吸力不强、拆洗不便”等消费者对吸油烟机的六大吐槽点，为了充分改善功能，他花重金从全国聘请了20多位中高级工程师，对方太的第一代产品进行创新设计，这也让方太成为业内第一家引入工业设计理念的企业，这在当时是十分具有前瞻性的。

方太的第一代产品——A系列深罩型大圆弧流线吸油烟机，其革命性体现在“罩电分离、拆洗容易”，首次把吸油烟机的笼烟罩与电机部分由之前的一个整体拆分成两个部分，引起了市场的极大反应。“我们的产品和当时市场上的其他产品非常不一样，因为之前的产品都是从国外引进或者是和国外差不多的仿制品，只有我们这个是天马行空设计出来的。”茅忠群说，虽然对消费者而言，700元的定价在1996年是一笔不小的数目，但因为这款产品具有全新的设计理念和颠覆式的功能，一度供不应求，当年销量就达到3万台，这让方太品牌一炮走红。

紧接着第二年，方太就推出了A系列的升级版Q系列，当即成了爆款，之后创下年销售量40万台的纪录，一举奠定了方太在国内厨电领域的领军地位，不到三年时间跃居油烟机行业市场占有率第二位。“得益于一开始我们选择的道路就是要走高端品牌，要有自创技术，方太在创业的第一年就实现了盈利，创新不仅给予了方太持续的经济回报，更让我们明白只有创新才是出路，才是企业发展的第一动力。”

好的设计也需要好的质量共同支撑起品牌的公信力：1996年6月，茅忠群在生产线上发现吸油烟机灯座要比以前的软得多，经查发现原来是外协厂擅自将原本使用的铜材料改换成铝材料，并发出了两车货，他不惜损失十几万元，当即决定将发往外地的货全部撤回来；1997年3月，茅忠群因为产品配件叶轮噪声偏高，宣布报废价值10多万的产品；1998年9月，茅理翔召集总装车间员工，要求责任者当众砸掉仅仅少了两颗螺钉的吸油烟机。父子俩用实际行动向全体员工宣示了诚信经营、质量第一、精益求精的企业文化。此后，茅忠群引进了一批优秀职业经理人，迅速导入6S管理、ISO9000质量管理体系等基础管理制度，全面规范企业运作，同时推进公司营销创新，特别是提出了从销售员制到分公司的转型，以“一厂两制”的方式统一了公司的销售管理体系。

1999年，30多家厨电制造企业联合发起激烈的价格战，方太面临严峻的选择。面对困境，茅忠群拒不降价，茅理翔更是专门撰写了一篇《只打价值战，不打价格战》的文章，阐述了方太的经营理念和竞争思路。

2000年，方太推出了价格更高的新产品T系列，在价格战愈演愈烈的环境下，定价比1999年的产品还要高出10%。但因为这款产品在功能上再次升级，市场反响非常热烈，让方太在价格战中不战而胜。

此后，方太先后开创了欧式、近吸式、欧近跨界吸油烟机等多个品类，最早开创嵌入化、成套化厨电，先后实现了中国厨房吸油烟机的易拆洗之梦、高品位之梦、敞开式厨房之梦。2010年，“高效静吸”吸油烟机使中国厨房兼得高效排烟与超低噪声两大优势；2013年，全新一代近吸式“风魔方”，近距离拦腰斩断油烟，上市即成为销售冠军；一年后，“云魔方”搭载“蝶翼环吸科技”，赋予欧式吸油烟机全新的吸油烟方式及效果；2015年，专为中国厨房发明的三合一水槽洗碗机问世，集水槽、洗碗机、果蔬净化器三大功能于一体，破除了中国厨房“碗难洗”“果蔬农残难除”“空间不足”等多个痛点，搅动了沉寂多年的洗碗机市场，在过去4年时间里，作为厨电业的一个全新品类，方太发明的水槽洗碗机快速推动其在洗碗机市场竞争中后来居上，至今已占据超40%的市场份额；2016年，方太“星魔方”欧近跨界吸油烟机问世，开创吸油烟机全新品类，以更加极致的不跑烟[①]效果，实现了当代家庭的无界厨房之梦；2017年，方太全新上市的智能升降“云魔方”，再次以高端品质和领先科技奠定了方太在行业内的领导地位。

有人说，一流企业做标准，二流企业做品牌，三流企业做产品，方太用品质和创新实现了三级跳。作为全国吸油烟机标准化工作组组长单位，方太积极参与国际、国家、行业标准化工作，引导行业标准制定，已参与修/制定各项标准90余项。方太还主导完成国际电工委员会(IEC)的国际标准修订工作，为整个中国吸油烟机行业在全球赢得了更多的市场话语权。

现在方太把目光从“小家”的厨房转移到了“大家”的天空。相关数据显示，大气污染的主要成因，除工业废气与机动车尾气之外，另一大空气“杀手”出自家家户户的厨房，即三餐烹饪过程中产生的油烟。曾有报告指出，餐饮业油烟在北京市大气PM2.5中的占比为近13%。

2017年6月，方太牵头“十三五”国家重点研发计划“大气污染成因与控制技术研究”专项中的“油烟高效分离与烟气净化关键技术与设备”项目，致力于系统解决餐饮业、食品加工业和居民厨房的油烟高效分离与烟气净化问题。2019年5月，该项目顺利通过中期验收。

静电分离技术是该项目的核心技术之一，最大的功效在于提升油脂分离度，能有效过滤PM2.5以上的大气危害物。油脂分离度是决定油烟排放污染的重要指标，油脂分离度越高，从油烟中分离收集到油杯里的油脂就越多，排放到大气中的油烟颗粒物就越少。通过该技术的

① 不跑烟：在方太实验室规定条件下测试，肉眼未见明显的油烟逃逸现象。

运用，方太吸油烟机不仅实现了油脂分离度98%①的突破（国家标准为80%），也有效吸附了PM2.5以上的大气污染物，减轻了油烟对大气环境的污染。

导入中华优秀文化　用仁爱办百年企业

在方太总部大厅的西南角，有一扇朱红色的大门，门框上方嵌着三个大字——孔子堂，里面三尺讲堂旁立着一座一人多高的孔子塑像。方太整个厂区的建造风格是欧式的，而大厅里却有一个“格格不入”的中式塑像。

对此，茅忠群说：“2008年，我对中华优秀文化有了更深的理解而且想在企业内部推广，恰逢公司总部要搬迁到杭州湾的新址，希望借这个契机建立一个标志，最恰当的就是在园区内设立孔子塑像。”

但是，园区早就规划好了，原来的设计图并没有给孔子塑像留合适的位置，而在茅忠群看来，管理一个几十人的企业只需要老板亲自上阵就行，要管理好一个千人级的企业，用严谨有效的制度作引导也能实现，如今管理上万人的企业，则需要用文化，而且必须推行一种本土的文化和思想，这至少需要一个标志，这便是建立孔子堂的初衷。

工科出身的茅忠群曾经也是“狂热”的西方管理学推行者，从战略管理、产品设计、产品管理、绩效管理、工艺管理、品质管理、制度管理到流程管理，“从成立到而后的十年里，方太学得很刻苦也很彻底，这

① 油脂分离度98%：检测数据来自方太实验室，98%油脂分离度仅限型号Z1T-H、Z3T-H。

些东西帮助方太成为行业当之无愧的领军者”。

但茅忠群对此并不满意，严格的制度和西方化的绩效管理，难以调节受过西方管理教育的管理人员与本地员工在行为管理上的冲突。他认为，世界上任何一家优秀企业的管理方式，都要根植于本土文化，美国企业的管理之花很灿烂，是因为它深深地扎根于美国文化的土壤。中国企业的管理方式也必须要根植于自己的本土文化，这样企业发展才有坚实的土壤，而中华优秀文化正是这样的肥沃土壤。

“回眸以往，中华文化的智慧、思想、伦理贯穿在飞翔十年及方太整个创业和发展历程中，譬如中庸、忠恕、仁孝、礼义等。这其中包括了企业家精神的影响，但归根到底，这又与中华传统道德伦理的传承密切相关，因此，它被员工、顾客及社会所接受是有必然性的。”如今这套基于中华优秀文化的特殊管理模式被命名为——方太文化。

茅忠群先后报了北大、清华的国学班，学习正统的国学，提出了“中学明道，西学优术，中西合璧，以道御术”的方太文化总纲。一方面提出“仁义礼智信、廉耻勤勇严”的人文内涵，另一方面从全球引才，方太的人力资源总监来自日本美能达，企管总监来自日本富士施乐，销售总监来自美国可口可乐，热水器业务总监来自德国西门子，整体厨房负责人来自宝洁，质量总监来自三星。而这支由“多国部队”组成的管理层也要学习方太文化，以适应扎根于本土文化方太环境。

每天早晨8:15至8:30，公司上到管理层、下到车间的每一名员工都要诵读国学经典，雷打不动。茅忠群自己不参加任何部门的晨读，但他每天早晨五点起床，读经典一小时，而且在公司高管的“致良知”微信群里进行内部的学习分享，所以，在方太孔子像不是让人们来膜拜的，而是让人们看到它的时候会从内心深处产生一份尊重，增加一份对学习和修行的期盼。

“中华优秀文化强调的核心理念是做人，强调做人以德为根本，无论修身齐家，还是管企业，都应以德为本。而这恰恰是所有组织，无论是企业、政府还是家族存在的基础。”茅忠群认为，把西方的管理方法用到工作中并不难，能解决好多问题——加强公司的过程管理，能够增加利润，也能让公司赚到钱。但是，人们对此的认同感很差，更谈不上幸福感。在他看来，一家完全以赚钱为目标的公司，是不太可能成为受人尊敬的公司的，也很难获得员工的认同。急功近利的企业，结果都分崩离析，走得长的企业，都有人文关怀，都拥有使命感。

在方太，茅忠群看起来更像一个职业经理人，这似乎与他的老板形象不太搭配：不打高尔夫球，没有什么应酬，很少出现在各种类型的大会上，不会让部下在汇报工作时战战兢兢。穿着西装、身形清瘦的他，被定义为管理实验者，他立志要用中华优秀文化把方太集团做成一家百年企业。

“若要定义方太，我们认为，方太是一个家族企业，但又是一个使命驱动、与时俱进、包容开放、技术领先的现代企业，更是一个以仁爱之心为组织人格的社会企业。”

执笔人/孟佳韵

9. 西子联合:以合作创新走向高端制造

“合作重于竞争”,秉持这一核心理念,掌舵人王水福带领西子联合控股有限公司,从一家村办的农机厂发展为自动扶梯全球第一、电梯部件全国第一、立体车库全国第一、余热锅炉全国第一的大型装备制造企业。

西子联合依靠合作创新,不仅成功克服了企业起步阶段资金和技术的瓶颈问题,与多家行业领先企业互利共赢,还成功突破了航空制造业的体制藩篱,实现了从传统制造业向高端制造业的转型。2017年,集团营业收入达到269亿元,在中国无齿轮曳引机市场的占有率达到20%以上,位居行业第一。

礼让股份　换取技术

20世纪80年代初,国民经济百废待兴,虽然各个行业都受到改革开放的带动,显示出勃勃的生机,但大多数企业都受困于技术和资金的缺乏，可以说民营企业的生存举步维艰。然而，在这样的环境中，西子依然实现了快速的发展，从一无所有到行业第六，西子只用了16年。但相比于行业内前五名的合资企业，西子作为一个民营企业面临着诸多难题，这其中最明显的便是融资难与中标难。

为了生存下去，西子不得不选择与领先企业合资合作。1997年，西子电梯与美国奥的斯电梯公司合资成立了杭州西子奥的斯电梯有限公司，其中，西子联合控股70%，美方占股30%，双方约定5年后重新进行股权分配。合资成立的新公司势如破竹，不到四年累积利润就超过了4000万元。丰厚的回报让美方意识到之前占股过少，给自己带来了利润上的损失。时限未到，美方便提出要以80%的控股权重掌西子奥的斯。听闻消息，公司员工都十分不愿，管理层大部分人员都不赞同这次的股权转让，相关部门也认为美方占比过大。然而，王水福知道，想要维持企业与美方的合作，西子就必须做出让步。因此，他力排众议，扛着各方的压力毅然接受了美方的要求，将美国奥的斯的控股权提高到了80%。资料显示，目前任西奥董事长的陈夏鑫持有西子电梯集团有限公司44.3746%的股权，前董事长、现为董事的王水福持有55.6254%的股权。由此可见，虽然奥的斯控股西奥，但是西奥零部件供应这块“肥肉”却被西子电梯集团牢牢衔在嘴里。

以退为进实现了共赢。首先，与西子的合作是美国奥的斯电梯全球制造网络向中国拓展的里程碑。西子奥的斯的诞生，帮助美国奥的斯实现了中国市场的产销一体化，而西子奥的斯股权的增持给美方带来了利润增长。其次，西子的股权转让使美国奥的斯看到了西子的合作诚意，二者之间的合作变得更加密切。作为回报，美国奥的斯也主动将当时世界一流的无机房、无齿轮的第二代电梯技术转让给了西子奥的斯，这让西子奥的斯的年产量在两年内就翻了一番，市场份额逐渐提升到国内第二。另外，美国奥的斯向西子完全开放了其网络和数据库，这有利于西子联合实时把握电梯领域技术的前沿发展方向和业界动态。据统计，2001年之后西子奥的斯的专利申请数从0急剧上涨到每年50项以上，创新效率显著提升。而这次的成功合作，也成了西子联合"合作重于竞争"理念在实践运用中的经典案例。

跨行合作　拓展领域

美国联合技术公司（UTC）总裁乔治·大卫认为，西子奥的斯的成功是不可复制的。王水福偏偏不相信这一结论，他认为西子奥的斯的成功就像倒下的第一张多米诺骨牌，是合作的起点而不是终点。因此，他总结了西子奥的斯的成功经验，并将其抽象成一套与行业领导者合作的模式，那就是"经营充分授权，财务严格控制"，凭借这个方法，王水福带领企业迅速走上了跨行业合作的发展之路。

"与优秀的人合作，你才会更优秀"，之后，王水福一直在尝试与世界500强企业建立合资合作关系。比如：西子联合旗下的西子立体车库完成了与日本石川岛的合资；西子联合旗下的杭锅集团先后完成了与美国通用电气、德国西门子等30多个世界500强企业的合作。在合作中，西子一直在提高企业的学习能力，学习了美国公司的财务管理、日本公司的精益生产，在家门口实现了“国际化”。

“向行业内领先者学习带来进步，向不同行业的领先者学习带来革命”，陈夏鑫的这句话，道出了西子联合的扩张方式和途径。20年来，对于新领域的涉足，西子都会用“敞开大门谈合作”的方法替代“摸着石头过河”，不是联手行业龙头，就是假手该领域的精英团队，用王水福的话来概括，就是“借鸡生蛋，借力打力”。正是如此，西子联合每每涉足新的领域都能事半功倍，所涉行业在十几年的时间里就从单一的电梯领域扩展到锅炉、立体车库、地铁盾构机、金融、零售和房地产行业等，合作风暴愈演愈烈。

进军航空　迈向高端

2004年，西子联合委派了一个由公司管理层组成的参观团，前往日本和韩国参观石川岛、三菱、现代、斗山等重工企业。他们发现，优秀的重工企业在发展到一定规模时，都会向航空产业转型。向高端制造业转型，本就是王水福多年来的“夙愿”，但由于耗资巨大，技术要求太高，转型风险不可控，王水福的想法一直没有得到公司管理层的肯定。直到这次参观，看到日本的大企业已经成功实践了自己的战略设想，王水福才真正打足了底气，下定决心，付诸行动。他认为：作为一家装备制造类企业，不进入航空领域是没有出路的。因此，回国之后王水福便迫不及待地在《西子报》上提出了“天上飞，地下钻，中间有电梯”的西子联合“十年规划”。

“机会总是留给有准备的人”，航空航天产业本是垄断行业，重资产、高技术的壁垒和几乎难以逾越的体制藩篱，往往让业外制造商望洋兴叹。然而，在新发展战略提出不到一年的时候，政策变更的春风就吹到了王水福的身边。2005年，国务院颁布“非公经济36条”，向民营企业打开了原本被国有企业所垄断的行业大门，这让民营企业看到了进军航空产业的曙光，早早就做好战略准备的西子，终于等到了大显身手的时机。

经历了前20年的快速发展，西子集团积累了雄厚的资本，公司的融资能力、管理能力及生产能力都得到了极大的提升，为西子投资建设一个新的航空制造公司奠定了基础。但隔行如隔山，航空制造业对于企业管理、产品质量及检验等的要求极其严格，这对于长期从事其他制造业的西子联合来说依然是严峻的挑战。通过对航空产业的深入分析，王水福发现这是一个客户高度集中的特殊产业，世界上的航空制造配套企业，大多都拥有50年以上的制造史。这种特殊的行业特点给一直擅长合作的王水福带来了灵感，他一改之前的合作模式，从改创立合资企业为建立伙伴关系开始，将航空领域的顶级巨头美国波音、欧洲空客、中国商飞等作为自己的目标客户，利用龙头企业对于技术和质量的严格要求，来提升西子制造的精细化程度，保证产品质量。因此，由西子联合独资成立的西子航空顺势而生，它主要生产飞机的机体结构件、零部件、高端复合材料，以及高端紧固件等产品。

合作战略规划得相当完善，但实施起来却让西子联合“步步惊心”。拿与波音公司的合作来说，想要达成合作，西子必须先通过“考察期”。为了满足波音公司对于设备能力的要求，王水福不惜血本，投入大量资金来提高设备条件。好不容易设备能力过关了，波音公司又提出要同时配备两套同水平的设备，以备不时之需。“当时，我很不理解，一套设备我已经亏损了，两套不是要命嘛！”但冷静思考之后，王水福还是答应了，因为他知道这就是波音公司对于生产设备的要求。

“和我们相比，波音在很高的位置上，他们会通过国际化、高水平的质量系统、标准、管理等帮你提高，最终达到他所需要的高度”，正是这种“求学”的态度，让西子航空最终闯过了波音公司设立的第一大关。而这次跨领域的合作，推动了西子联合控股产品结构的变更，自此，西子联合成功踏入了飞机制造供应商行列，向高端制造业转型的梦想得以实现。相比于同行的领先企业，在保证质量的情况下，西子航空具有很大的成本优势。产品的价格优势明显，与西子的合作也就给波音公司的生产成本下降提供了很大的空间，这对于波音来说当然是好事。

如今，西子航空已经取得287项特种工艺资质认证，与中航工业、空客、波音、庞巴迪等航空巨头都有深度合作。2017年5月5日，C919大飞机首飞成功，其背后就有西子人夜以继日付出的辛劳。作为该项目供应商中唯一一家民营企业，西子联合用实力证明了民营企业能够突破体制藩篱，并且能够做好高端制造。40年过去了，当年那个“凭一张图纸就什么都敢造”的王水福，依然敢拼敢创，相信他的这种“合作重于竞争”的企业家精神，在未来依然能不断引领西子联合在更广阔的领域中阔步前进。

执笔人/刘潭飞

10. 王力:以创新称雄安防门业王国

浙江永康,是人们耳熟能详的五金之乡、门业之都,每年生产销售的安全门和室内门占全国总量的90%。王力集团既是永康门业的领军企业,也是全国门业标准制定者,在门锁行业中是名副其实的龙头老大。2018年集团主营业务收入为12.8亿,利润1.2亿,上缴国家税收1.05亿,与2017年相比,销售收入增长15.6%。

门业是最为古老的传统行业,王力集团是如何运用现代科技改造传统产业,促进产品升级的呢?它是如何推进智能化生产、提高产品质量、扩大生产规模的呢?

创新:使王力在行业竞争中屡屡夺魁

“王力智能!”

“在。”

“朋友来了,开门。”

“打开窗帘。”

“打开电视机。”

……

在王力安防科技股份有限公司布置的场景式样品间里，随着现场操作人员的声控指令，一台30厘米高、胖乎乎的迷你机器人以甜美的声音回应，并一一控制各个家居功能的开启和关闭。

这样一个常出现在科幻电影中的场景，正在王力公司的创新研发中得以实现。从传统的锁具到密码锁、指纹锁、人脸识别，再到如今的智能家居，王力公司的创新始终未曾停步。从2006年开始，该公司便已涉足智能化家居产品的探索和研发，在杭州乃至德国等地成立自己的研发团队，仅就新型智能家居系统，王力公司便已投入数千万元研发经费。

以智能化安全门为起点，以短距离、高强度无线信号传输系统为支撑，王力公司联合海康威视、国民技术、飞比等企业深度开发家居智能一体化系统，实现灯光、窗帘、家电、厨房电器等一系列家用设备的智能化控制。

在产品创新方面，王力公司并非首次走在行业领先地位。

1996年就进军防盗门行业，凭借自主研发的“多向自动锁”技术，一举掀起了防盗门锁具的划时代变革；随后，王力公司率先研发了超C级特能锁，安防技术开启时间达270分钟，超国家A级锁标准270倍；2003年4月，王力“挑战开锁王”活动启动，重金悬赏，至今14年过去了，仍无人能完成挑战，领走100万元悬赏金；2005年推出的王力特能锁，可随时升级拥有遥控、密码、IC卡、指纹、手机、感应、脸谱和虹膜开启等功能，而不需要更换防盗门面。

凭借产品、服务的优质和行业实力第一的声誉，王力安全门被“请”进西昌卫星发射塔，为中国航天发射领域护航，开创了行业先河。

杭州G20峰会期间，王力安全门凭借产品优质、服务良好，以及行业第一的品牌影响力成为G20主会场进口处指定安保用门，这批产品具有防盗、防爆、防弹等优势，为G20会议保驾护航，代表着国家安保安防的最高水平。

同时，王力集团旗下的王力安防、王力门业、王力高防都通过“浙江制造”认证，成为永康市首批通过认证企业、浙江省29家龙头企业之一。

20年来，王力人始终以“工匠精神”做卓越的“国民门锁”，严守质量生命线，将门锁综合竞争力提升到了行业领先地位，2016年王力品牌价值达186.81亿元，跻身中国品牌500强第128位，再跃升为全国门业首位，并连续两年荣获中国房地产开发企业500强首选供应商门类第一。

王力集团秉持开发一代、使用一代、储备多代的产品观，整合全球优势资源，高薪引进了一大批国际优秀人才在总部永康、上海、杭州成立研发中心，还在设计之都意大利米兰建立了国际化的艺术智能开发基地和研发中心，同时与北京大学、武汉大学、南开大学、浙江大学等高校建立科研战略合作关系，以“产、学、研结合”的创新方式实现产品持续升级，不断为消费者提供更安全、更智能、更多元的消费体验。王力公司自行研发的门锁产品可由用户订制升级拥有遥控、密码、IC卡、指纹、手机、感应、脸谱和虹膜开启等各种功能，特别方便家中老人和小孩使用，打造出了既有安全又有温度，还能树立产品时代标杆，体现中国制造水平，满足世界消费需求的“国民门锁”。

创新：使生产从初等机械化升级为智能化

数字产业化、产业数字化，已是不可抗拒的时代潮流。身为制造企业，王力公司不只是在产品上进行创新，而且也在生产方式上进行创新。在企业初创时，王力公司基本上是依靠钳工、电焊工、油漆工等手工作业；后来才由工程师设计建造初级生产流水线，实现半自动的机械化生产；如今，打造行业标杆的智能化生产体系正在王力公司逐步成形。

在王力公司非标门生产车间内，一条崭新的生产线被隔离网划进单独的空间内，隆隆作响的流水线边上没有一名员工，在隔离网外面的操作台上，几名研发人员正在对非标门生产线做调试，目的是加快该生产线对小批量、个性化订单的反应速度，提高生产效率。

相同的非标门生产线，从德国引进需要6000多万元。在王力公司研发人员努力攻关下，现在这条非标门生产线已经基本完成，成本仅为进口设备的十分之一，智能化程度却一点不比进口的差。

非标门生产线的改造只是整个企业智能化项目改造的一个缩影。自动化标准门生产线、防盗门智能检测线、智能仓储系统等的智能化改造和升级在王力公司已经基本完成，这将大幅度提高企业的生产能力和产品质量，因为电脑控制比人工作业更加稳定和可靠。

以自动化标准门生产线为例，这是国内首条门板自动冲压生产线，也是全球最先进的自动化门板生产线。这条自动化生产线不仅有效缩短了交货期，而且精度更高，员工由原来的30多人缩减至3人，产能却提升了20%。

现在，这些智能生产线已进入试生产阶段，确保运行稳定之后，将被安置到即将竣工的新厂区中，最终整合成为智能化生产水平极高的生产车间，彻底打破原先的生产格局。

据悉，王力集团的智能制造工厂占地12万平方米，总建筑面积近23万平方米，由中国机械第一设计院按标准进行规划设计，全程采用智能化、自动化工艺及设备，采用清洁能源，屋顶规划设置太阳能光伏发电装置。除了与中机总院建立了战略合作关系，王力集团还与意大利萨瓦尼尼、荷兰威猛、德国通快、瑞士金马及新松等国内外知名公司建立合作关系，共同打造一座智能、绿色的现代化工厂，引领门业发展。

从新厂区的平面效果图上可以看到，王力智能工厂整个生产区全域贯通，基本实现了全封闭式生产，单个生产环节通过传输履带和机械手进行衔接，生产工序之间则通过无人操控的AGV小车实现物料传送。

创新：源自“让客户满意”的感恩情怀和责任意识

提到创新的源泉和动力，王力公司的掌门人王跃斌讲起了故事。

前不久，拗不过晚辈撒娇，王跃斌同家人前往永康市江南街道园周村游览长城。归途中，王跃斌看到了有趣的一幕：一个孩子在小食摊前执着地要求家长为其买一包炸薯条，但家长担心摊点用油和操作不卫生损害孩子身体，叫孩子随其去市区的肯德基或者麦当劳购买，而孩子却哭闹着不肯接受。

看似很平常的一幕，王跃斌却从中敏锐地发现：知情和信任就是机遇，只要让家长亲眼看到炸薯条的油定期更换，并保持摊位卫生，相信即使薯条售价提高50%，家长也会消除顾虑给孩子购买。

这一故事说明做好产品是根本，客户了解、客户信任是关键，是商机。

对于“市场竞争激烈，创新何其困难”的说法，王跃斌并不赞同。炸薯条如此简单的生意都可以创新，拥有更高基础、更雄厚实力的企业为何不能发现创新之处。“做人讲诚信、讲感恩，做产品讲创新、讲品质，做企业讲责任感、讲竞争力。”这是王跃斌悟出来的卓越之道。

“客户是上帝。的确，企业的生存和发展都依靠客户支撑。谁赢得客户的认可和信任，谁就拥有市场和财富。感恩客户最根本的方式是创造出更优质、更新颖的产品。”这就是王跃斌的客户情怀和感恩理念。

在王跃斌眼中，竞争消费、满足消费和引领消费是企业发展的三个层次，想要达到引领市场潮流的最高境界，企业创新和突破才是最坚固的基石，不管哪个企业，没有一个产品是永远供不应求的。市场需求变化，要求企业产品出现变化，这就决定创新永远在路上。

理念决定行动，创新依靠人才。王力集团十分重视科研人才的集聚，在总部建立研究院的同时，还在杭州、上海和意大利等地建立研究院，目的就在于招引和留住科研人才。目前，王力集团仅研发中心就拥有一支174人的高素质的科研队伍，每年有几十项专利问世，先后获授专利601项，其中门锁发明专利51项。以功能提升为目标，以永不止步的技术创新，让人性化的科技为消费者带去愉悦的体验，是王力保持核心竞争力的秘诀。

创新是企业生生不息的血脉，是根植于公司骨子里的基因。王力最大的优势是：注重创新已经在公司上下形成共识，公司已自觉行动以期持续不断地创造出新产品，引领市场的新需求。

执笔人/吕高攀

11. 海天塑机：行业巨头跨国发展

从只能生产镰刀、锄头等农具的乡村作坊，历经半个世纪的持续创新，到如今研发出我国最大的精密注塑机和首台全电动注塑机的企业，海天塑机集团有限公司已成为产量世界第一、规模中国最大、技术国际领先的塑机生产基地，是注塑机行业名副其实的“单项冠军”。

2018 年，海天塑机实现总收入 108.51 亿元，为全球市场供应了 35000 台注塑机，产品遍及全国各省、市、自治区，国内市场占有率自 1994 年起一直名列第一，包括佛吉亚、江森自控、法雷奥、延锋、日产、雷诺、格力等知名企业都是海天的客户。同时海天的产品还出口至美国、欧洲、南美洲、中东、东南亚等 130 多个国家和地区，服务网络遍及全球，2018 年出口额达 32.31 亿元（约合 4.82 亿美元）。

尼姑庵里做农具　制造塑机得冠军

1966 年，在一个破败不堪的尼姑庵里，诞生了海天集团的前身——

江南农机厂。创业初期,海天集团董事长张静章为了维持工厂生计,动过许多脑筋。"从废墟里挖石板拼凑工作台,从废品堆里捡来废弃的机件,再找人维修后当作设备用。男人都在家种庄稼了,二十几位女工便是厂里的主力,我们把农民摘下来的棉花去籽后卖给国家,5个月赚了4000多元,这是厂里的第一笔收入。"这段创业初期的经历一直深深根植在张静章的记忆里。

当时的国情以农为重,海天的产品也主要向"服务农业"靠拢,生产水泵、镰刀、锄头等农机用具。"当时,企业所有的设备是4台锈迹斑斑、缺胳膊少腿的仪表机床,流动资金只有100元,这已经是江南公社所有的办公经费。"据张静章介绍,那时候拉业务,他带着产品的样本及服务信息到台州、深圳、广州等地推销,不想错过任何一个可能会有业务的地方。尽管付出了十足的努力,但企业业绩依然未有起色。"虽然做得很努力,但只能说是勉强混口饭吃。"

契机出现在1972年夏天。"有一天我偶然看到有人穿了一双塑料凉鞋。当时农民大多数还是穿着草鞋在地里干活,下水、走石子路,草鞋极其容易霉烂、磨破,很不方便。因此,看到塑料拖鞋,我就对它有了极大的兴趣。"张静章开始将目光集中在生产塑料的机械设备上。1973年,他在一个农村小作坊里成功试制了第一台30克直角式注塑机。当他的注塑机打出当时市场上紧缺的第一只塑料凉鞋时,在远近乡镇引起了不小的轰动。

张静章就这样与注塑机结下了不解之缘。当时国内注塑机产业刚刚起步,张静章已经在心里描绘出了一幅蓝图:先在宁波做到最好,再向全省进军，最后推向全国。此后的40余年，他将全部的精力投入注塑机研发生产中，即使是在全民炒房的21世纪初，他的信念也未曾动摇。

“我想用一生去做好一个行业。”

1989年，海天向欧洲出口了第一台注塑机。之后，中国第一台在国外展出的注塑机被海天带进了美国芝加哥展览会。1994年，海天成为全球注塑机产量第一的行业领导者，并保持至今。

持续创新促发展　塑机升级成“重器”

注塑机属于高端装备，而这一领域一直以来都是国内制造业的短板。高端产品长期被德国、奥地利、意大利等欧洲品牌垄断，日本、韩国的产品也在国际市场上占据一席之地。这些国际知名大品牌中有不少还是百年名企，专注行业多年，想要从中突围，实属不易。

张静章一方面花重金引进国外的设备，另一方面积极研究国外的高端产品。“国外有好的产品，我们必须要学，模仿也是一种学习，这是一家企业发展的必经之路。但抄得了技术，抄不到品牌，模仿得再像，一辈子只能跟在人家屁股后面，人家吃西瓜，我们捡芝麻，想要有话语权，就得自己去创新。”

为了在国际市场上突围，海天整合信息、人才、设备等技术力量，建立海天塑料机械工程研究中心，集中力量研究开发注塑机产业领域的高新技术和高科技产品。1998年，海天技术中心被认定为宁波市市级塑料机械工程研究中心;2000年,在领导层提出的“创海天知名品牌”和“打造塑机王国”的二次战略目标指引下,海天在机构、设施、经费、队伍等方面加强建设,并正式组建技术中心;2005年10月,海天被发改委等四部委联合认定为“国家认定企业技术中心”。

注塑机素有“电老虎”之称,作为能耗较大的生产设备,注塑机的能耗指标高低是衡量注塑机好坏的关键因素。自2000年起,海天以技术中心为主导,联合高校院所共同攻关技术难点。2006年MA伺服节能注塑机脱颖而出,成为海天的王牌产品,一举打破了国外垄断,填补了国内中高端注塑机领域的空白。

相对于传统注塑机而言,MA型伺服节能注塑机在成本略有提升的前提下,理论能耗可下降20%～80%,平均节电达50%。一台普通液压注塑机功耗15千瓦,平均每天工作12小时,按海天年产35000台注塑机计算,如果每台节能50%,那么每年可为国家节约电能超过13亿千瓦时,也为下游企业节省了大量能耗资金。

每一次的技术革新都推进了海天注塑机前进的脚步。通过多年研发,海天开发出了二板式注塑机,与目前市场占主导地位的关节式三板机相比,二板式注塑机的长度和重量都减少了15%～20%,减少了大量钢材和相关资源消耗。

2014年,海天研制出全球最大的纯二板式塑料注射成型机JU66000/518000,并正式交付客户。该机最大锁模力可达88000千牛,容模量超过50立方米,两大模板重达240吨,整机重560吨,可注塑目前世界上最大的制品,可满足汽车工业、国防、市政工程等领域对超大塑料制品的需求，其中多项关键性技术指标打破大型精密注塑机纪录，达到国际先进水平。经行业内专家组成的专家委员会鉴定，产品具有节能、环保、精密、高效的特点，注射量和容模量等关键指标居国际领先地位，整机性能达到了国际先进水平，是当之无愧的装备制造领域的“国之重器”。

技术中心创建以来，海天的技术创新工作得到了突飞猛进的发展，销售收入中新产品的贡献率在60%以上。海天技术中心自2001年起至今共获得授权专利200余项，平均每年完成技术创新项目30余项。到目前为止，所有的产品都拥有自主专利技术，专利产品销售额占年销售额的100%。2012年2月14日，海天与北京化工大学合作完成的“塑料精密成型技术与装备的研发及产业化”项目、与浙江大学合作完成的“复杂装备与工艺工装集成数字化设计关键技术及系列产品开发”项目同时获得国家科技进步二等奖，这是我国塑料机械制造行业首次获得国家科技进步奖。

现在，海天还在积极布局工业4.0，结合自身现状促进在自动化、智能化方面的转型升级，并提出了“基于产品生命周期管理（PLM）的理念，以期建立一个高度灵活的个性化和数字化工厂”的最终目标。今后海天的服务团队将包括工程师、系统开发者及IT专家，为客户提供更为优化的系统或开发新的接口，更灵活地将高度标准化的机器集成到自动化加工、生产单元和生产线的服务中。海天正在从单一的机器制造商发展成为全面的智能系统解决方案的提供者。

专业人才引进来　扩张企业走出去

作为打造海天的掌门人,张静章从不自视过高,他将自己放在很低的位置上,将荣誉让给员工,“我只是出出主意,企业的财富,都是员工们一点一滴干出来的”。

正是基于这种想法,他津津乐道“两个上帝”理论。在他看来,海天集团有两个“上帝”:一是客户,二是员工。员工是企业发展的重要力量,只有用心培育这股力量,才能使企业茁壮成长。时至今日,张静章都在不遗余力地保障员工能够享有“上帝”般的待遇。

1977年,彼时的张静章已经当了7年厂长,职工由十多人增加到好几百人。企业是村集体的,村里的人都想把孩子送到厂里来当工人,因为厂里月工资有8元,比挣工分合算。张静章就立下了一个规矩:最穷的人家的孩子先进厂。

1985年起,张静章和几位副总承包了企业,他们只拿工资,该拿的承包奖一直没拿,这笔奖金就滚雪球般地变大了。到1993年企业改制时,这笔奖金已经变成了626万元。张静章和几位副总将这626万元奖金让利给职工,让职工作为本金入了股。

1985年开始,公司每隔两年为全体职工包机或包车旅游:1997年香港回归前,全厂800人去香港旅游,中英街上的小贩都惊叹,怎么有这么多游客互相认识;2001年,海天2000名员工同游昆明世博园,昆明世博园打出了“欢迎浙江最大旅游团”的条幅,当地导游简直不敢相信他们来自同一单位。

1996年，张静章建设海天新村，让职工“安居乐业”，购房价格是市场价的一半。“他一直强调海天是员工的企业，大家要共同富裕。”2006年1月，海天请来德国塑料与橡胶机械协会的原主席海勒姆·弗兰茨担任执行副总裁，对他实行股权激励的同时，还给他开出了超过百万的年薪，这个年薪是张静章本人年薪的10多倍。“要吸引人才加盟，首先就要确立人才的市场价值，没有这样宽阔的胸怀，企业就难以聘到国际上拔尖的专家。”

在张静章的办公桌旁边，有一个硕大的地球仪；在海天集团股份有限公司总部大厅中央，也有一个硕大的地球仪。在他看来，人才要引进来，企业则要走出去，只有走出去提高眼界，站在世界级的高度了解差距，才能更加积极向前冲。

2009年，海天在德国的第一座厂房建成。2016年，第二座厂房建成。开业当天，德国艾贝尔曼斯多夫市市长Josef Gilch为海天送上了一份特殊的礼物，将进入海天厂区的新路正式登记为“海天路”。2018年4月，第一期印度厂房正式投入使用。

在“一带一路”倡议的引领下，海天建立了宁波、越南、德国、印度等四大全球生产基地，并在墨西哥、巴西、土耳其、泰国、印尼、日本等地开设海外直属子公司，将原有单一的“服务中心”全面提升为“应用中心”，建立专属海天的全球销售网络。回看1978年，海天注塑机出口为零，在张静章的地球仪上“中国海天”一片空白，时至今日却已是全球开花，处处结果。地球仪上标贴着海天人占领世界注塑机市场的“揭时贴”。

“未来，我们的重点仍然是要加快步伐实施‘走出去’战略，将外贸注塑机的比重提高到40％～50％，还要扩建德国工厂，推进印度工厂建设，在美国再建一个海外工厂。”张静章如是说。

执笔人/孟佳韵

12. 杭氧:“大国重器” 增强国力

时光流转,半个多世纪过去了。如今,在宁夏银川灵武这片戈壁荒原上,矗立着两个“全球之最”:一个是全球单套规模最大的煤炭间接液化装置——神华宁煤400万吨/年煤炭间接液化项目,每天将数万吨的煤炭气化、合成再液化,变成万余吨煤基液体燃料,包括最优质的航空燃油;另一个是为这个“煤制油”项目提供生产所需氧气的12套十万等级空分设备,其中6套来自中国自主品牌——杭州氧气股份有限公司。

20世纪50年代,前身为浙江铁工厂的杭州杭氧股份有限公司(以下简称“杭氧股份”),为振兴中国装备工业,转型成为制氧机生产企业,又于2000年后进行分立式改制,成为一家以制造空气分离设备和运营工业气体为主,集空分设备科研开发、生产制造、工程成套、气体投资、科技咨询服务为一体的高新技术企业。

“要做就和国外企业一样做6套,杭氧要跟他们比一比谁优谁劣。我们必须争取这次机会,成了,特大型空分设备制造领域便有了中国制造的一席之地”，杭氧股份董事长蒋明如是说。杭氧股份从最初封闭式的技术创新，到逐步与发达国家先进企业进行技贸、生产合作，再到如今形成自己的开放式全球制造网络，成为世界空分设备的主要供应商之一，占据了中国大型空分设备市场近70%的份额。这些傲人成绩的背后，有着怎样的故事？或许我们可以从杭氧的技术演变史中探得一二。

技术创新：攻关实现设备国产化

改革开放让当时处于混沌亏损期、封闭系统经营的杭氧看到了自身与国际先进水平的差距。他们意识到，随着新技术范式的产生，仅凭模仿已适应不了新的技术环境了。于是，杭氧与世界空分设备鼻祖林德公司签订了“技贸结合”合同，在进口成套成熟的第四代10000m^3/h空分设备的同时，引进设计、制造技术，由杭氧组织成套生产及供应。新的“技术范式”的引入，帮助杭氧成功生产出国产化率8%的第四代新型10000m^3/h空分设备。在积极消化吸收林德技术的基础上，杭氧进行改进创新，实现了92%的国产化率，并成功开发第四代煤气化型、化工型、冶金型6000～10000m^3/h空分设备和有色冶金型6500m^3/h空分设备，大大缩短了我国空分设备技术与世界先进水平的差距。

然而，20世纪80年代初期，国外领先企业开始将规整填料技术应用于空分设备上。到了90年代，采用规整填料和全精馏无氢制氩技术的第六代空分设备已全面推向工业化应用，以提高空分设备效率、降低能耗。技术范式的转变使得杭氧面临了新的落后危机。从模仿学习、引进技术到消化吸收，几代杭氧人深刻领悟到：要想在高端装备制造领域占据一席之地、把握主动权，必须将核心技术、关键技术掌握在自己手中！有了创新能力，才能拥有市场话语权。因此，杭氧做出了一个极具挑战性的技术选择：通过自主技术探索与新兴技术引进相结合的方式掌握新一代空分技术。

在更为开放的技术与市场环境下，杭氧在非成套引进的新兴技术基础上，通过国外技术引进与内生技术能力的交互与集成，于1996年成功研制出第六代大中型空分设备，并掌握了规整填料塔与全精馏（无氢）制氩两项核心技术。这标志着我国成为继德国、法国、美国之后又一个掌握此项先进技术的国家。2002年，我国第一套自行设计制造的30000m^3/h空分设备在上海宝山钢铁股份有限公司一次开车成功，该套空分设备采用了规整填料和全精馏制氩技术（第六代技术），主要指标达到国际先进水平，结束了我国大型空分设备依靠进口的历史。

杭氧历经引进、消化、吸收和再创新，从被动式、利用式的学习向主动式、探索式的学习转变，从基于第Ⅰ类技术引进（成套、成熟技术）向基于第Ⅱ类技术引进（非成套、新兴技术）跃迁，完成了自主创新和重大装备国产化攻关，掌握了各等级大型和特大型空分设备的设计、制造、成套技术，彻底摆脱“引进—落后—再引进”的不良循环。目前，杭氧已完成了4000多套空分设备的生产，实现了产品与应用领域多样化发展。

拥抱转变：新范式引领国际同行

随着国内煤制油自主关键技术取得突破，神华宁煤400万吨/年煤炭间接液化示范项目提上议事日程，所需的十万等级空分设备也开始向全球招标。尽管杭氧在追赶国际最先进水平的过程中不断取得新进展，且已经具备生产十万等级空分设备的能力，但要与当时以德国林德集团、法国液化空气集团和美国空气产品公司为代表的国际空分巨头一较高下，仍颇有难度。

“我们以前做设备，今后准备做气体；相当于以前卖奶牛，今后不仅要卖奶牛，还要卖牛奶！”董事长蒋明深知，比本行业世界巨头们晚“起跑”了几十年的杭氧，必须采取不同的经营理念、经营方式，“如果总是跟在他们后面亦步亦趋，是不可能有所超越的。这不单纯是企业之间的差别，而是处于不同发展阶段的企业，对风险的评估标准不同”。

做世纪工程，做中国空分制造的门面！为了与国际空分行业巨头在同一赛道上一较高下，打破国外对特大型空分装置的垄断，抢占中国巨大的十万等级空分设备潜在市场，杭氧扛起了空分设备国产化的示范大旗，转变原本实用性技术的研发方向，聚焦于加强基础性研究，并对已投产运行的上百套空分设备展开数据分析，以实现在该等级空分设备领域的超越。

基础研究:创建“三层次”实验平台

21世纪八九十年代,杭氧的技术与国际先进水平相差甚远,甚至可以用代差来衡量。当时,杭氧出于现实生存的考虑,不得不决定把研发方向聚焦于实用性设备改良技术,撤掉从事基础性研究的试验中心,让研究所和技术开发处合并。

意识到核心技术、关键技术必须立足于自身,2008年,杭氧转变发展思路,跳出实用性空分设备制造,启动特大型空分设备预研。此时的杭氧已经完成分立式改制上市,有了融资支持,增强了基础研究的底气。2005年起,杭氧投入大量人力、物力、财力,完善研发机构、重建制氧机研究所、设立试验中心等。

如今,在杭氧临安制造基地,实验室无处不在,在生产车间内部都能看到封闭的实验室,各种材料设备在里面进行应力实验和性能检测。车间里生产出的产品能够随时进入实验室进行实验,并将实验数据共享给前端的基础研究实验室,为设计性能更高的产品提供支持。

杭氧完善的三层次实验体系——基础研究实验中心、车间测试平台、气体公司应用试验平台,成为研发人员克难攻坚的有力保障。“三层次”试验平台,即临安试验基地作为一级试验平台,各个子公司作为二级试验平台,分布在全国各地的气体公司作为三级试验平台。

其中:一级试验平台主要在临安试验基地进行空分机理的研究,获取有价值的理论数据,再运用到空分设备的设计制造中;二级试验平台主要在各子公司生产现场对膨胀机、压缩机、泵阀、板翅式高压换热器等关键部机进行研究,并与国际先进水平的同类设备进行比较、分析,推动关键部机核心技术研究进程;三级试验平台主要是在杭氧投资或参与投资的气体公司运行杭氧生产的空分设备及关键配套部机,尤其是首(台)套产品,收集现场运行数据并反馈到研发、生产等环节,促进空分技术的全面进步。同时,对已运行空分设备进行现场改造,比如:增加氪、氙、氖、氦等稀有气体提取装置等,支持气体应用技术理论研究。

应用研究:自主开发十万等级空分设备

为实现开发国际领先的十万等级空分设备研发目标,杭氧采用了大量数据分析的方法,对近10年来投产运行的上百套空分设备进行分析研究,实现了一系列关键技术及装备的创新,包括十万等级特大型空分工艺包和成套集成关键技术、自动变负荷先进控制技术、特大型径向流分子筛吸附器等,获得专利23项,其中发明专利18项,在体系上也进一步完善了开发国际领先十万等级空分装置的技术路径。

为了让十万等级空分装备更好地适应当地戈壁气候恶劣、风沙大的环境,杭氧站在用户的角度,从研究单一设备制造到系统研究装置周边环境。首先提出了环境中二氧化碳等气体对空分设备的影响,并付诸定量研究,帮助用户改变了国外咨询公司给出的前期方案,最大程度避免了因顶层设计缺陷带来的后期问题,确保空分装置能更优运行。

执笔人/徐　宁

13. 杭叉:在改革创新中强势崛起

转换方向,调整货叉高度,取货,倒车……傍山依水的青山湖科技城里,杭叉集团股份有限公司的叉车们像一只只鲜艳的瓢虫,在厂区内麻利地运作着。集团总占地面积1100多亩,下属控股及参股子公司70多家,具备年产10万台叉车和其他物流设备的生产能力……如今的杭叉,产品国内市场占有率近23%,出口连续11年居全国第一,真正将流水线上的一只只"瓢虫"送出杭城,送向世界。但就在20年前,时任杭州叉车厂副厂长的赵礼敏还在为厂里的连年亏损而闹心。

"跳楼机制":迫使企业改革破釜沉舟

1956年,在全社会响应三大改造的背景中,杭叉的前身——杭州机械修配厂成立了,但直到1974年,第一台略显笨拙的CZ3叉车试制成功,流淌在机械管线中的创新血液,才终于汇聚成一支发动机的轰鸣曲,开启了杭叉人的远征之路。时至今日,杭叉的展厅内,还存放着一台锈迹斑斑的CZ3叉车。一朵鲜艳的大红花绑在这位“老前辈”敦实的门架上，诉说着多年前的故事。

1979年，正式更名为杭州叉车厂后，杭叉成为国家最早定点生产叉车的重点骨干企业之一，生产的叉车先后获得“省优”“部优”“国优”等称号，累计产量在全国同行中首破万台纪录。然而好景不长，时间步入20世纪90年代，正直壮年的杭叉迎来了第一次挑战。

当时，西方工业衰退，日本市场也不景气，世界范围内叉车行业的竞争愈发激烈。同20世纪80年代相比，叉车工业出现了销售额增长、盈利减少的反常现象。此时的杭叉，除面临严峻的行业震荡之外，还在市场经济发展的冲击中，暴露出“老牌国企”观念陈旧、机制僵化、冗员过多、包袱沉重等一系列“老大难”问题。内外交困之下，杭叉的生产经营一度停滞不前。“当时，一年才生产2000台叉车，工人加班加点，可企业却连年潜亏，效益一年比一年差。”现任杭叉集团股份有限公司董事长赵礼敏说。

在最艰难的时期里，长年的亏损让杭叉几乎发不出工人的工资，只能在1995年置换了体育场路的土地以求生存。回忆起当年的场景，赵礼敏感慨万千：“那个时候，亏损的国有企业领导人都要参加亏损企业学习班，当时我们的厂长每年都去参加这个学习班，因为我们是‘亏损专业户’。”

土地置换解决的只是发工资的燃眉之急，亏损企业学习班也没能让杭叉找回发展的正确航向。1999年，为了落实中共十五大关于国企改革、三年脱困的精神，时任杭州市市长仇保兴到杭叉调研，为杭叉下了一剂猛药：要么自行破产，要么民营收购！

咬牙自己干！20年前做出的这项艰难决定，为杭叉的崛起奠定了基础。但当时最大的问题是：出多少钱才能把杭叉买下来？“当时管理团队中有人说，我们一人出五万，”赵礼敏说，“但仇市长表示，五万不行，一定要用‘跳楼机制’。钱，一定要拿出来。借，也要借得多。”

然而，连年亏损让杭叉的领导层囊中羞涩，更不要说月薪不高的普通职工了。面对改制，很多职工不愿意参股，一方面是因为不明晰杭叉的未来发展路向，担心自己投入的几万元钱打了水漂，另一方面，他们更担心领导层拿着募集来的血汗钱一走了之。

绝境之下，领导层带头参股，抵押房产、借钱凑款，下了破釜沉舟的决心，几乎每个人都把自己的全部家当投了进去。40万、50万、100万……资金一步步到位的同时，领导层也四处走访、游说，从杭叉的总会计师到各个中层干部再到职工，一一动员——最终，渴望涅槃的杭叉人凑到了3000万元。

至此，杭州叉车有限公司诞生。

引进技术：消化吸收开启自主创新新征程

即使在今天，3000万元也不是一笔小数目，更何况是在20年前。丢掉了国企的“铁饭碗”、抵押了房产、背负着债务的众多杭叉人，可以说是置之死地而后生。如今的杭叉能够与安徽叉车集团平分国内叉车市场的“半壁江山”，除了得益于20年前的改制之外，更得益于杭叉人不断创新、死磕技术的奋斗精神。

改制完成之初，以戴东辉为董事长、赵礼敏为总经理的新领导团队对国内外叉车行业的发展状况，以及市场格局进行了深入研究，同时，他们也深刻认识到，中国自有的叉车制造技术同日本、法国等外资叉车制造巨头相比，落后了一大截。高端叉车市场一直被这些外资叉车制造商把持着。

闭门造车难以形成竞争优势，杭叉开始走上向外学习的道路。2002年，赵礼敏前往行业巨头——日产（NISSAN）公司访问调研，看到了叉车产业发展的另一面。日产叉车现代化的流水线、专业化的关键零部件研发制造效率，无不让他咋舌称赞。因此，当日产提出调整产业策略，出卖叉车技术的时候，杭叉当机立断地花了又一个3000万元人民币，将日产的叉车图纸、技术一并买了下来。这场机缘，成了杭叉快速突破部分技术瓶颈、迅速打造出高端叉车的一块跳板。

然而事情的发展总是不会像想象中那么顺利。拿到日产的技术后，杭叉按照图纸依葫芦画瓢生产出来的叉车，品质还是不尽如人意。在日产委派的技术人员指导下，杭叉发现，问题出在生产过程和制造工艺上。对待技术，杭叉以其惯有的踏实精神静心钻研，不敢马虎。经过一遍又一遍地打磨、组装、试验，四五年后，杭叉人才终于敢说："我们引进、消化了日产的叉车技术。"

"这一步走了以后，我们尝到了甜头，技术水平上去了，产能也一下子提高了。"赵礼敏说。完整地吸收先进技术，带来的不仅仅是产能的提升，还为杭叉带来了强大的自主创新能力。短短几年中，发展迅猛的杭叉不仅与日产合作开发了5～7吨新型中高档叉车，收复了曾一度被挤出的港口市场，还根据国际叉车市场的发展趋势，高起点地快速研发出具有自主知识产权的三支点蓄电池系列叉车，向欧洲、东南亚等国际市场进发。

最让客户惊喜的是，杭叉还独创了“定制”叉车产品线，可以针对不同客户的个性化要求量体裁衣。渐渐地，杭叉客户群中形成了这样一个共识：“只要你提出搬运需求，不管作业环境、条件如何，都可以在杭叉买到适合你的叉车。”

目前，杭叉拥有各类智能机器人近300台，智能化集成生产线20余条，喷涂流水线10余条，AGV智能物流车20余台、智能化立体库3套的智慧工厂已然形成。通过近几年的培养，管理团队已顺利实现新老交接，公司4000人中大专及以上人员占比达到23%，职工平均年龄33岁，员工队伍走向知识化、年轻化。公司建成国家认可实验室，对研发产品的质量、可靠性、使用寿命进行验证，相当于打仗有了武器。目前杭叉紧随时代潮流，自主开发出了内燃环保智能叉车、新能源电动叉车、具有5G技术的无人驾驶车辆(AGV)等众多高效化、自动化、智能化的叉车产品。在杭叉阔大明亮的产品展示大厅里，这些轮廓线条柔和、操作方式精巧的现代化叉车与1974年那台笨重结实的CZ3叉车一起，共同讲述着杭叉“让搬运更轻松”的进步历程与传奇故事。

心怀忧患:警示公司上下永不松劲

在瞬息万变的市场环境中,企业发展要经历大浪淘沙般的考验。知名企业家李彦宏曾对员工说:“百度离破产永远只有30天。”经历过20世纪末生存危机的杭叉人深知这一点,并时刻保持忧患意识,这让全体杭叉人凝聚成一股坚持创新、永不松懈的创业力量。

一方面,杭叉致力于打造“家文化”。经历了国有企业改制后的杭叉,并没有因为民营企业的身份而削弱职工权益,相反地,“改制以后,我们对职工的关心比原来更多了,而且我们职工的收入也同步增长了”,赵礼敏介绍说。杭叉有一个大病保险机制,并且配套成立了后勤抚恤机构,为重病职工全额报销医药费。生病期间,职工也不会被扣除一分钱的工资。赵礼敏欣慰地说:“在杭叉,没有一个员工会因病致贫。”

如今的杭叉,牢记和感恩国家、政府对杭叉的帮扶和支持,一年上缴税收18个亿。为了更好地共享改革成果,杭叉每年还派人慰问退休老职工,并为他们发放800～900元的抚恤金。虽然金额不多,却体现出杭叉在关心职工、回报社会中所做的努力。

另一方面,杭叉为技术人才成长创造了广阔的平台。尊重和提拔技术人才,在杭叉人中已经形成共识。赵礼敏说:“我们厂里分房子,首先奖励的是技术人员。子公司做干部调整时,我说,今后的总经理必须是技术人员,为什么?现在的竞争不是讲在职年数,而是讲技术,技术带来的成效才是最大的成效。”同时，杭叉的薪酬、晋升等都向技术人员倾斜——每年年末，杭叉都会拨出上百万元的资金，用于奖励做出研发成绩的技术人才和团队。

尽管在2009年，杭叉整体搬迁到了地理位置较市区相对远的临安经济开发区，但杭叉的技术人员流失寥寥无几。“按道理讲，现在外面的诱惑是很多的！”赵礼敏的眉眼间满是自豪。

除了人性化的生活关怀和优待的技术人才政策之外，杭叉凝聚人心的另一个秘诀，就是股权激励机制——而这又勾起一个延续了十几年的故事。

2016年，经历过股份制改革的杭叉在上海证券交易所挂牌上市。对于这家已是花甲之年的老企业来说，登上资本市场大船的历程并非一帆风顺。早在2003年，杭叉就提出了上市计划。但在准备上市材料的过程中，国内市场政策变了，股东不超过200名的公司才能提交上市申请，而体量庞大的杭叉有众多员工股东，还有不少人已经退休，不愿轻易转让手里会增值的股份。

不从员工手里收回股份，就不能上市，怎么办呢？杭叉想到由政府出面，收购分散的公司股份。经过资产评估，杭叉当时的股份收购价值17个亿，对于政府来说是一笔难以承担的开支，无奈之下，杭叉的上市之旅暂停。2011年，巨星控股集团出资17亿，解决了杭叉的燃眉之急。“当时，巨星买下股份的钱，有一半是从银行贷款的，这么大手笔的收购，全凭他们对杭叉发展的信任，他们认为杭叉的发展很健康。”赵礼敏说。

从源头注入的资本活水，使杭叉迈上了一个新起点。上市后，杭叉大力推广股权激励机制，下属70多个子公司全都持有相应的股份，包括企业的管理干部、技术人员、销售人员、资深技工等等。干部、员工持有股份，真正感受到自己是企业的主人，也认识到自己和企业是风雨同舟的"命运共同体"，生产和经营的积极性自然就被激发，杭叉也就拥有了不竭的发展动力。

目前，杭叉已经成为我国规模最大、产业链最完整、综合实力和经济效益最好的工业叉车研发、制造与出口基地之一，与安徽叉车集团共立于国内行业顶峰。据美国《现代物料搬运杂志》调查数据，2017年杭叉集团位居全球叉车制造企业第八名。2018年，杭叉的叉车销量超12万台，超额完成董事会制订的年度工作目标，营业收入达到了84.43亿元，在市场竞争激烈、摩擦不断的贸易中实属不易。

"改革、创新、发展"，杭叉一路走来经历的风雨不少，一次次危机让它始终认定"后有追兵"。他们必须用更实用、更先进的产品展示杭叉的品牌尊严，实现"做世界上最强叉车企业"的愿景。

执笔人/徐雨萍

14. 今飞控股:智能制造　今非昔比

今飞控股集团有限公司始建于1959年。60年来,几经易名、几经迁址、几度崛起,今飞人在市场经济大潮中冲浪搏击,建立了一个又一个丰碑,尤其是1998年改制使今飞营销额每年以高于15%的增长率增长。目前,今飞产品在国内的排名分别为汽车轮毂第三、摩托车轮毂行业第二、电动车轮毂行业第一。

今飞集团总部坐落于被誉为"水通南国三千里,气压江城十四州"的国家历史文化名城——金华。今飞控股集团有限公司下设25个子公司和1个分支机构,旗下有轮毂板块的浙江今飞凯达轮毂股份有限公司,拥有现代化的全自动生产线,于2017年4月在深交所成功上市。2018年营业收入28.7亿元。同时,培育了具有研发、制造、维护、服务一体化功能的创新团队,已申请国家专利561项,获得授权专利501项,其中,发明专利36项,是全国轮毂行业名副其实的排头兵。

以市场为导向安排战略布局

“近些年来，中国在汽车领域的制造能力提高很快，在全球汽车轮毂市场中，中国制造占60%以上份额。吉利、长安、奇瑞等自主品牌中也有我们‘今飞’的身影。”今飞的掌门人葛炳灶说，“今飞人”的目标不只是盈利，更是为民族工业崛起贡献力量，因此着重在技术创新、质量品牌、成本效益、物联网四个方面进行发展。

在今飞，上至董事长、下至新员工全部会唱一首《飞翔之歌》，这是今飞人自己的歌。歌词中写道：“我们都有一个梦想，一个飞翔的梦想；飞翔使我们胸怀广阔、飞翔使我们蒸蒸日上。”在中美贸易摩擦不断的严峻形势面前，工业经济发展面临严峻的挑战。虽然土地、劳动力、环保、资金及各项社会资源等要素供应趋紧，成本节节攀升，但是今飞对实现自己的“飞翔”之梦有着自己的谋划。

在不断提高企业自身技术实力的同时，葛炳灶在战略布局上做出了相应的调整——围绕资源和市场建工厂：在云南、宁夏、贵州等铝材资源、电力资源、劳动力资源较为丰富的地区建厂，降低了生产成本；在泰国、印度等国家建设工厂，则是看中美国、欧洲、俄罗斯等消费市场对泰国相关行业零关税的优势，以及印度汽车市场的巨大潜力。

目前，今飞已经构建起了以市场为导向的国际国内战略布局。“根据资源建设工厂，贴近市场布局产销”，立足金华，布点全国，走向世界。

在贵州贵阳铝厂边上，公司投资的年产120万件汽车轮毂生产基地已投产近10年。生产轮毂，需要将铝锭熔化成铝液，浇铸成轮毂初坯，然后进行精加工，整个过程要消耗大量的原煤和电力，最有效的节能办法就是将生产厂房建在原料基地，直接使用铝厂的热铝液浇铸轮毂初坯，这样可以省去两道工序。于是，就有了“热铝液—轮毂初坯”的行业首创模式，一吨铝液就能节省700～800元成本。仅此一项，每年可以为公司节省3000多万元的成本。

在贵州的实践获得成功后，葛炳灶迅速在云南富源、宁夏中宁先后建立了生产基地。云南富源更是创造了“富源今飞速度”和“富源今飞经验”——当年开工、当年建成、当年投产，取得了骄人业绩。

因为有着重在创新的企业文化，今飞集团每年都组织骨干前往美国、日本、德国等国家参加车展，了解市场的第一手信息，掌握市场最新动态，从而有的放矢地开发新产品。在今飞，每个月都有二三十款新产品出样，这样的更迭速度对于传统轮毂行业来说，无疑是一种突破。

葛炳灶透露，随着汽车保有量激增，未来的市场私人定制的空间是巨大的。这对轮毂行业来说是个新的市场增长点。今飞已经瞄准了私人定制的轮毂产业链，更酷更炫的轮毂将从车间到达用户手中。

今飞凯达生产的铝合金车轮产品覆盖了汽车、摩托车、电动车等类型，产品档次从中低端到高端一应俱全，可以满足客户的各种不同需求。此外，今飞将考虑在“一带一路”沿线国家、其他欧美国家建立生产工厂或销售公司，以达到为更多顶级汽车品牌做配套的目的。

创新推动智能制造不断升级

葛炳灶认为:企业转型升级,必须从企业自身的特点出发:今飞一方面通过技术创新,全面提升生产、工艺、运营、装备数字化等水平,从而提高劳动生产率和产品质量;另一方面,通过培训改造提升全体员工的思想、观念、行为习惯。正是因为如此,才提升了整个企业的综合能力。

目前,今飞形成了以铝轮毂和汽车铝合金构件为双轮驱动,以轻合金材料与智能装备为多元支撑的产业格局。每年保证有足够的资金来进行技术改造,朝着"今飞智造"方向前进,智能化水平不断提高,实现生产全过程的透明化与数据化管理,并持续改进,不断完善。

除了资金保障,今飞注重打造研发平台:不仅有博士后、院士工作站,还有汽摩配技术研究院、国家级企业技术中心和国家认可的实验室。2018年今飞又和浙江工业大学合作在金华建立今飞-工大技术研究院,和浙江大学合作建立了智能制造研究院,有力促进了整个集团技术创新能力的提升。

经过长期积累,今飞具备了对铝轮毂生产线进行数字化控制的设计能力,并且掌握了工业机器人的相关制造技术,同时,实现了对关键零部件技术的成功开发。几年来,自己研发生产的工业机器人已有100台以上。将信息化和自动化"两化融合",牢牢对接企业智能制造平台,这使今飞成为行业内特色鲜明的智能制造翘楚。

今飞集团旗下的今跃科技,自主研发制造的轮毂生产流水线,对标欧美产品性价比优势明显，已经将生产线出口到印度、埃及等国家。2018年10月，公司在市开发区投资7.4亿元，建设具有国际领先水平的年产300万件新能源汽车铝合金轮毂的智能制造项目。该项目投产后，预计可增加营收额10亿元，利税1.36亿元。

今飞集团的生产工厂布局全球后，如何对各区域工厂进行生产协调和运营监管就成为一个新的课题。今飞凯达顺应了企业转型升级的要求，建立了生产运营监管中心。这个监管中心利用物联网、北斗定位、云平台、信息整合技术，实时采集生产、工艺、设备、质量信息，通过云平台视频监控中心，技术人员可以根据要求实时调看异地甚至异国生产基地的画面，可以通过平台大数据实时了解生产动态。

在今飞，每一项战略，无不以"创"字为先，以"实"字托底。尤为可贵的是，面对中国经济新常态，葛炳灶信念如钢，意志如铁，带领着今飞人向着2025年实现营销150亿元的目标行进。在顶层设计上，今飞仍然是做优做强实体经济，即通过转型升级战略，助推企业发展。以金华总部经济为抓手，着力形成"现场管理精益化、运营管理数字化、经营决策科学化"的"三化合一"智能制造系统。各区域的子公司，重点做好市场的精准对接和资源整合，实现效益最大化，力争到规划期末，实现"再造一个今飞"的目标。

为行业发展集聚一批优秀人才

对于中国跻身制造业强国的实现路径，葛炳灶认为，必须培养一批热爱制造、投身制造的优秀人才，把工匠精神、中国工业精神的基因融入血脉，着力打造中国实体经济航母。今飞始终认为人才是企业的核心竞争力。今飞的大门始终向人才敞开。今飞连续8年每年招收不少于100名本科以上应届生和与行业相关的社会精英。

“过程里挑人才”是今飞独创的又一人才培养模式。在今飞，人才是干出来的。他们在各自的岗位上实现个人价值，为企业创造价值，推动企业发展。在这个动态过程中，重点考察员工的岗位职责实现度、专业技术水平、学习能力、创新能力，以及是否具有认真负责的精神。

2019年7月，今飞控股集团有限公司的500余名车间领班被一项名为管理“细胞蛋”的创新项目所激励。他们除了日常工作外，还配合公司人力资源部门把自己多年的管理经验转化为“车间CEO”考核体系。不久，他们的职务也由原来的车间领班升级为“车间CEO”，对车间的管理完全负责，也享受管理效益。车间成本消耗降低、生产效益提升等每个细节的进步都与“车间CEO”的薪酬直接挂钩。

在今飞，职工中的技术人员、研发人员是备受尊重的。今飞的高管，大多数都是从一线员工中脱颖而出，走上管理、领导岗位的。政策、福利向一线职工倾斜，是今飞30多年来的传统，目的就是鼓励员工扎根基层，培养他们吃苦耐劳的品质，并推动他们从中获得过硬的本领，为精密制造做贡献。

集团董事长葛炳灶就是从基层做起的，从普通工人、车间副主任、车间主任一路走到了副厂长、厂长的位置上。有了十几年的一线实践和积累，葛炳灶深知，做制造业必须依靠技术，必须吸引全国乃至全球优秀专业人才形成集聚效应，必须招聘国内顶尖、国际一流的智能制造专家进行指导。

“2018年7月18日，今飞商学院成立。我们要为制造业培养一批年轻的骨干人才，这是今飞商学院成立的初衷。”今飞商学院院长、集团公司董事长兼总裁葛炳灶坦言。企业要发展，人才最关键。今飞的骨干通过在今飞商学院的培训学习，提升解决问题的能力。近一年来，今飞集团厂长以上的干部都要利用周末时间（非工作时间）参加今飞商学院的培训课程。

坚韧性、意志力和合作精神是人才素质的重要内涵。“不管是逆境还是顺境，咬定既定目标，坚持不懈的奋斗是非常关键的，公司是几代今飞人依靠艰苦奋斗的精神苦干出来的。”60年间，公司的技术问题、资金问题、产品销售问题等都在今飞人的共同努力下一一解决。对于难题的解决，葛炳灶颇有心得：“我认为困难肯定在不同阶段都有，市场、技术、资金等在不同时期都会出现困难。今飞有一句口号是‘办法总比困难多’，只要企业基本面仍然良好，只要大家齐心协力去分析、争取，困难都能解决。关键在于我们自己的目标是否一致，精神状态是否良好，行动是否果敢。只要战略选择没有错误，战术层面的问题都可以通过努力得到解决。”

从改制前年亏损超过500万的国企，到改制次年就扭亏为盈，弹指20年，葛炳灶显得从容而淡定。作为公司的精神领袖，葛炳灶带领企业由弱到强，由小到大。而今，在国内轮毂行业排行榜上，“今飞”品牌名列前茅。

葛炳灶说："我们的战略目标就是要加快实现今飞的'飞翔之梦'，让实体经济获利更可靠，让社会发展的根基更稳固。"

纵观今飞60多年的发展历程，其成功之道在于：不忘初心，不懈奋斗；高扬实业报国，兴企富民的理想信念；始终以发展实体经济，振兴民族品牌为己任。这种情怀与追求，这份坚定与执着，也是经济新常态下实现企业振兴的强大精神动力。

执笔人/王偲华

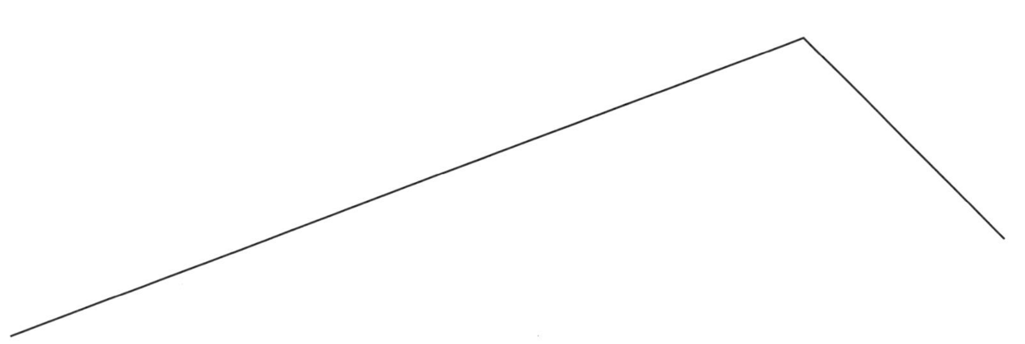

第三章

时尚文化：创意美化生活

1. 万事利:编织中国文化的世界价值

万事利集团有限公司的前身,是成立于1975年的“杭州笕桥绸厂”。经40余年的发展,在两代领导人的努力下,万事利已经成为一家以丝绸纺织、文化创意为主业,以生物科技、资产经营、金融管理等多产业为辅的现代企业集团,下辖30多家全资、参股公司,为中国民营500强企业。目前,万事利正朝着“中国的世界级丝绸品牌”的目标迈进,共获发明专利35项,新型实用专利17项,外观设计专利70项,参与制定行业技术标准30项。

万事利作为国家级盛会礼宾服务重要保障单位,其丝绸文化产品成功服务了包括上海世博会、北京奥运会、广州亚运会、北京APEC峰会,以及近年来的G20杭州峰会、“一带一路”国际合作高峰论坛、厦门金砖国家领导人会晤等在内的一系列重量级主场外交活动。万事利丝绸用极致的文化创意与匠心工艺彰显了中国风范,让中国丝绸站到了世界舞台中央。

企业在曲折中顽强成长

1975年，万事利的创始人沈爱琴女士带领22位农民，利用国营绸厂淘汰的10台铁木织机和剩余的下脚料，创立了杭州笕桥绸厂。在随即到来的改革开放的大浪潮中，不起眼的笕桥绸厂从最初的单一织造坯布的作坊，逐步发展为涵盖“染色织造印花砂洗服装”的综合性丝绸面料生产和服装加工企业。

20世纪90年代初期的万事利和国内大多数丝绸制造企业一样，主要业务为向国外出口丝绸面料。北美、东南亚地区电力纺衬衫风靡，丝绸进口需求量极大，国内丝绸企业的织机常24小时不停歇运转，行业一片欣欣向荣。然而，当时处在时代风口的绸厂并没有因此懈怠，而是继续朝着做大做强的目标前行。1992年，笕桥绸厂斥资2亿元从日本引进最先进的喷水织机，并从意大利等国引进最高水平的印花、染印设备。企业逐步成为当时国内唯一、国际领先的丝绸后处理企业，并逐渐确立了中国丝绸行业龙头企业的地位。1995年，企业更名为万事利集团有限公司。

然而，由于相较于棉布料及其他纤维材料的价格劣势和不易打理的性质，丝绸在日常服饰市场中的份额不断减少，丝绸的服装面料属性已很难使企业在价值链中获得更大的价值。

到了20世纪90年代末，东南亚金融危机爆发，依赖出口的国内丝绸行业遭受了严重的打击。过剩的产能使得国家严控轻纺工业，甚至出现举国上下“减锭”“砸锭”的现象。在严峻形势下，大批实力雄厚的国有丝绸企业纷纷倒闭。

在这艰难的环境中，尽管作为国内丝绸行业龙头企业的万事利没有倒下，但是，曾一同辉煌过的同行的相继歇业使万事利不得不重新思考企业未来的发展道路。

国家兴盛为经典产业带来新生机

21世纪初，伴随着经济的快速增长，万事利看到了丝绸文化属性的巨大价值。当时的中国，以其焕发的生机和大国的姿态，在国际舞台上频繁亮相，民族自信心日益增强。2001年，申奥成功、加入WTO等事件让世界再一次认识到东方古国的魅力。同年，上海举办了亚太经济合作组织（APEC）领导人非正式会议。万事利有幸受命为与会领导人的全套唐装提供丝绸面料，同时还负责制作了礼品“丝绸唐装内衣”。

在这样的情形下，从母亲手上接过万事利集团掌门一职的屠红燕意识到：丝绸不仅是满足服用需求的服装面料，也是中国文化的载体。中国作为丝绸的发源地，从远古的桑蚕到现如今的丝巾、丝绸衣物等，中国的丝绸已有5000多年的历史。在历史长河中，中国丝绸不仅淬炼出了精湛的织造技艺，还蕴含着丰富的艺术审美、礼仪制度、风土民俗内涵。同时，丝绸自古便是中国向世界展示实力和魅力的重要载体，始于西汉的丝绸之路便是重要的见证。

然而在20世纪，包括万事利在内的国内丝绸企业仅仅将丝绸方巾、服装等制品作为普通的消费品出售,而丝绸中蕴含的传统文化底蕴和文化传播价值被忽视。国内的丝绸厂商还基本停留在外贸贴牌加工的阶段,抗风险和议价能力十分弱,且所获利润仅占整个产业链利润的10%。而卓有远见的屠红燕认识到,丝绸背后蕴含着的优秀的传统文化具有更大的价值。于是,在她的带领下,万事利开启了从"丝绸产品制造"到"丝绸文化创造"的转型之路。

作为有着45年创新创业史的杭州老牌民营企业,万事利集团始终踏着改革的节拍,心无旁骛,一心一意"聚焦实业,做精主业",通过持续地变革创新,连年在业绩创造、利税贡献、社会责任担当等各方面实现稳步提升。

如今,万事利已成功从丝绸中拓展出丝绸文化产品、高端丝绸装饰品及丝绸艺术品三大核心业务,成为一家以丝绸文化创意为主业的现代化企业集团。在产品展厅展出的"杭州刺绣"便是凝聚万事利匠心与创造力的经典作品——《柳浪闻莺》。该作以著名国画新流派艺术家陈家泠老师的"西湖十景"系列为蓝本,水墨风格独具美感的同时,因其多为写意、线条不明,而与传统刺绣存在极大差别,拥有几十年绣龄的资深绣娘也是首次尝试此类风格,绣制难度可想而知。《柳浪闻莺》巨幅刺绣大作的"新",不仅体现在对绣制内容的选择及绣法的革新上,更蕴藏在智能新技术的展示中——为了让原作中随风舞动的柳枝各显其态、柳条层次分明,万事利在该幅作品中史无前例地运用了自主研发的智能印花核心技术,高精度还原了画作中的各个细节,且色彩自然、层次丰富,完美再现了画作"灵动清雅"的深远意境。万事利让历史经典产业蕴含了更多的文化内涵、科技成果等现代元素。

文化创意和技术研发是价值源泉

作为集团的重要板块，杭州万事利丝绸文化股份有限公司秉承“让世界爱上中国丝绸”的企业使命，着力挖掘、传承中国丝绸文化，跳出丝绸做丝绸，实现了丝绸从“面料”到“材料”再到“载体”的华丽转身，走出了一条“传统丝绸＋移动互联＋文化创意＋高科技＝丝绸经典产业”的转型升级“新丝路”。依靠创新赢得主动、赢得优势、赢得市场、赢得未来，加快推动企业走上高质量发展轨道。

万事利创意开发了可充电丝绸笔记本、融入AR技术“会自己讲故事”的时尚丝巾、引用全球首创小分子蚕丝蛋白提取技术生产的蚕丝面膜等创新产品，运用大数据、云计算等智能化手段自主研发了具有世界领先水平的核心“IART”技术，并凭借该项技术赢得与包括全球最大奢侈品集团LVMH在内的诸多国际顶级品牌同台竞技的机会。

万事利在中国丝绸技术上还有怎样的创新和升级呢？央视财经频道《消费主张》栏目走进了万事利丝绸展厅，向全国观众展示了领先全球的丝绸新技术。

早年出土于湖南长沙马王堆汉墓里的素纱禅衣，因净重仅49克而闻名于世，它也是目前全世界公认最薄的衣服。然而，万事利丝绸研发团队用了三年多的时间反复研究，终于在2018年9月有了突破。一件由万事利丝绸仿制成功的素纱禅衣，厚度仅为0.07毫米，每平方米的重量约为12.93克，单层面料的透光率达到了78%。而长沙马王堆出土的原件每平方米的重量是15.4克，单层透光率为75%，也就是说这件仿品比出土原件更薄更透。

好的印花工艺，对一条高品质的丝巾来说是一个重要的标准。几千年来，国内外的丝巾一直沿用着类似于活字印刷的技术，即便是一线奢侈品牌，也无法完全实现真正意义上的双面印花。

丝绸特有的弹性是双面印刷技术最难攻克的问题，李建华和他的团队，经过10年的反复探索实践，终于攻克了这一难题。他们研发的双面数码印花工艺，克服了丝绸面料的弹性和渗透问题，成功填补了国内双面数码喷印领域的技术空白。

万事利丝绸文化股份有限公司董事长介绍："现在我们通过大数据，还可以进行更深的延伸。比如这条丝巾，这面是粉色的，还有小鹿，但这边，颜色和花又全部变掉了。不仅可以做到两面一样，我们的一块丝巾，两面花可以是一样的，但是颜色是不一样的。这块丝巾也代表了当今印花的最高水平、最高技术。"

谋求国际合作占领世界市场

在打造"中国的世界级丝绸品牌"的道路上，积极谋求与国际高端品牌的合作是万事利发展的另一路径。

"要让我们的品牌真正做强，就要与国际接轨，引进先进的技术和管理，我们不能闭门造车，而是要看看世界需要什么，消费者喜欢什么。企业只有具备了国际化视野，再融入中国传统文化、世界一流设计、高端制造品质等元素，才能做出与众不同的产品，这才是属于中国的走出去的世界品牌。”屠红燕这样表述。

2013年，万事利聘请了国际奢侈品品牌爱马仕集团核心管理层成员、爱马仕丝绸控股集团CEO Patrick Bonnefond（巴黎特），担任万事利丝绸文化股份有限公司CEO，全面负责万事利集团丝绸板块的人才培养、品牌构架及丝绸品牌国际化发展战略的研究与实施。同年年底，万事利又与有着120多年历史的法国知名丝绸企业MARC ROZIER形成战略合作，实现民族品牌法国制造。2018年，万事利与全球最大奢侈品集团LVMH签署合作协议，宣布双方将重点围绕丝绸领域，开展品牌、渠道、技术、人才等多方面的深度合作。特别值得一提的是，在合作协议中，万事利将向LVMH独家输出具有国际领先水准的“IART技术”。该技术是万事利历经多年、自主研发的丝绸印花技术。通过大数据、云计算等智能化手段，IART技术高效解决了业界普遍存在的色彩正反面透色不均匀问题，有效克服了手绘等复杂图案无法精细呈现在面料上的技术难关。根据协议约定，LVMH集团旗下各大品牌凡是使用了万事利自主研发的IART技术的产品，标牌上必须加上万事利的“IART技术制作”相关字样。如此一来，万事利品牌以世界的包装、世界的走向，随着顶级奢侈品走向国际市场。

要将蕴含传统文化的丝绸推向世界，首先要打开通向世界的大门。在得知中国获得2008年奥运会的主办权后，屠红燕敏锐地察觉到这是万事利发展的极好机会，要紧紧抓住。她开始积极寻找丝绸与奥运的契合点,将丝绸与北京奥运的"科技奥运、人文奥运、绿色奥运"的理念紧紧相扣。机遇和实力让万事利获批了北京奥运会特许经营商的资格。公司的礼品事业部为奥运会设计了丝绸奖牌手袋、丝绸奖牌托盘垫,并制作了青花瓷系列和粉红系列的颁奖礼服。通过奥运这一舞台,万事利成功让中国传统丝绸在世界面前大放异彩,也让世界看到了万事利这一中国丝绸品牌。

奥运会上的惊艳表现打开了万事利的营销之路:2010年,作为上海世博会的特许生产商,万事利提供的融金石文化、中国书法和丝绸文化于一体的纪念品被赠予195位国家元首;广州亚运会上,被称为"万事彩"的彩巾和腕带出现在了每个志愿者身上;2014年,在北京APEC会议上,万事利制作了与会领导人身着的丝绸唐装;2016年,在杭州举办的G20会议中,从巨幅丝绸壁画到席签、菜单、节目单,万事利将丝绸元素的产品融入了会场的角角落落。

执笔人/余　璐

2. 横店影视：20载打造“中国影视梦工厂”

“抬头望见八面山，薄粥三餐度饥荒，有女不嫁横店郎……”这是40多年前东阳横店的真实写照。如今的横店：气势恢宏的秦王宫，宛若穿越千年诉说大秦时代的强大与辉煌；集中西文化于一体的圆明新园，向世人展示清代建筑的大气与豪华；富有生活气息的广州街，充分体现了羊城的地方特色和习俗……这一系列的逆袭变化，都离不开横店影视产业的强力推动。

从40多年前人均年收入仅75元到现在的近7万元，从大手笔造景到全产业链布局，从偏僻贫瘠的小山村到规模巨大的影视实景拍摄基地，横店影视的发展轨迹，也是一部中国光影文化变迁史。现在，横店已成为全球规模最大的影视实景拍摄基地，中国首个“国家级影视产业实验区”，被美国《好莱坞报道者》杂志称为“东方好莱坞”。“横店影视”于2017年成功上市，2018年营业收入27.24亿元，利润3.21亿元。横店影视产业实验区还吸引了1800余家影视企业和艺人工作室，2018年实现营收268亿元。

影视文化是国家软实力的重要体现，伴随着“文化立国”的号角吹响，横店作为中国影视文化产业发展的见证人和探路者，正着力布局影视文化生态，集聚更多高端人才，致力于打造“全球最强的影视产业基地”，让悠久灿烂的中华文化通过光影走向世界。

大手笔造景：农民加入影视服务业

如今的横店，无论是晴空万里，还是大雨滂沱，甚或白雪皑皑，每天都有数十个剧组穿梭于此，将黑白文字变幻成斑斓光影，呈现给千家万户。

一个原本既无交通之便，又无山水之胜的小山村缘何成为中国最大的影视片场？窥探其发展密码，无法绕开横店集团这一行动主体。

横店集团依靠农村工业化起家，早在1998年8月横店集团二次创业研讨会上，创始人徐文荣便谋定：“将来横店的富，不是富在工业，而是富在第三产业。”

彼时，我国电视剧正迈入市场化探索之路，实景拍摄基地还是一片处女地。横店等来了自己的东风——1996年，谢晋导演来此为电影《鸦片战争》寻找外景，敏锐的徐文荣立马承诺：3个月保证建好。

120支工程队同时开工，数千人日夜奋战，建筑面积6万多平方米的“19世纪南粤广州街”拍摄基地如约建成。随着电影的全国公映，横店拍摄基地一举成名。

好风凭借力，横店由此拉开了发展影视产业的序幕，陆续建成了秦王宫、明清宫苑、华夏文化园等30多个大型影视实景拍摄基地。2000年，横店影视城宣布将其免费提供给剧组使用，国内各地剧组闻讯而来。

截至2018年底，横店已累计接待影视剧组2525个，中国超过三分之二的古装剧在此诞生。

影视文化产业的繁荣为横店发展注入了动力。据老“横漂”回忆，20多年前初来横店时，交通极为不便，“从杭州坐大巴过来要五六个小时。那时横店镇只有一条街，其他都是村子”。

改变就发生在20余年间。随着横店影视城的发展，休闲旅游、住宿餐饮等一系列服务也应运而生，极大地带动了地方经济发展。2017年，横店人均年收入达6.5万元。

坐落于春秋唐城影视基地周边的横祥村村委会主任何建强告诉笔者，村民们或当群众演员，或给剧组打杂，或搞餐饮业，或出租房屋，人人都成了影视产业的就业者和受益者。

延伸产业链：完整打造影视制作流水线

荧幕上，横店穿越古今的场景给观众留下了直观感受。然而，荧幕背后——横店影视的全产业链却鲜为人知。

“从设备到道具、服装、演员，只要你能想到的，在横店都能得到满足。”在横店从事微电影拍摄的导演张金泉回忆道。曾有投资者临时更改主题，“一夜之间，我们就写好了剧本，找齐了几十号群演，搭好了外景，第二天一早直接开拍，这在别的地方是很难想象的。这就是横店的魅力”。

在数十年的发展历程中，横店集团就像一只无形之手，调配着各类资源服务影视产业发展，如：针对群众演员这一特殊群体，创建演员工会，至今已注册“横漂”演员7.8万人；创办横店影视学院，为影视产业输送人才。

如果说横店的免费开放政策使得影视产业成本大幅缩减，那么，浙江横店影视产业实验区获批成立，则加速了中国影视制作业的发展进程。

2002年，在国家“大力发展文化事业和文化产业”的战略部署下，影视企业蓬勃生长，但数量多、规模小、竞争力不强等缺陷也随之凸显。为推动影视产业走向集聚，释放规模效应，2004年，浙江横店影视产业实验区获批成立，这是中国首个国家级影视产业实验区。“我们的初衷是希望让有情怀的影视人有个聚集地，共同创作出优质的影视作品。”横店集团副总裁、横店影视股份有限公司董事长徐天福回忆道。

为吸引影视“凤凰”入驻，横店倾力栽好“梧桐树”，通过设立“文化产业发展专项基金”，构建包括电影审查中心、电视剧审查工作站、横店影视产权交易中心等在内的产业配套服务体系，吸引了越来越多的“金凤凰”安家落户。

红点影视正是其中之一。“现在观众对特效的要求越来越高”，负责人丁善军坦言。过去横店在创作和后期制作高价值环节相对薄弱，剧组拍好片子要送到“北上广”做后期，而现在他们就能提供一站式后期制作服务。据了解，红点影视拥有国内首条高科技4K-3D影视生产线，其中“后期前置”、AI换脸等技术备受剧组欢迎。“这里有最懂影视的管理者，我们专心制作就好，省心又省力。”丁善军说道。

目前，浙江横店影视产业实验区已吸引了1800多家影视企业和艺人工作室入驻，形成了集创作、拍摄、制作、发行、交易和衍生品开发为一体的影视文化全产业链。入区企业出品的《琅琊榜》《甄嬛传》《西游记之大圣归来》等一系列优质影视作品成功走出国门，向世界展示了中国文化的魅力。

聚高端人才：镇办大学“链”上影视城

经过十多年的高速发展，中国影视产业增长的驱动力正由外力改为内力。在品质竞争时代，横店当下更多是在谋划如何攀登产业高峰，实现由“全球最大”到“全球最强”影视产业基地的跨越。

由大到强，一字之差，实际却是极为艰难的飞跃。“质”的提升离不开人才的支撑。随着影视产业的纵深发展，高端人才的缺乏已成为制约行业发展的瓶颈。

2006年，横店集团出资筹建浙江横店影视职业学院，定位于培养影视产业急缺的专业人才，镇里办起了高校，这在当年轰动一时。一边是影视产业蓬勃发展，一边是人才供需两旺，校城联袂上演了产教融合的“一出好戏”。

“创办学校的初心，就是为影视产业服务。我们和影视城都隶属于横店集团，可谓是一个娘生的‘双胞胎’。”横店集团总裁助理、学院董事长韦国清说。学校成立之初，只有表演、摄影摄像、编导等5个专业。随着横店影视产业链不断健全，学校专业建设也驶上了快车道。如今，学校24个专业中有20个面向影视产业。2018年，学校各院系完成了一次战略调整，以对接影视产业为唯一标准，重新组建了影视表演、影视美术、影视制作、影视旅游、影视经济5个二级学院。

杨伟策，浙江红点影视制作有限公司技术总监、浙江横店影视职业学院影视制作学院院长助理。一人身兼二职，既呼应了产教融合的主题，也暗合了学校育人的一条主线——培养实用型的“电影人”。为了给每个学生实践的机会，影视制作学院成立了影视制作中心，配备4名教师，专门承接市场项目。无独有偶，影视表演学院也成立了演艺事业中心，帮学生去剧组物色各种临时角色。

除了高校科班之外，每年还有大批来自五湖四海，怀揣着对演艺事业无限憧憬的“横漂”到来，学校每月都会开设培训班，一年可培养约500名“横漂”。学校还承办了由政府主办的“横漂才艺”大赛，胜出者可免费享受3年全日制教育。“我们希望借此提高‘横漂’的职业素养，提升影视城的片子质量。”韦国清说。

当前，横店正以横店影视文化产业集聚区的获批为契机，谋划建设导演村、编剧村、制片人村，大力助推杭温高铁项目建设，加速推进机场、高科技摄影棚群等项目建设，为集聚高端人才资源培植生态环境。

横店因“横店”而兴，“横店”为横店而谋。生于斯、长于斯的横店集团，从未忘记自己的社会责任，把改善当地民生作为自觉追求。从20

世纪80年代中期开始，横店集团便开始协助政府加大在城市功能设施方面的投入，大力发展教育、医疗、商业、餐饮和宾馆等行业。

1985—2018年，横店集团在城市建设方面累计投入100多亿元，涉及公路、桥梁、路灯、污水处理厂、自来水公司、学校、机场等方方面面，打造出了一个乡村振兴的鲜活"横店模式"。

诚然，在时代发展大潮中，敢想敢闯敢干的横店与时代同频共振，激荡出了别样的涟漪。对于横店来说，创新无止境，未来更美好。

执笔人/邵燕飞　奚金燕

3. 奥康：创新“智造”中国品牌

引进自动扫描裁断机，运用智能化生产流水线，全力打造智慧工厂，推出“C2M”高端定制战略……温州奥康，成为国内首家进入高端定制行列的鞋企。

随着“互联网＋”“中国制造2025”“一带一路”等国家重大战略或倡议的相继提出，国内一大批民营企业开始在各自的领域摩拳擦掌，意欲把握新一轮科技革命和产业变革趋势，实现传统制造业的转型升级。

在此背景下，中国领先鞋业品牌——奥康，近年来借力科技发展的春风，提出“智造成就梦想”的战略口号，以期实现“要素驱动＋创新驱动”，并打出“C2M”、智慧物流等多套组合拳，率先开启“奥康工业4.0”转型升级之路，迎接新零售时代到来。

2019年4月26日，奥康与运动鞋品牌斯凯奇在浙江金华联合推出了一家占地约2200平方米的超级大店。作为斯凯奇的战略合作伙伴，奥康负责“超级大店”的运营，并计划在全国其他城市开设同类店铺。也是在这一天，奥康国际公布了2018年年报，以30.43亿元营收在服装纺织A股企业中名列前茅。

智源于德：优质奥康催生连锁店

奥康集团有限公司董事长王振滔出生于浙江永嘉，幼时家境贫寒。为了减轻家庭负担，成绩优异的他选择辍学打工，做了三年木匠。他发现一些做推销的温州老乡收入比自己高很多，于是，改行做起了利润较高的皮鞋推销工作。

当时，温州鞋只能作为“地摊货”。王振滔不想局限于此，他率先尝试承租国营商场柜台，自产自销。同时，为了打开销路，他细心记录每一个顾客的需求，并找厂商要相应的款式。结果，他一个月的销售额比商场其余10个柜台的总和还多。

1987年，由于部分企业信用缺失，假冒伪劣产品盛行一时。一场围剿“温州鞋”的风暴席卷全国，许多鞋厂改旗易帜，转用其他地方的牌子。王振滔深受触动，决心重塑温州鞋的形象，希望用品质打动客户。1988年，他筹齐3万元作为初始资金，怀抱“产品体现人品、人品决定产品”的理念，创办“永嘉奥林皮鞋厂”。

有一次，员工误将一双要返修的皮鞋装箱入库。王振滔得知后，立刻下令拆包逐双检查。后来发现这双鞋已经发往湖北商场，他马上发电报让人追回。直到亲眼看到这双鞋，他才放心。

对质量的严格把控，让皮鞋厂的业绩稳步上升。到了1992年，皮鞋厂的年产值达到1280万元。

1995年，王振滔组建温州奥康集团有限公司。

如何才能快速向全国扩展呢？王振滔思考过后，创新性地推出连锁店模式。

1998年1月，王振滔在永嘉县开出国内第一家皮鞋自营专卖店，引起行业内震动。随后，他开始大规模地建立特许连锁加盟店，以“四个统一”策略，即统一产品、统一服务、统一形象、统一管理，迅速克隆出一家又一家的连锁店，将销售终端伸向全国各地。

同时，他还在实践中逐步形成独具特色的“四化”经营模式：首先，形象标准化，所有专卖店都要统一店貌、装潢和品种，突出品牌特色；其次，经营一体化，实行配货、送货、批发、零售一条龙服务；再次，管理规范化，各专卖店都建立了人事、培训、财务、统计等方面的制度和经营计划；最后，服务超值化，努力做好售前、售中、售后服务工作。

此外，王振滔也建立了完善的售后服务体系。对于购买奥康皮鞋的顾客，专卖店会发放产品信誉卡，实行质量“三包”，对在限期内出现的问题，根据实际情况包修、包换或包退。

2003年，奥康皮鞋已在全国成功开设2000多家专卖店。奥康皮鞋成为闻名全国的皮鞋品牌。

智助创新：一键定制服务客户

2019年3月27日，奥康全球招商大会在温州举行。“5秒完成脚型扫描，20秒自动生成数据，1分钟完成一键定制，10分钟内计划派单，7

天完成产品生产，1～2周产品交付客户。”奥康首创的C2M特许专卖店模式再次在业内引发了关注，其精准高效的大数据传输系统更是掀起了一阵研究奥康模式的热潮。

消费者通过脚型设备，在测量出的30多个脚型数据中，从系统自动推送的最佳鞋款中挑选下单，脚型数据及订单会传输到大数据平台，工厂会为消费者建楦建版，生产定制鞋款。消费者甚至还能通过手机移动端跟踪订单和产品生产的全过程。

这种“反订购”的商业模式完全颠覆了传统模式里先生产再出售的流程，为奥康带来更大的商业价值。

“通过搭建大数据云平台，能够更好地对消费者的个性化需求进行精准、高效的匹配，进而为企业赋能。同时，这种‘反订购’的商业模式能够更好地帮助企业降低库存成本，提高产品性价比。”奥康C2M负责人介绍说。

据悉，2003年伊始，奥康便正式启动了脚型测量仪研发项目，历经十余年的研发建设，攻克数百次的技术难题，于2019年成功构建出奥康C2M数字化商业智能平台，4.0版3D数字化脚型测量仪随之问世。

智在必行：变更传统制造业基因

数控机器人、自动化生产线、个性化在线定制……在数字革命驱动下，奥康正借助数字互联、智能升级，不断加快转型的步伐。

奥康的“智造工厂”——飞织车间自2017年正式投入使用以来，每天24小时不间歇运作，日产鞋面3500～4000双，是传统针织车间150名工人的日产量。

2018年初，奥康又推出了首家智慧门店暨C2M体验馆，运用人脸识别、人群智能识别等技术，进行销售行为分析，整合不同消费群体的消费喜好，通过数据驱动和体验驱动，更加高效、智能地满足用户日益增长的需求。

"对奥康而言，想要抓住转型升级的机遇，创新是必由之路。"王振滔认为，"在大数据驱动下，奥康将会进一步融合数字化消费场景，创造鞋业发展新通道，推动人工智能为传统产业赋能升级"。

随着互联网技术的升级，通过传统商业与人工智能、大数据、云计算等因素的相互联结，实现智能产业链有序、高效的发展，是当下传统制造业转型的重要突破口之一。

智慧物流：匹配"互联网＋"时代

随着科技的进步、渠道的多样化、互联网购物的发展，线上＋线下＋现代物流已成为零售业发展的新趋势。王振滔认识到，顺应时代潮流，奥康就要在线上线下同步发展，而线上电商与线下终端的发展终究离不开现代物流的保障。奥康华东运营中心应运而生。

奥康华东运营中心总投资3.8亿元，耗时4年建成，占地面积达106亩，集办公、运营、仓储、物流、售后服务等多功能于一体，旨在整合线上线下渠道，无缝对接新零售业态。高度智能化、自动化是运营中心的最大特点。物流仓储区依据全自动流水线和进口机器人，从产品进仓卸货到扫单入库、存储、提货、打包、发货全部由机器人完成。并且，日处理电商订单可达5万单，同时还能完成奥康线下门店5000箱的发货任务，“双十一”期间日最大发货能力达30多万双。作为“中国鞋业首家智能运营中心”，奥康华东运营中心主要负责奥康华东地区各区域配送中心和门店快递点商品的配送服务，同时可向全国其他中心仓库调拨商品。从订单生成到商品出库，最短只需要30分钟。自此，其辐射区域内部分消费者可以享受到半日达服务，二级市场则为“次日达”。

未来，奥康还将继续在智慧物流领域发力。

据公司相关负责人介绍，接下来奥康将在全国几大重要区域建立智慧物流中心，从南到北，从东到西，构建起一张覆盖全国的奥康智能物流“大网”，实现订货、生产、配货一条龙，以形成2～3小时销售配货圈，为传统制造业向智能制造转型升级提供服务。

除了打通线上线下系统，奥康还着手通过粉丝运营、布局AOK MART、联手斯凯奇等方式打造全品类鞋业王国，强化供应链几大板块来布局全渠道零售。

“随着电子商务的发展，传统零售也正在迅速地脱胎换骨，我们有必要赋予它一个新名称——‘全渠道零售’。”在以营销起家的奥康国际董事长王振滔看来，全渠道零售意味着零售商将能通过多种渠道与顾客互动，包括网站、实体店、服务终端、直邮和目录、呼叫中心、社交媒体、移动设备、游戏机、电视、网络家电、上门服务等等。“这些渠道相互整合，相互呼应，成为全方位的营销力量，合成‘全渠道’的一体化无缝式现代零售业。”

智造产品：奥康皮鞋妙趣横生

2019年1月1日，公历新年的第一天，奥康在温州五马街举办了一场别开生面的新品发布会，举办止滑超级挑战赛并申请有“中国之最”之称的上海大世界基尼斯纪录，隆重推出奥康2019年科技新品——止滑鞋一代。维密模特王艺也作为活动嘉宾，在现场体验能在油面顺畅行走的神奇鞋子的魔力。

据悉，奥康止滑鞋一代，从鞋面到鞋垫都被科技“武装”：鞋底融合纳米材料的特种橡胶，结合特殊底纹设计，提供稳定支撑的同时，提升与地面摩擦力和排出易滑液体的效能；鞋面采用飞织技术并增添了TPU高温加印，不仅增强帮面纵向抗拉效果且对脚部韧带也起到缓冲作用；鞋垫更是运用了汉麻粉专利，具备高弹缓冲、永不变形、轻便、更耐磨等特性。消费者可轻松应对水渍光滑面、油渍光滑面、污渍光滑面等多种危险场景。

“随着人均购买力的不断增强，国人个性化消费与审美需求也随之提升，人们对于生活品质也更为重视，更愿意为产品的设计买单，希望把‘美’带进生活。如今的奥康不仅是定位于简单的皮革类产品运营商，更立志成为新时代的‘生活美学家’。”王振滔在接受采访时强调：“品牌经营的最高境界就是让消费者对品牌产生依赖感。奥康成立31年来，一直坚持以顾客的需求为产品研发导向，借此找准市场痛点，精准定位消费需求，有效规避市场‘黑天鹅’。”

值得一提的是，奥康止滑鞋的推出，突显了奥康以科技赋予产品新特性，更好为消费者服务的设计理念。而于奥康而言，鞋业科技创新已成为其当下研究的重点：为适应商务人群出行需要，奥康于2017年大胆开发“百变百搭”鞋，通过一条防水拉链既实现鞋底与鞋面的紧密连接，又能将鞋底与鞋面彻底分割成两个独立部分，从而实现了鞋底与鞋面的自由搭配，来适应场景、搭配风格、功能、季节等变化的需求。

此外：为解决皮鞋闷脚的行业难题，奥康开发出呼吸鞋；为防止老人、小孩走失，定位鞋应时而生；随着夜跑的兴起，奥康适时推出发光鞋……而更令人期待的是，2016年底奥康鞋业研究院PLM（产品生命周期管理系统）已全面投入使用，“科技，让鞋子更有生命力”在奥康将得到更有力的诠释。

所有的品牌光芒，都离不开昔日的砥砺成长，更离不开奥康对国家战略的积极响应。未来，作为中国鞋行业代表，奥康表示，将继续为全面贯彻“互联网＋”“中国制造2025”等国家重大战略而不断探索，在肩负民族复兴使命，塑造中国品牌的路上与祖国同频共振，以“中国智造新标杆”的姿态同世界对话，加速跨入“奥康工业4.0时代”。

执笔人/杨　帅　舒　北

4. 雅莹集团:此心庄严　优雅而立

盛世有华服,太平舞霓裳。服装是一种语言、一种记忆,它以非文本的方式记录着社会政治、经济及文化的变迁。

雅莹就在以这样的语言讲述着故事。故事里,原先只有18台缝纫机发出的咿呀声,如今,已是近千家优质终端门店、210多个城市、近6000名员工共同组成的交响乐。

据了解,雅莹集团股份有限公司创始于1988年。30多年来,历经两代人的创业历程,由一家传统的以加工生产为主业的服装企业,成功转型升级为以品牌运营为核心的现代时尚集团,并以强大的技术创新研发为依托,成功实施商业模式创新,成为国内成熟女装领域中具有代表性的品牌集团。

雅莹集团旗下拥有主品牌EP雅莹,以及新兴自主时尚品牌贝爱DOVBLOVE、恩派雅N.Paia,精品零售集合店品牌雅斓名店GraceLand、小雅童奖LITTLE SPACE及大雅家DA YA JIA等。主要经营业务包括:自主高端品牌运营、国际精品品牌代理、时尚产业供应链建设和其他时尚产业投资等。

据统计，2018年雅莹旗下品牌总销售额57亿元，上缴税收5.27亿元。

公司先后被评为国家高新技术企业、国家两化深度融合示范企业和贯标企业、浙江省创新型示范企业、浙江省专利示范企业，并建有省级企业研究院、省级企业技术中心等。

纵观雅莹的发展史，不难发现，“创新”始终占据着重要地位。可以说，“创新”就是助推雅莹从一家乡镇小企业发展为国际化公司的翅膀，未来，雅莹还将借力创新东风，再上新台阶。

创业三十年初心不忘

雅莹集团是伴随着改革开放的春风成长起来的。1978年，中共第十一届三中全会召开，国家将工作重心转移至社会主义经济建设上来。下海、从商，成为当时不少有志之士的共同选择。

1979年，雅莹创始人张宝荣满怀投身实业、造福乡里的热情，以勇于担当、艰苦奋斗的作风，组建了嘉兴洛东第一家乡办集体服装企业——洛东服装厂，从一名厂医转变为服装厂厂长。

从此，张宝荣秉持“想要做好事，要先做好人”的原则，为雅莹美丽事业种下美好的种子，也为雅莹奠定了“好人好衣好生活”的企业价值观。

改革开放进入第二个十年，现代企业制度建设逐步推进。1988

年，张宝荣在极其艰苦的条件下承办洛东红政服装厂，此时，厂里以加工丝绸女士上衣和生产男士衬衫为主。说是厂，其实只有18台缝纫机，34名工人们一脚一脚踩出了一家新企业。

到1994年，企业规模不断扩大，洛东红政服装厂变身为“嘉兴永利来时装有限公司”。

从洛东服装厂到洛东红政服装厂，再到嘉兴永利来时装有限公司，雅莹完成了创业初期三级跳。

改革开放的第二个十年，企业成长的同时，企业管理者也在不断成长。这一时期，创始人张宝荣的儿子张华明跟随父亲学习办厂经商。特别是1991年，张华明作为营销员前往北京开拓市场。通过长期的走访调研，他在北京大型商场包了一个柜台，推出了富有江南特色的丝绸时装，“一开始只是抱着试试看的心态，但因为产品适销，柜台上常常断货，走在大街上也能经常看到有女孩子穿我们的真丝裙，这让我打心眼里感到高兴，也意识到了企业形象和商标的重要性”，张华明说。

品牌之风不仅在北京刮起，张华明由此萌生了创建服装品牌的想法。1995年，他成功注册了“雅莹”商标，取意“优雅、晶莹、自然、高品质”，寓意着美好的未来。次年1月，他正式接任总经理一职。1997年10月18日，嘉兴雅莹时装有限公司成立。

秉承“用好的材料做好的衣服，为女性顾客带去美”的初心，“雅莹”全面启动女装品牌发展战略。

品牌如何打响？雅莹独辟蹊径，借力打力。20世纪90年代，戴梦得大酒店作为嘉兴地标建筑，具有很强的象征意义。1997年，雅莹在戴梦得大酒店设立商业运营中心，这在当时无疑具有轰动效应，而雅莹也由此开始走上时装品牌化之路。

一切看似步入正轨，蒸蒸日上，但2003年非典来袭，全国商业低迷，雅莹也不能例外，甚至一度濒临破产境地。如何化解困局？雅莹利用低迷期积极开展内部培训和系统提升。

“我们雅莹连锁总部是生产什么产品的。企业下滑或破产的根本原因在于：不能为目标顾客提供符合她们需求的优质产品和服务！不了解她们的真实需求！我们生产的产品是雅莹终端门店，包括我们风格的服装、温馨的卖场形象、卓越的服务、提供卓越服务的人和品牌价值感受！它们都是我们产品的组成部分，其中服装产品是最核心的！”张华明的一席话明确了雅莹产品的组成，开启了品牌的转型与升级。

自2008年开始，在经济全球化、互联网＋，以及人们消费能力与消费观念不断提升的大背景下，雅莹开启全面深化EP雅莹主品牌经营的道路。从产品、渠道、门店服务、品牌塑造和内部管理着手，同时意识到文化底蕴对品牌发展的重要性，公司陆续创立了贝爱、恩派雅、雅斓名店、大雅家、小雅童装等新品牌，开始走上多元化发展道路，致力于打造国际化现代时尚集团。

创意是时装的灵魂

当代背景下，服装早已突破了保暖遮蔽的功能导向，转向审美领域。雅莹，一个致力于服装美丽事业30多年的企业，如何应对越来越激烈的品牌竞争？如何满足越来越刁钻的消费需求？雅莹集团党委书记仇瑛以两个字回答：创意。

新潮和创意是时装的灵魂。但创意也有规律可循。

创意设计要融合国际流行趋势。掌握国际的、亚洲的、中国的流行趋势，不仅仅局限于时装，也包括生活方式，应当深刻理解流行趋势背后所蕴含的时代背景、文化与艺术背景等，并通过产品推广、沟通，甚至是以讲故事的方式传递给消费者。

创意设计要从中国的历史文化中寻找元素。中国是一个有五千年文明史的大国，随着中国国力增强，民族自尊心提升，人们对民族品牌的热衷度和信心越来越强。作为中国的品牌，雅莹的产品设计与创意汲取中国文化的精髓。例如，从传统文化中汲取元素，巧妙地将当时的风貌元素与当今时尚趋势、生活方式相结合。

要在创新设计中融入更多民族特质。中国是一个多民族国家，各民族都有不同的特色，每个民族的历史与现状中都蕴含着丰富的文化元素，雅莹从中也找到灵感。这些民族元素地融入，既能引起中国消费者的共鸣，也能引起国外消费者的关注，因为“民族的就是世界的”。

要在创新设计中融入艺术。包括东方艺术、西方艺术，古代艺术、近代艺术、现代艺术、当代艺术等。

在雅莹的展厅中，有一件以“鹤”为元素的中国风长裙，其中“鹤”的部分被单独放在了一个展框里。这只鹤以手工刺绣完成。仇瑛介绍，手工刺绣是根据一位客户需求特别定制的。“顾客的品位一直在变化，只有适应变化，不断创新，才能长久发展。”仇瑛说道。

创新是管理的主线

公司刚起步时，只有18台缝纫机，管理扁平化，简单且高效；但随着公司的发展壮大，管理经常成为制约公司发展的瓶颈。雅莹以超前的眼光看到了这个问题，早在2006年，就把“计划、企划、系统化，打造优秀供应链”（信息化、大工业化）列为年度的两大重点任务，并在当年与美国罗盛公司合作，建立了ERP管理系统，以出色的工作效率和效果被评为美国罗盛公司的全球标杆示范企业，从此，开启了企业科技创新的快速发展之路。

据了解，雅莹十分重视两化融合建设，重点围绕产品研发信息化、采购生产信息化、终端零售信息化、集团管控信息化四个方面展开，并确保两化融合目标与企业战略保持一致。

雅莹也十分重视科技人才队伍的建设，现有设计研发人员200多人，IT研发人员30多人，每年投入研发费用6000万元左右，建立了省级技术研究院，每年有1000多款时装产品和十多项高新技术项目研发完成。截至2017年年底，共获得外观专利、实用新型专利和软件著作权140多项。

雅莹的信息管理下设IT规划、业务流程管理、软件研发、运维管理、QA、ITBP（IT业务伙伴）等功能，岗位完整、流程清晰。雅莹以创新开放的文化理念为基础，以“成就业务、专业高效”为宗旨，以先进的

IS02000、CMI、PRINCE2 等体系为指引，逐步建立和培养了一支专业的、创新的、充满激情的信息化管理团队。

目前，雅莹已上线并运营的系统有包括 PLM 产品生命周期管理系统、CAD 计算机辅助设计系统、ERP 企业资源计划系统等在内的十余个系统。

持续不断地创新，突破传统服装行业瓶颈，使得雅莹在行业内独树一帜，开创先河，并且保持着核心竞争优势。

执笔人/骆颖叶

5. 圣奥:木匠浙商的创新传奇

衣着普通、谈吐朴实、平易近人,初次见面却给人一种老友般的亲和。

与当下年轻一代浙商相比,已年过六旬的圣奥集团董事长倪良正看上去不那么“潮流”,可以说相当符合老一辈浙商的普遍形象。

从计划经济年代的生产队长到木匠学徒、从家庭式小作坊个体户再到如今傲视全国的办公家具帝国掌门人。2018年,圣奥集团仅办公家具年销售额就达22.5亿元、纳税1.66余元,同比增长均超过20%。目前,圣奥集团拥有员工3133人,销售网络覆盖112个国家和地区,服务于140家世界500强、227家中国500强企业,综合实力连续9年保持国内行业第一。

山村小诸葛　变身小木匠

出生于20世纪50年代的倪良正,年幼时家中生活条件十分艰苦,上学岁月又赶上了特殊时期，初中毕业他就失去了读书的机会，只能回家务农。“那个年代缺衣少食，在老家种田起早贪黑，还经常吃不饱饭”，虽已时过境迁，但倪良正回忆起来依然十分感慨。

时代的特殊性让倪良正没能完整地接受正统学校教育，但优良的家风让他养成了爱思考、能吃苦的品质，被村里的小伙伴称为“小诸葛”。

“以前大凡碰上要出主意的事情，我们那群人都听我的，而且，后来证明在大部分事情上我的想法是对的。”“小诸葛”可不是徒有虚名。当年那些光辉事迹，让倪良正至今满脸骄傲。

因为脑筋灵活，“小诸葛”22岁就当上了生产队长，但一次受委屈让这个血气方刚的青年做出了一个决定，不干了！可在那个多数人对于职业都是“从一而终”的时代，转行并不容易。

按照农村的习俗，学一门手艺能一辈子有吃有喝，在父亲的影响下，倪良正跟从一名木匠做学徒，开始了他与家具的不解之缘。

实在、肯干、爱钻研、不耍滑头，他成了师傅的得意弟子。

学徒一般需要3年才能出师，而倪良正两年半就在当地小有名气了。每次接活儿他都要在一些关键的工艺点上反复推敲，用自家的木材先预做一遍。那种对木匠活计近乎完美的追求，为后来圣奥的成长与成功注入了“基因密码”。

1985年，“心思活络”的倪良正看到村里养长毛兔的人赚了不少钱，还买上了全村第一台电视机，于是乎东拼西凑加上从亲戚朋友处借的钱也当起了养殖户。不过从来没养过兔子的他最终亏损了2000元。

回过头来倪良正只能继续做木匠的生计，按照当时的收入水平，这笔钱要四五年才还得清，倪良正觉得日子可以过得苦一点，但钱必须还上，他选择了去上海打工。

"刚去上海的时候，人生地不熟的，而且什么都不懂，包工头拖欠工钱也是常有的事，我这个'乡巴佬'那时候也只能是自认倒霉。"1988年，倪良正打听到奉贤有家具厂招木匠，这一次的机缘让他的人生轨迹开始出现转折。"那时候因为我活儿做得好，老板很赏识我，每个月我有1000块的工资，在那个年代这个数目是不可想象的。"这份工作不仅让他还清了之前养长毛兔的欠款，还攒下了2000多元积蓄，在家具厂打工的过程中，倪良正发现家具市场需求很大，供给却很少，1989年他决定自己去杭州开厂。

牡丹家私厂　现身小河路

初到杭州，开厂的难度还是大大出乎倪良正的预料，不但人生地不熟，厂房也屡次搬迁。春节回家口袋里仅有320元还被小偷偷走了，靠着哥哥给的100元和向表哥借的100元勉强买了年货回家过年。

1991年，倪良正在小河路37号租到了厂房，算是正式开始"创业"之路。

"我觉得那时候其实跟创业距离还很远，用讨生活来形容更贴切吧，起初只是做一些来料加工的活，属于守株待兔型的那种。"

"细致、认真、交货及时"，这是当时找倪良正做家具的人对他的评价。

慢慢地，这位来自浦江的木匠师傅开始在周围小有名气，越来越多的人通过朋友介绍，慕名前来。但他却始终坚持宁可少接活，也要保证把每一件活做好。这种坚持终于为他换来了更大的机会。

1993年5月，拱宸桥街道的工作人员来到加工场，要求倪良正出示营业执照，他呆呆地看着工作人员问："什么是营业执照啊？干吗的？"工作人员跟他比画了半天，他愣是没听明白。

"当时就想，这城里怎么连做个木匠都不给做"，后来倪良正终于明白开公司办企业需要登记注册、办理营业执照，并且按照纳税。"我那时候才算真的明白什么叫公司、什么叫企业，之前那就是个小作坊。"当年10月，倪良正在拱宸桥街道正式注册了杭州牡丹家私厂，这便是现在圣奥集团的前身。

随着中国经济振兴，人们的日常消费需求快速增长，倪良正的牡丹家私凭借着良好的口碑开始崭露头角，甚至走进了杭州最高端的百货商场——杭州百货大楼，而后兴起的一批专业家私潮流，倪良正都敏锐地捕捉到了其中的机会。

到1995年，牡丹家私厂的销售额已近500万元。

20世纪90年代中期，国内经济迎来了快速增长期，大批机关、企事业单位都需要淘汰七八十年代的老旧办公家具，而商品房改革还未启动，家庭购买力还处于被抑制状态。

面对此消彼长的市场态势，倪良正再次展现出了他洞察市场的卓越眼光，做出了从经营私家家具转向经营办公家具的决定。

事实又一次证明，“小诸葛”还是那个“小诸葛”。

圣奥替牡丹　聚才而崛起

1996年倪良正在杭州沈半路建起了3000多平方米的厂房，随着业务的不断扩大，摆在他面前的第一个难题就是技术工人不足，特别是人才十分欠缺。

当年浙江医药进出口公司要招标购置一批价值20多万元的办公家具，倪良正得到消息后，非常想做成这单业务。可那时他连招标是什么都不知道，倪良正和当时厂里学历最高的员工——中专毕业的财务张巧芬现学现卖，花了两天三夜把投标书拼凑了出来。

投标当天，来应标的企业都是行业内的佼佼者，甚至还有港资企业，结果可想而知。这一次的失败让倪良正意识到企业想要有大发展仅凭自己是不可能的，要吸引更多有专业知识的人“入伙”。

找专业的人做专业的事。1988年，倪良正聘请了专业的品牌策划团队为自己的家私厂进行整体包装策划，重新为公司命名，明确定位、设计商标。

宋代大家范仲淹有名句“心通圣奥，迹在穷谷”，“牡丹”蜕变成了“圣奥”，英文标识“sunon”给人以旭日东升、光芒四射的意境。

越来越红火的圣奥吸引了不少人加入。“开始的时候都是老乡带老乡、亲戚带亲戚、朋友介绍朋友的方式，整个公司也谈不上什么管理，车间里的负责人大部分都是由我觉得技术过硬、品德优良的人来担任的，靠的是威信和号召力。”倪良正坦言。管理方式虽然粗放，但符合圣奥当时的发展需求，为公司度过草创时期提供了很多能量。

然而，弊端也因此形成，“小团体”“山头主义”出现了。欺生、排外、团体内互相包庇，对一些质量问题睁一只眼闭一只眼，一些外来的优秀人员因为受不了这样的氛围，离开了公司。

经过七八年的发展，圣奥的员工数超过了500人，之前传统沟通的低成本优势丧失殆尽，建立现代化的企业制度迫在眉睫。

从1999年底到2000年7月，倪良正在短短半年的时间里出台了20多项管理制度，范围包括了工作职责、工作范围、工作方式、绩效考核等等。

当年和张巧芬连夜赶标书的情景至今让倪良正记忆犹新，“这件事让我印象太深刻了，我自己因为时代的原因，那时候没能读上书，特别希望公司能有大学生，一开始公司知名度不高，招个大学生真的很难，后来高校扩招，圣奥也有了大跨度的发展，我们第一时间主动和高校接触”。求贤若渴的倪良正在2002年先后去浙江林学院（现浙江农林大学）、北京林业大学、南京林业大学等高校，就校企共建教研基地等合作事宜进行商谈。

2004年浙江林学院家具专业的60多名师生走进了圣奥的车间；2006年10月，圣奥集团与南京合作的全国首个办公家具“博士后流动工作站”在杭州落户；2007年4月，圣奥集团与浙江林学院共同组建了全省第一个家具行业的科研中心；同年10月，圣奥又联合南京林学院合作建立了家具专业人才的培养基地——圣奥家具管理学院；2008年

3月，圣奥又再次和浙江林学院开创新的人才培养模式——圣奥班。

圣奥班是由圣奥集团派技术人员到学校指导学习内容，包括家具设计、专业学习，研发、管理、营销等，并通过参观家具展、参与家具设计比赛等推动学生掌握家具设计领域的知识和技能。圣奥班安排的学习内容和实训环节都是在学生完成学校教学计划课程的前提下，利用周末、假期、课余等时间进行的，与学校学习相辅相成，相互促进。

2009年，倪良正聘请了曾在一家台资企业工作11年的、负责直销体系的施健加盟圣奥，负责国内直销体系的建设。2010年在施健的主导下，圣奥开始推出以“责任中心制”为主体的直销体系，责任中心独立核算、自主经营、分享利润。

这一年圣奥在全国设立了19家责任中心，到2017年这个数字扩大到了37家，责任中心的销售额从2010年的1亿多元，增长到了2017年的4.6亿元。“责任中心制”的确立直接推动圣奥登顶全国办公家具行业，而这正源于倪良正用好了施健这个关键人才。

“在圣奥20多年的发展历程中，对资金、场地、技术都是非常渴求的，但这些需求都是暂时性的，也是容易得到解决的，唯有对人才的需求是过去、现在、将来都贯穿圣奥创业全程的。作为企业老板，我需要不断学习，但永远不可能成为全才，所以，我一直要求自己以人为本，用好每一个人才，他们是圣奥能走到今天最重要的合作伙伴。”如今，圣奥已然成为中国办公家具行业的“黄埔军校”，全国有数十家办公家具企业的老板都曾经是圣奥的员工。

弘扬工匠精神　持续研发创新

圣奥的发展史，也是中国办公家具发展的缩影。在相当长的一个时期里，中国办公家具行业的研发、设计几乎是空白。为了能够在激烈的市场竞争中占据一席之地，绝大多数企业所谓的“研发”，就是“拿来主义”，把卷尺、相机当作国内办公家具企业的研发部，圣奥也同样经历了这样的“浮躁期”。“那时候，我们有句行话叫‘广东学国外、全国学广东’。那时候，浙江的家具企业没少去广东‘学习’，以至于后来我们去广东，人家一听我们是浙江的同行，直接就下逐客令，根本不让我们进厂区。”即便如今已经站在行业金字塔顶端，倪良正依旧丝毫不掩饰当年的“狼狈”。

2002年，倪良正带领圣奥第一次参加了被称为“家具界奥林匹克”的广州国际家具博览会，“第一次参加家具会时，参展的产品为数不多，只有几个品种的办公桌、屏风，因为是头一次参展，我特别上心，特别是展台设计，专门请了设计公司来，还拿了优秀展台的称号，但那一次我们圣奥的产品却出了洋相，那种羞耻感我一辈子都忘不了”。

展出第一天，展台就迎来了几个金发碧眼的老外，倪良正赶紧让懂英语的翻译过来介绍，然而，这时他发现办公桌的一角不知道什么时候居然脱落了一块油漆！他急中生智，用左手将脱落油漆的角落盖住，一边保持笑容看着老外们的指指点点，这时倪良正跟着老外们的目光回到办公桌时，忽然发现自己右手的桌面上有一个大大的凹坑，远看不明显，走近看肯定能被看出来，无奈之下倪良正只能再用右手遮在凹坑上。“那姿势真的是又僵硬又尴尬，脸上还得笑着，不能让人看出来，我从学徒开始就被师傅教导每一件家具都要做到完美，居然第一次参加国际展会就出这种洋相，真的是太丢脸了。”

老外走了，尴尬却没有结束。由于圣奥这次展出的产品中有一款跟其他企业相似，结果在展出的时候，对方企业认为圣奥是模仿他们的，双方请来律师交涉。倪良正视这次挫折为自己和圣奥的耻辱，他发誓一定要做出属于自己的一流产品，中国人一定要在办公家具领域有自己的知识产权。

回到公司后，倪良正立即召开管理层会议：一方面明确了圣奥走自己的路，不再在别人后面亦步亦趋，加大科研投入、加速技术创新的思路；另一方面则要推行更加精细化的质量管理规则，让圣奥的产品经得住市场、客户的检验。

2002年4月和10月，倪良正亲自带领公司数名技术骨干参加世界家居顶尖展会——意大利米兰家居展和德国科隆办公家具双年展。通过对两大家具展会上展出作品的仔细分析，倪良正发现：国际知名品牌在造型设计上趋向简洁明快；在用材上更趋多样性和合理化；在保持实木特色不变的前提下，多方面采用PC合金等新型材料，使家具在传统和新潮、美观和耐用上结合得更紧密。

2002年10月，在上海第九届中国国际家具展览会上，圣奥展出的自主研发的“宁录多媒体会议桌”获得了展会设计大赛办公家具设计金奖。之后圣奥一发不可收拾，接连设计生产出一系列新产品。2010年圣奥第一次走出国门，参加了科隆展，其主打的低碳、智能等全新概念，为圣奥赢得了"sunon created a miracle"的赞誉。

2003年初，圣奥产品研发部将标准化、系列化、智能化、人性化作为新产品开发的方向，以对接世界家具的设计潮流。

在圣奥的家具制造史上，油漆技术一直是困扰圣奥多年的难题。为此，倪良正专门派出了实木车间负责人李其松和油漆车间负责人郭云峰，南下广州学习攻克喷涂技术难关。在业界已声名鹊起的圣奥，这一次在广东同行那儿挺直了腰板，两位技术人员也虚心求教，发现了症结所在，改良了生产流程和喷涂方法，解决了困扰圣奥多年的难题。2009年7月，圣奥发布"U＋喷涂技术"，成功实现了辊涂到喷涂的转变，实现了异性零部件大规模生产。2015年9月，圣奥再次发布"7-puls水性涂饰技术"，成为中国办公家具界率先采用环保水性涂料的家具品牌，圣奥成了业界无可争议的领导者。

现在位于杭州钱江新城的圣奥总部大楼里，有一座近万平方米的顶级多层情景办公体验中心，为的就是要设计出全球最顶尖的办公家具。如今，圣奥每年在研发上的投入费用不低于总营业额的3.5%，2017年度的研发费用已经超过7000万元。现在，圣奥独立研发的产品占到了90%以上，已经拥有产品专利440多项。

"少年时代的学徒生涯，让我明白必须认真、用心、不断打磨产品，这也就是现在我们常说的工匠精神。"倪良正说。无论自己取得怎样的成就，骨子里他始终是一名老木匠，工匠精神是他一辈子的坚守。"对于一个手艺人，这是根、是本，不可以忘本，始终都要用心对客户负责，不可有一丝的懈怠。”即便现在，倪良正都会随身携带一把卷尺，随时根据标准检查家具的各项尺寸。

而对于未来，老木匠有自己的思考。“目前智能办公家具还刚刚起步，但我认为，人性化、智能化办公这一定是未来的趋势。我们希望开发更多健康、智能、舒适的产品，跻身全球最受欢迎的办公家具企业之列。”倪良正说：“圣奥能够走过27年，是因为始终与创新相依相伴。”

木匠浙商倪良正，不只是一位企业家，同时，也是一位慈善家。救灾解困、扶助老人、捐资助学，富有爱心，回报社会。

2008年汶川大地震后，圣奥在第一时间捐款300万元，用于四川青川县竹园镇幼儿园建设；2011年，倪良正又捐资2000万元成立了圣奥慈善基金会，将教育作为基金投放的重点；他还在浙江大学、浙江工业大学捐资100万元设立了圣奥助学基金。

“如果说这辈子还有什么想做好的，就是找合适的机会建设自己的家乡，离家多年，思乡情怀愈发浓烈。”2013年，倪良正向浦江县红十字会捐资100万元，成立“圣奥博爱基金”，帮助家境贫困的学子、久病孤寡的老人，以及生活发生重大变故的家庭；2015年，倪良正在浦江城北区块启动圣奥·杭府项目，为浦江的父老乡亲打造精品住宅；2017年，他又投入1000余万元，帮助塘家会村修建了一条生态路。

除此之外，倪良正还捐资1250万元设立助老基金项目，捐赠100万启动“圣奥·独居老人暖巢行动”项目……2017年捐资助力西湖大学筹建，为国家发掘、培养研究型人才。截至目前，圣奥公司累计慈善捐助7000余万元，实施项目达130余个，受益人数逾5万人。

如此大手笔的捐赠，让不少人觉得不解，而倪良正自己却丝毫不心疼那些钱，“财富来源于社会，最终还是应回报于社会。通过企业的发展造福更多的人，是我们的职责和使命”，这就是木匠浙商的心声。

执笔人/孟佳韵

6. 泰普森:全球户外休闲用品的引领者

1991年,一家只有20台缝纫机的小工厂在浙江省杭州市成立,这便是泰普森实业集团有限公司的前身——杭州康达皮塑厂。经过20多年的不懈奋斗,泰普森从一个只有几十人的小作坊成长为一家集设计、开发、生产、销售、服务于一体的大型外向型企业。如今,泰普森主要经营面向世界的户外休闲用品,成为现阶段中国规模最大的户外休闲用品制造商,产品远销欧美及亚洲等60多个国家和地区,连续六年进入中国制造企业500强,渔具系列产品市场份额占据欧美两大市场第一名。为了跳出同质竞争的行业困境,泰普森公司收购了包括Westfield在内的一系列欧美国际户外休闲装备专业品牌,并以此为起点,逐渐在全球范围内建立起一套强大的研发、制造、营销与服务的网络体系。"微笑曲线"上的设计、制造、销售三个阶段的产品附加值都得到提升,产品定位一步步走高。

拓展市场:跳出低端竞争的发展困境

得益于改革开放政策,中国经济的繁荣给户外休闲市场带来了巨大的发展空间。国内户外休闲产业起步于1998年,最初只在北京、上海等经济比较发达的城市流行,但随着经济的高速增长,户外休闲产业很快便在全国范围内兴起并逐渐从内销转向出口。据统计,2017年我国户外用品整体市场规模零售额为532.8亿元,预计到2020年我国户外用品行业整体市场规模零售额有望达到673亿元,帐篷、庭院用伞等户外用品出口额将跃居全球第一。

发达国家的一些户外运动休闲企业在国际范围内拥有较高的知名度,如奥索卡、哥伦比亚等。这些企业依靠其产品较高的专业性和功能性,做出了不菲的市场定价,产品的高附加值给这些名牌企业带来了丰厚的利润。然而,由于国内户外休闲产业起步晚,且大多数户外休闲用品属于劳动密集型产业,产品的附加值和科技含量都不高,这使得行业的进入壁垒低,同质竞争激烈。据统计,2017年底我国户外用品行业品牌总数达到925个,其中本土品牌数量为482个,国外品牌数量为443个,低端的同质市场竞争几乎趋于白热化。

想要在当时的市场环境中获得足够的竞争力,国内的户外休闲产品企业就必须打破原有的低价竞争策略,跳出低附加值、低端市场定位的发展困境,以质取胜。

2007年,由美国次贷危机引发的金融危机开始在全球范围内蔓延，欧洲市场上不少百年老店濒临破产。然而，泰普森公司不仅在这场金融危机中成功存活了下来，还抓住时机不惜重金收购了这些欧洲企业的品牌、技术等资源。这一系列跨国并购帮助泰普森实现了市场份额的迅速扩大，一举攻克了欧美大部分主流消费市场。2010年，仅在欧美渔具休闲市场，泰普森的年产值就达到了3亿元，牢坐海外市场份额的头把交椅。

“品牌经营”：在产品质量和声誉上下功夫

浙江泰普森集团董事长杨宝庆是20世纪90年代的大学毕业生，当时受到改革开放的影响，全国各地创业者激情高涨，杨宝庆也不例外。大学毕业后，他抛弃了让人羡慕的“铁饭碗”工作，拿着从家里借来的2万元钱便下海创业了。所谓时势造英雄，当时杭州近邻德清县的“融杭战略”给杨宝庆提供了极大的创业空间。杨宝庆看准时机，在德清经济开发区创办了出口海外的休闲用品生产企业。

从无到有，多年的行业经验让杨宝庆对行业变化时刻保持着清醒的头脑，他认识到想要提高产品的附加值，企业就必须通过创新来赢得自己的品牌优势。因此，杨宝庆给公司提出了两个阶段性目标：一方面，要主动探索从制造低端向设计、品牌、商标等产业高端延伸的路径；另一方面，要做深做精制造环节，降低生产成本，努力提升制造环节的利润空间。

为了实现这两个目标，公司一改之前“产品经营”的理念，转为向

“品牌经营”发展，追求以品牌赢得市场，以品牌巩固市场。2004年，泰普森收购了美国著名的户外运动休闲品牌Westfield，而深谙国际市场游戏规则的杨宝庆于2007年在美国和欧洲同步注册了“WEST-FIELD”商标。

“这一自有品牌的销量占到了总产值的30%，并且保持25%以上的高增长速度。”一方面，泰普森懂得，只有高质量的产品，才会有竞争力，质量过硬是品牌经营的基础。他们在产品设计、材料选择、生产流程、工艺技术、质量检测等方面进行了一系列改良，努力向世界顶尖企业看齐。为了产品声誉，在售货服务方面也做了大量改进。正如杨宝庆所说：“有益于品牌声誉的事，贴点钱也做；有损品牌声誉的事，赚钱也不干。”

另一方面，泰普森一直积极实现企业的社会价值。2008年汶川大地震，本在国外考察的杨宝庆毅然撤掉2000多万美元的订单，回国带领4000多名员工为灾区加班加点赶制9.5万顶救灾帐篷。5月22日，当时的中共中央总书记、国家主席胡锦涛亲自到泰普森集团考察救灾帐篷的生产情况。

“以当时的产能，本来要一年才能完成的产量，在政府部门的帮助和支持下，我们全体员工开足马力夜以继日硬是加班加点一个月完成了。”2008年10月8日，在北京人民大会堂隆重举行的全国抗震救灾总结表彰大会上，杨宝庆荣获“全国抗震救灾英雄模范”光荣称号。

为了更好地进行自主品牌建设，泰普森还设立了相应的品牌管理制度和品牌管理部门。该部门以企业品牌建设为目标，主要负责企业品牌形象的塑造、商标维护、品牌维权及品牌传播等职能。2011年，WEST-FIELD商标被评为浙江省著名商标，一年后，WEST-FIELD商标又被评为中国驰名商标。

行业先锋：在“微笑曲线”全段求效益

随着“品牌经营”理念的贯彻实施，泰普森不仅获得了自主品牌价值的稳步提升，先进技术也得到了快速积累，与发达国家的高端品牌的差距大幅度缩小。杨宝庆认为，依照管理大师施振荣先生提出的“微笑曲线”理论（该理论认为在产业链这条线上，附加值更多体现在两端，即设计和销售环节，处于中间环节的制造附加值最低），想要持续提升产品附加值，企业就必须同时抓好“微笑曲线”的三个阶段：一是在曲线最左端“设计”阶段，跳出固化的产品创新思维，不断提高技术研发能力；二是在曲线最右端“销售”阶段，持续提升不同品牌在区域市场的影响力，提升品牌专业化水平，加快壮大自有品牌脚步；三是在曲线中间的“制造”阶段，提升企业智能制造和质量管理水平，在做深做精产品的同时进一步压缩成本，保住产品的成本优势。用一句话来说，就是让微笑曲线的“嘴角上扬，牙齿过硬”。

如何使嘴角上扬？

面对瞬息万变的国际市场需求，泰普森认为产品设计必须时刻与欧美等发达国家的潮流动态保持一致。因此，泰普森利用一系列合资、合并行为进军欧美市场，在欧洲建立泰普森的品牌设计中心，提高研发的专业化水平,在美国设立营销中心,致力于品牌收购与经营合作,以及新销售渠道的拓展。相应地,泰普森还组建了一支200多人的研发团队,其中来自美、英、德、俄、荷等国的外籍员工就多达50多名。他们利用计算机软件辅助产品设计,实现了泰普森产品研发的高产,使得泰普森现在每年都能设计500多个新款式,申请80多项专利,其中10多项都为发明专利。骄人的成绩未能让泰普森止步于产品创新,实际上,泰普森早已将创新定义在了高于产品创新的层面,同时主动进行新材料的研发。该公司副总经理范诚青曾表示,泰普森从2013年就已开始使用镁合金材料,并且已在公司很多产品中大量使用。利用自主设计的镁合金结构型材挤压技术,一年就给企业带来超过6000万美元的经济效益。

微笑曲线理论还要求"牙齿过硬"。对于制造环节,泰普森将中国大陆作为主要生产基地,并将产能逐渐向东南亚转移。一切生产活动遵从"设备先行"的原则,泰普森的厂区都配备了自动化、智能化生产设备,实施了信息化开发,使产品质量更稳定、生产效率更高。比如,从意大利引进的自动弯管机,一台机器就集合了一根管件所需加工的所有工序,可以实现无间隙的高速作业,省去了物料周转时间,工作效率是人工的8～10倍。在高效的同时,这种靠PLC控制系统操控的机器还能保证每根加工出来的管件高度一致,精度在0.1毫米以内,使质量得到了非常可靠的保证。"设备先行"原则不仅让泰普森的生产技术达到了国内领先水平,产品质量也达到国际先进水平,用工大大减少,生产成本明显降低。

如今，泰普森的产品在美国市场占比达到同类产品的60%以上，稳居美国市场龙头地位。通过在全球范围内建设一个集研发、制造、营销与服务于一体的网络体系，泰普森产品的整体附加值得到了大幅提升，产品定位一步步向高端市场进军。泰普森实业集团有限公司也逐渐实现了从全球户外休闲产品制造网络中的生产者向领导者的转变。2017年，泰普森的户外家具系列产品连续8年出口全国排名第一，每年出口额达到3.5亿元。短短的十几年间，泰普森一直没有停下发展的脚步，年销售额从5亿元跃升至130亿元，连续6年上榜中国民营企业制造业500强。

执笔人/刘潭飞

7. 大丰实业:全球文体设施产业领航者

连续20余年“霸占”央视春晚C位,中国演艺装备行业的领军企业、文化和科技融合示范基地、制造业单项冠军示范企业——它就是主板上市企业浙江大丰实业股份有限公司(以下简称“大丰实业”)。

从制作电源接插件到领跑专业舞台机械,大丰实业将“小生意”做到了“大市场”;从G20杭州峰会所有场馆的核心设施到雅加达亚运会的“智能舞屏”;从专业文体设施的定制到策划、创意、建设、投资、运营全产业链,大丰实业完成了从制造到智造,再到创造的完美转身。创业28年,大丰实业每一次的产业升级,无不折射出中国文体产业迅猛发展的艰难历程和坚定步伐。

如今,大丰实业已构建了文化产业、体育产业、数艺科技、文化传媒、文旅融合、轨道交通“两体四翼”产业格局。在今天,这样的经验似乎更值得我们学习。

坚守主业——领跑文体装备行业

改革春风吹遍神州大地，民营企业如雨后春笋纷纷崛起，诞生了一大批耳熟能详的明星企业，余姚视听器材厂（大丰实业前身）也于1991年应运而生，从创业时租用厂房，只有七名员工起步，以生产影视专用电源接插件等小产品为起点，不管处于哪个发展阶段，其最根本的一点就是“坚守主业”，踏踏实实做大做强文体装备产业。舞台机械、灯光音响、座椅看台及整体集成，各种高难度的演艺装备大丰实业都能设计生产，在国内外市场打响了“大丰制造”的品牌。因为专注主业，大丰实业增强了抗击各种经济危机和风险的能力。20世纪90年代中后期，在不断升级的欧债危机和国内宏观调控政策等多重因素的影响下，浙江温州等地一些中小企业债台高筑、生存艰难，不少企业甚至破产倒闭，但大丰实业不仅平稳“过冬”，还逆势飘红，不断刷新销售和利税的新高。

坚守主业，聚集深耕细作。随着我国文化产业蓬勃发展，不少地方积极新建电视台、大剧院、文化中心，影视舞台设备、活动看台、公共座椅的需求激增，对设备的技术含量、质量要求也越来越高，而国内有设计生产能力的厂商寥寥无几。正是看准这一行业的巨大发展潜力，大丰实业才斥巨资逐步进入到演艺装备这个细分领域，凭借着精益求精的“工匠精神”，公司主要的几项拳头产品——“影剧院公共座椅”“舞台机械柔性齿条传动舞台升降台”和“双向移动伸缩座椅看台”都顺利通过“浙江制造”认证，并获得了工信部制造业单项冠军示范企业称号，这些都进一步增加了产品的核心竞争力和市场话语权。在跨越式发展过程中，最亮丽的篇章是在20世纪末到21世纪初，大丰实业先后承揽了多个国家、省市的大剧院和体育场馆的设备供应，包括国家大剧院合成剧场、中央电视台大剧院、重庆大剧院、江苏大剧院、哈萨克斯坦和平宫、俄罗斯乌兰乌德剧院、印度古尔冈梦想王国、斯里兰卡国际艺术剧院、阿尔及利亚歌剧院、非盟国际会议中心等，尤其是2004年承建了雅典奥运会部分比赛场馆的体育设施，吹响了进军国际市场的号角，在国内同行中声誉鹊起。2008年北京奥运会，大丰实业承揽包括鸟巢、水立方、国家体育馆、五棵松等超过80%主场馆的座椅看台制造。

自主创新——紧握智造核心密码

技术是腾飞之翼，只有插上强健的翅膀，才能站在发展的高起点，只有拿得出别人没有能力生产的创新产品，企业才能在激烈的市场竞争中站稳脚跟。

自成立以来，大丰实业始终坚持走科技创新可持续发展之路，把研发投入作为企业最具潜力的投资，科技创新成为企业发展的主要动力。纵观大丰实业的发展历程，可以发现自主创新发挥了重要作用。大丰实业在北京、上海、深圳、雄安和杭州等重要节点城市均设有研发中心或区域总部，拥有国家企业技术中心、国家级博士后科研工作站，建有一支由600多名博士、硕士，中高级工程师组成的年龄、专业和技术职称分布合理的科技人才队伍，主导或参与制定了13项国家和行业标准，累计获得国际、国内各项专利800余项，其中发明专利100多项，多项专利填补国内外空白：自主开发的座椅整排翻放装置、重力平衡装置，达到了国际先进水平；座椅坐垫缓起立及下送风装置填补了国内空白；柔性齿条升降装置，开创了舞台升降技术的新纪录，达到了国际先进水平；履带式声反射罩，填补了国内空白；舞台机械远程监控系统，改变了舞台机械现场控制的模式，开创了舞台机械异地远程网络控制的新纪元；“虚拟现实舞台控制系统”获科技部“国家重点新产品”称号；牵头承担并完成了新中国成立以来本行业最大的国家科技计划“演出效果呈现关键支撑技术研发与应用示范”项目，其成果获得了业内科技进步一等奖。另外，大丰实业自主研发的DAFENGSTACON舞台专用控制系统是目前国内舞台行业唯一获得国际权威机构TUV认证符合SIL3标准的安全控制系统，该控制系统将运动控制、逻辑控制及安全监控集于一身，能完成各种高动态的复杂的运动控制及各种实时的安全监控，最大限度地满足各种艺术表演的需求。

鉴于在舞台机械工程领域的突出行业地位和雄厚技术实力，大丰实业连续20多年服务央视春晚，双方合作高潮发生在2012年央视春晚导演组邀请大丰实业承揽制作龙年春晚舞台，大丰实业在短短三个月时间内完成了设计、采购、生产、安装、调试等所有环节，以304块“会跳舞的舞台”轰动业界，将亿万观众带进了故事的佳境，无论是节目中故事的本身，还是故事中的境与景，都久久地占据了人们的心，就此开启了崭新的春晚舞台概念，给演出舞台尤其是电视演播厅的舞台带来了革命性的变化。由此一发不可收，马年春晚5套大型机械臂LED屏六自由度运行，LED屏可到达三维空间的任意位置，同时可左右上下摆动及360度旋转。猪年春晚98套“冰屏”与台下“会跳舞的舞台”完美融合，实现舞台机械与舞美效果的智能互动、交相辉映，凸显全方位的立体感受，为观众带来清晰透彻的3D视觉冲击和舞美体验。

引领需求——突出文化与科技融合

当前，文化与科技的交融日益广泛和深入，科技已渗透到文化产品创作、生产、传播、消费的各个层面、各个环节，成为文化产业发展的重要支撑和引擎。当前科技与文化融合态势凸显，文化科技融合发展是未来方向，科技助推文化已成为新的增长极。由数字技术和网络信息技术掀起的高科技浪潮在改造提升传统文化产业的同时，还催生了大批新的文化形态和文化业态。

在“智能制造”时代，大丰实业已顺势成为行业领军企业，在20多年的发展和积累中，他一直致力于以文化为内容核心，以科技创新为重要支撑，形成了文化科技交互融合的产业业态。这一趋势在公司上市成为文体装备行业第一股后继续加速，大丰实业拥有了向文化旅游演艺项目提供策划、创意、建设、投资、运营全生命周期的整体解决方案的能力。大丰实业年轻且富有创新精神的策划创意团队，针对不同的客户需求，充分挖掘具有不同地域特色的文化，综合运用全息、投影、3Dmapping、裸眼3D、机械、AR/VR、影像、音效、特效等前沿技术，结合大丰实业强大的研发设计能力、高效优质的制造交付能力，创作出极具体验感和互动性的文化与科技融合的作品。同时，大丰实业还提高了以剧院为核心的文化综合体的运营能力，并推动了景区演艺夜游项目的赋能升级，提高全域旅游综合开发能力，引领行业发展。大丰实业的前瞻性探索也获得了不菲的回报，相继获得国家文化和科技融合示范基地认定、全国文化企业30强提名企业等荣誉。

目前，大丰实业已将相关创意产品到应用方案的全产业链全部打通，例如2018年的雅加达亚运会上，大丰实业的主创团队打破艺术与技术的边界，深度融合创意与设计，基于人工智能独创的仿生控制系统，开创了4节机械臂的多轴联动机器人技术，通过3D动画模拟驱动54个轴运行的空间控制曲线，实时呈现“所见即所得”的效果，与台上演员华丽共舞，结合时间轴控制，即机械动作、视频、音频都汇聚同一个节点，做到毫秒级的时间同步，用“毫厘不差”的精湛技术保障演出的无懈可击，代表了我国在该技术领域的完美升级。湖南韶山《中国出了个毛泽东》演艺秀立体呈现缩小版的中国版图式舞台，气势磅礴，是中国红色文化传播的标志性产品。广东云浮的大型实景演艺项目“禅宗圣域·六祖惠能”借助360度旋转可开合的水上莲花剧场为观众呈现出一场耳目一新的视觉盛宴。大丰实业独创了文旅新业态——数艺科技，融合数字＋科技＋文化＋艺术，此业态已经有大量落地项目，其中大丰将泰州盐税文化、吉祥文化、城河文化中的图像符号有机组合，创作出具有人文特色的泰州新形象——意象凤城。为亚洲最大的湖水秀——金砖厦门峰会海沧湖“白鹭水秀”升华了地方文化，凸显了城市亮点。

未来，大丰实业将继续发挥全球领先文体产业整体集成方案解决商的优势，全面参与到文化体验产品的开发与应用中，深度打造文化艺术中心、文化演艺秀、文化主题乐园、文化产业园区、文旅特色小镇等多层次的系列成熟产品，为国家科技与文化创新融合做出更大的贡献。

创业至今，在艺术观赏、体育健身、休闲娱乐、旅游体验、交通出行等领域，大丰实业已全面融入人们美好生活。在新一代传承人的带领下，大丰实业始终不忘初心，坚持创新，继续创造着一个接一个的奇迹，向着“全球领先的文体产业整体集成方案解决商”的愿景阔步迈进。积极响应国家发展号召，在文化与科技、文化与旅游深度融合领域探索突破，担当起文化强国践行者的责任，用各种充满创意的解决方案，满足人们不断增长的文化体育旅游娱乐需求。引领文体产业，传播美好幸福！

执笔人/文　菲

8. 湖畔大学:与众不同的加速营

1995年离校下海的马云大概没想到,在20年后还可以延续自己的教师生涯,甚至实现当校长的梦想。2015年1月26日,在自家会所江南会里,马云、柳传志、冯仑、郭广昌、史玉柱、沈国军、钱颖一、蔡洪滨、邵晓锋九位企业家和著名学者拉起了湖畔大学的横幅,白底黑楷,素雅大气——湖畔大学。闪光灯下,马云的眼睛里闪耀着对新生儿的期待。

与大多数的企业家培训机构不同,湖畔大学坚持公益性和非营利性,是众多行业大咖的一种另类"天使投资"。选择最优秀的创业者,教他们活到最后,成为产业领导者。马云众望所归地出任了第一任校长,他说,湖畔大学跟其他商学院不一样,湖畔大学不是培养企业家怎么创业,而是希望让每个企业活长、活久。中国企业活到30年以上的非常之少,而湖畔大学的愿景是做300年。

马云在卸任阿里巴巴集团董事长后,以一种"非盈利商业项目"的方式投资未来,为中国的创业生态带来源源不断的健康力量,也为阿里巴巴物色最具潜力的企业作为阿里生态的补充。

湖畔严选:最优秀的创业者们

2015年3月正式公布湖畔大学招生标准的时候,孙宇晨可能没想到申请条件是如此严苛,创业3年以上的企业决策者、年度营收超过3000万人民币、规模超过30人、有3位推荐人,不过还好,自己创办的陪我App刚好满足这些条件,孙宇晨完成申请面试和考察流程后顺利入选第一期学员,现实过程当然没有这么简单。2018年共有1400余名企业家报名,但最终仅有41名企业家成为湖畔大学第五期学员,录取率为2.93%,在湖畔大学留下的都是中国最优秀的创业精英。

纵向数据上看:湖畔大学第一届的学员主要是互联网方向的创业新一代,录取36人,以80后、90后为主;第二届的招生扩大到传统行业,录取39人,学员中有杭州外婆家吴国平、58同城姚劲波、科大讯飞胡郁这样的行业领军人;第三届的招生范围进一步扩大,涉及医药医疗、保险金融、投资、食品、日化、家居、通信、教育、互联网、新能源、智能制造、新科技等12个社会重要领域的企业,录取44人;第四届学员主要分布在共享经济、实业制造和文化传媒等领域,录取48人;第五届学员分布在大众消费、智慧医疗、教育、人工智能等14个行业,录取41人。

整体而言,湖畔大学的招生定位从最初的互联网创业者到传统行业创业者,到全行业创业者,再到风口产业创业者,本质上是湖畔大学顶层发展战略的阶段性落实。第一阶段,集中战略。在这个阶段中,湖畔大学的社会影响力有限,但其师资在互联网产业有独到经验,可以吸引大量的互联网新一代，选择将所有的资源投入互联网方向的教育中，在这个过程中完善自身的教育模式，扩大社会影响力，为下一阶段打地基、赚声誉。第二阶段，多元化战略。随着自身声誉与影响力的提升，湖畔大学将招生范围辐射至传统行业乃至全行业，面向各界的创业者们输送自身的价值观与思维体系。第三阶段，投资未来。此时的招生范围主要在人工智能、智慧医疗等风口行业，按照马云先生的愿景，湖畔大学的学员们将会占领中国500强企业中的2/5，投资未来是湖畔大学赶超顶尖商学院的起点所在。

完成学习后，孙宇晨在2017年4月接受采访时表示受益匪浅，随即投入到这2/5的拼搏中。

从失败中学习成功：做创业领导者

按照马云的设想，未来中国的五百强企业中，至少要有两百家出自湖畔大学，力图将湖畔大学打造为中国未来商界顶梁柱的“教父”。这是一个不小的野心，但一个伟大组织必然是诞生于一个伟大愿景、格局之上的，马云在创新中国互联网商业模式体系后，以实现自己“教师梦想”的方式继续改变着中国的创业生态。

与大部分商学院的EDP课程不同，湖畔不会讲解战略管理、财务管理、宏观经济学等课程，马云认为必须要打造湖畔课程的独有竞争力，而其最特别之处就在于，帮助学员们从失败中看成功。

目前湖畔大学课程主要包括三大模块：第一部分是中国民企30

年，为创业者们分析一个个失败的案例，从失败中看成功，如何避免失误成为笑到最后的创业者，回顾过去之际，思考未来之计。第二部分是DT（Data Technology）时代的商业，涵盖愿景、价值观、基础设施、生态战略等课程板块，从IT时代到DT时代，作为最成功崛起者，这是阿里巴巴的经验之谈，时代转变下的机会窗口是创业者们挑战现有巨头的最大助力。第三部分是百年系列，包括了科学与技术史、商业与财富、社会与文明三个板块，从理论的角度启发创业者对自身企业家精神与战略规划的考量。除了这三大模块，湖畔大学还有一些有趣的必修课，如木工、艺术鉴赏、划船等。

考虑到各位CEO学员的公务繁忙，湖畔的高层们商量后将学制定为3年，前2年集中学习课程，每2个月一次，每次4至5天，第3年为跟踪期，考察学员经营和发展企业的理念，以及其未来是否有潜力成为行业的领导者。在课程中，学员们需要引进与消化成功与失败的经验，对知识进行"因地制宜"的改进后，在自身企业进行应用，实现对企业现行战略与体制的创新，在完成对大量知识、经验的积累后，实现对"师长们"的赶超也未尝不可。

颠覆传统企业家班的圈子文化

从产业生态的角度看，擅长"跑马圈地"的马校长对政商圈子经济来了一次颠覆。在湖畔，不流行圈子文化，这里奉行创业精神、企业家精神，每个人都可以摘下荣誉和光环成为纯粹的创业者，学习、交流、成长，学员不再只是进行流于表面的推杯换盏与商业互捧，而是致力形成一个全新的、传道式的创业生态圈。

为了维持这个生态圈，马云和其他校董想了个办法——保荐人制度，学员需要获得至少一位保荐人的推荐才能入学，这个创新制度的精髓在于，让最优秀的企业家当猎头，择取具有企业家精神与潜力的创业新秀，从某种意义上讲，这是一笔互惠的天使投资，马云以一种巧妙的方式将行业大牛与创业新秀纳入到阿里系的"湖畔板"未来投资中。目前，新希望集团董事长刘永好、蒙牛乳业集团创始人牛根生、新东方教育集团创始人俞敏洪、光线传媒总裁王长田、新浪CEO曹国伟、华谊兄弟董事长王中军等26位国内知名企业家已受邀成为湖畔大学保荐人。

马云投资的当然不只是简单的传道授业课程，不论是入学前的企业调查还是课程第三年的跟踪期，都是湖畔大学考量学员未来是否具有潜力发展为产业领导者的评估阶段，通过评估的学员能够获得阿里的投资，目前已有不少入选者获得了阿里巴巴的融资或者收购，如张旭豪创办的饿了么，杨磊创办的哈罗单车等等。其实从第四、第五届的入选学员名单上我们可以看到，不少企业是阿里巴巴现有业务的补充，与其从零开始创建一个新业务，不如选择一些有潜力的、有基础的企业进行投资或合并，湖畔大学是阿里巴巴构建阿里生态的一大助力。

做“公益”商学院

2016年这一年，湖畔大学招来了一些骂声，不少网络舆论认为湖畔学费太贵，不厚道、不公益，有违自己提出的非营利性精神。细算这笔账，每期学员的学费为36万，每年录取人数约为40人，年利润在1500万左右，乍一看着实不少，但考虑到学院的日常支出、固定资产折旧等等，马云、柳传志等人可能每年还要倒贴不少钱，说湖畔大学是一所奉行精英教育的公益性商学院并不为过。

建校之初，湖畔的高层们设立了浙江湖畔大学创业研究基金会、湖畔大学创业研究中心，旨在向社会传播企业家精神，推动新商业文明。举办了“民企大讲堂”“湖畔创业者广东行”“两岸青年交流会台湾行”等颇具影响力的公益活动，也将自己的“湖畔三板斧”等课程免费向社会开放，供各界人士学习。

公益性、非营利性是在湖畔大学尚未成立之际就写入了自己的血液之中的，其创立者们有改变中国经济发展的行业奠基人、有久经沙场的行业领军人、有已扬名立万的知名学者，金钱的诱惑难动其凡心，只有以自身的经验启迪新一代的企业家、引领中国乃至世界未来产业的发展才是他们想要实现的自我价值。

正如创始者们在大学的愿景中写道：“遵循公益的心态、主张坚守底线、完善社会，发现并训练具有企业家精神的创业者。”

执笔人/沈华杰

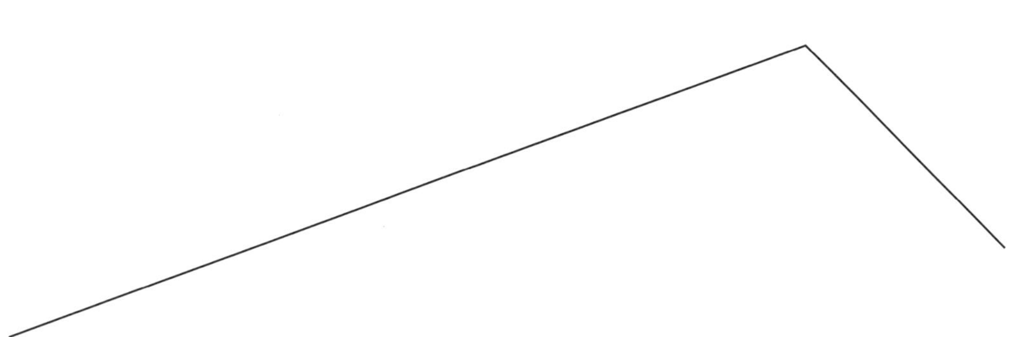

第四章

生物医疗：造福百姓健康

1. 贝达药业:靶向抗癌药横空出世

这是一颗褐红色的圆形药片,名字叫“凯美纳”。

正是这个小精灵,给肺癌患者带来了希望。

第一个使用此药的是一位服用其他肿瘤药物治疗失败的肺癌晚期病人,用后第一个星期症状明显改善,一个月后肿瘤明显缩小,并可以开始下床走动。

这样的例子举不胜举。

2019年7月18日,贝达药业创始人、掌门人丁列明应邀在浙江省委组织部人才工作专题研讨班上做报告。他介绍:“上市8年来,凯美纳(埃克替尼)已经惠及20万多名晚期肺癌患者,在肺癌靶向治疗领域,从一个跟随者成为领跑者,年销售额超过12亿,累计销售60多亿元,向7万多名患者免费赠药420万余盒,市场价值达80多亿元,取得了非常好的社会和经济效益。”

抗癌新药凯美纳在我国自主研发问世,造就的不仅是贝达药业这样新药创制的标杆企业,而且是对中国仿制药品的一种颠覆,更是让老百姓实现了用国产靶向抗癌药精准治疗肺癌的梦想。正因为如此，凯美纳上市发布时，时任卫生部部长的陈竺院士称赞这一成果是“堪比民生领域‘两弹一星’的重大科技成果”。十一届全国人大常委会副委员长桑国卫院士认为，这是中国医药从仿制到创新的历史性转折。

同心共立报国志　海归博士组团归

1992年，国门渐开，出国留学蔚然成风。已经获得国内名牌学校传染病学硕士学位并留校任教的丁列明作为访问学者赴美深造。1996年，他通过了美国医学博士考试；2000年，又完成严格的病理科住院医培训，成为一名病理科执业医师。此时的他，事业有成，职业稳定，家庭美满，年收入超过20万美元。

然而，身虽稳定，心未安然。目睹中美之间的差距渐大，丁列明在学术上的成就越大，对祖国的思念越强烈。就这样在美国生活下去，他心有不甘。他越来越感到祖国的召唤，越来越渴望用所学报效国家。

2002年7月初，丁列明与已在耶鲁大学做博士后的王印祥和医用化学博士张晓东聚集在一起，共同商讨一款小分子靶向药物的推进问题。这是一个国际尖端项目，已经有了出色的实验室数据，但要作为药物往前推进开发，需要一个多学科团队的作战及大量的投入。下一步该如何发展？大家掀起了头脑风暴。

“在美国，要想把一个新药项目完整地做下来，太难！”张晓东说，“美国的新药都是制药大企业在做，小公司只能早期开发一段，最后还是要卖给大公司。而在中国，新药研制还是一块处女地。”

“当今中国正在成为全球瞩目的创新创业的热土，经济高速发展，国力日益雄厚，有能力进行高科技项目的投资，而且政府支持力度和市场空间都很大，政策也欢迎人才回去。美国的生活好是好，但作为中国人，心里总觉得缺了点什么”，丁列明动了情。

“我们是中国人，学成之后理应回国报效！”王印祥说。

经过反复讨论，大家达成了一致：把这个项目带回中国去开发，把成果献给祖国和人民，让中国患者吃上国产的靶向新药！虽然他们知道，回国创业会遇到很多困难，但仍然义无反顾，因为他们的血管里流淌着中华儿女的热血。

一个月后，2002年8月13日，丁列明在美国小石城机场登上了回国的班机。这对他来说无疑是重大的人生转折，圆了“留学梦”之后，他开始圆“中国梦”。

经过筹备，2003年1月，贝达药业在丁列明出国前求学就业十余载的浙江杭州创办，主要开展癌症、心血管疾病和糖尿病新药的研究开发，公司的使命是“Better Medicine, Better Life”——“做好药，让人们生活得更健康更幸福”。

医药领域通常有两个“10”的说法，开发一款新药一般需要10年时间，投入10亿美元，不仅周期长、投入大，而且风险高，无数科学家在新药开发上耗尽了时间和资金，最后都无果而终。丁列明对此十分清楚，但为了祖国，冒再大的风险也值得！“海归们”决心大，信心足，意志坚。

在国内药企几乎都在从事仿制药生产的形势下，贝达药业高高擎起新药创制的旗帜，一批海归博士在丁列明的感召下，纷至沓来，聚集麾下，打响了研发"民生领域'两弹一星'的重大科研成果"的战役。

政策资金双扶持　政府助力搞研发

就在贝达药业创立的前后脚，英国和瑞士的靶向抗癌新药相继上市，给丁列明领衔的研发团队带来了很大的挑战和压力。中国的同类抗癌新药能否取得成功？中国能否登上世界抗癌新药研究的高峰？大家都拭目以待。

丁列明说："初创时期，我们克服了很多困难。当时条件很差，在北京一所大学租了实验室和设备进行临床前试验。试验要在没有免疫力的裸鼠上进行，我们把人的肿瘤移到裸鼠身上，进行药物治疗试验。由于裸鼠没有免疫力，本身就很难养，加上条件差，很容易死亡，而且又很贵，给试验造成了不少困难。"

试验、建立、推翻、再建立……在惊喜与沮丧的交织中，丁列明团队用了三年时间，攻克了无数的技术难关，终于找到了一个稳定性好、疗效好、安全性好的候选化合物。

到2005年底，他们已经完成了制剂、药学、药效、毒性评估等20多项临床前研究，准备申报临床试验。

"为了尽快获得临床试验许可，我给时任浙江省委书记的习近平同志写信求助。"丁列明说，习近平很快给予批示，要求有关部门帮助协调。2006年6月，国家食品药品监督管理局批准盐酸埃克替尼进入临床试验阶段。

临床试验必须在权威的大医院进行，然而大医院接受临床试验必须经过医院伦理委员会审核同意。对贝达这样一个名不见经传的初创制药企业提出的请求，很多大医院不是马上拒绝，就是还没等话讲完，就挂了电话。

丁列明多次讲起，他曾经到北京拜访一位权威专家，别人前期还帮忙牵了线搭了桥，可没承想一见面，专家撂下的第一句话就是："我从来不跟国产药打交道。"紧接着就说，"我很忙，我还有项目要报"，直接拒人于千里之外。但丁列明不气馁，硬是靠着自己的真诚、专业和信心最终打动了这位专家，赢得了其信任和支持。

埃克替尼的一二期临床得到了北京协和医院和浙医一院的支持，试验到2008年上半年顺利结束，接下去就是在全国范围内铺开第三期临床试验，三期临床试验由我国肿瘤内科泰斗、中国医学科学院肿瘤医院孙燕院士领衔。

关键阶段，丁列明充分发挥了他长期从事肿瘤临床病理学研究的专业优势，在他的主导下，团队决定打破以往使用安慰剂作为对照药的常规，首次在中国选择进口药作为阳性对照药，进行头对头的随机双盲试验。这个方案十分大胆，可一旦失败就会前功尽弃，但他们决定冒这个风险，选择27家国内著名医院的400个肺癌晚期患者进行双盲比对试验。后来的结果证明，这是埃克替尼三期临床研究取得成功最关键的一步。

临床试验阶段是新药研发最烧钱的阶段。400个患者被分成AB

组，一组服用进口的对照药，另一组服用自主研发的新药。病人跟医生都不知道服用的是哪个，直至试验结束才能揭盲。不管进口对照药还是自主研发的新药，都需要贝达药业无偿提供，而当时光买对照药就花费了2600万元，整个三期临床研究的费用需要投入5000万元。

要想攀登世界医药的巅峰就得付出巨大的资金代价，他们决定迎难而上。然而，就在他们满怀信心准备负重攀登时，席卷全球的金融危机爆发了。丁列明接到了跨国风投公司的越洋电话，投资三期临床的计划取消，费用一下子没了着落。

一旦资金链断裂，不但进行中的临床试验将中途夭折，项目前期所有的努力都将付诸东流，投入打了水漂，企业也将面临破产的危险。丁列明身先士卒，一边发动海归团队成员抵押房产，出售股票以维持企业运转，一边四处找钱，寻求投资。然而，金融危机下，部分中小企业已面临倒闭……丁列明四处找钱无果，贝达陷入了前所未有的困境。

没办法，丁列明硬着头皮给公司所在地余杭区政府写了封求助信，一五一十地报告了所遇到的困难。在这危急关头，余杭区政府二话不说伸出援手，雪中送炭支持了1500万元。有了政府的支持，随后有关职能部门、银行、基金等也都紧跟而上，通过各种途径解决了5000万元的资金缺口。

三期临床得以进行，贝达药业绝处逢生！

事实上，贝达从落户杭州到研发埃克替尼，政府给予了多方面的帮助。项目得到了国家“科技型中小企业技术创新基金”“火炬计划”“863计划”“重大新药创制专项”，以及浙江省、杭州市“十一五”重大专项等支持。余杭区不仅为贝达提供资金、土地、政策等优惠条件，还给丁列明核心团队的博士每人一套人才专用房和一笔安家费。

十年拼搏磨一剑　新药问世震五洲

2010年6月15日下午，余杭贝达药业总部，丁列明在办公室里忐忑不安地等待着一个决定命运的时刻。

远在千里之外的北京，中国医学科学院肿瘤医院孙燕院士的办公室里，埃克替尼三期临床揭盲仪式即将进行。三期临床盲底委托设计者是上海泰格医药有限公司著名统计专家、中国医学统计学会主委苏炳华教授，他设计两组外观一样的药物，每盒药有号码，号码掌握在第三方公司手里。

“当时我确实有点紧张，”丁列明说，“我们已做好打算：成功，新药上市；失败，卷铺盖走人！”

掌握着成功与失败命运信息的孙院士，那一刻端坐在计算机前，等待着盲底的到来。

14点30分，泰格公司将盲底郑重交给孙院士。

孙院士将信封打开，盲底是每个病人对应的号码，第一次揭盲揭出AB组，疗效指标显示：无进展生存时间A组为137天，B组为102天，A组疗效优于B组。

谁是A，谁是B？这要第二次揭盲才能知晓。

在电脑上输入数据，敲击回车键，结果赫然呈现：A组是贝达药业自主研发的新药埃克替尼。双盲试验研究表明，埃克替尼的疗效和安全性均优于进口对照药，给药剂量和方案更适合中国人！

这是一个激动人心的时刻，中国新药研发终于登上了世界抗癌药研究的最高峰！

杭州贝达总部，丁列明案头的座机突然响起来。强压住激动的心，丁列明拿起了话筒。听着话筒那头传来的好消息，丁列明感到喉头一阵发酸发紧，他的眼眶湿润了……

“我不会喝酒，但那天我们公司好多人一起到西湖边狂欢，我也喝醉了。”丁列明高兴地对记者说。

揭盲结果出炉后，丁列明按捺住激动的心情，带领团队紧锣密鼓地进行数据整理和新药上市注册申请，一切都是为了让新药早一日进入临床应用，让病人吃上放心好药。

2011年6月7日，埃克替尼获得国家食品药品监督管理局颁发的新药证书，成为我国首个具有完全自主知识产权的小分子靶向抗癌创新药。“海归们”为自己的成果起了一个既好听又很有寓意的名字：凯美纳，拉丁文的意思是肺的健康食品。它由一个个小分子组成，对癌细胞实施精准打击，一旦进入体内，就会穷追不舍地歼灭癌细胞。

2011年8月12日，注定是一个载入贝达药业史册的日子，也是中国医药创新发展史上值得纪念的日子。凯美纳上市发布会在北京人民大会堂举行，时任全国人大常委会副委员长桑国卫院士、卫生部部长陈竺院士出席仪式并发表讲话。陈竺院士赞誉凯美纳是“堪比民生领域‘两弹一星’的重大科技成果”。全国政协原副主席、中国工程院院长徐匡迪发来贺信。

神药济世，科技惠民。凯美纳的问世填补了国内靶向抗癌药的空白，打破了进口药对中国肺癌靶向治疗市场的垄断。凭借出色的疗效和安全性，凯美纳得到了专家和患者的认可，销量大幅增长，很快就从跟随者发展成了领跑者。

为了让老百姓吃得起，尽管疗效和安全性都占优，但贝达坚持把凯美纳的价格定为进口对照药的60%～70%，而且丁列明坚持主导与中国药促会联合开展后续免费用药，患者购买服用达到约定期限，只要医生证明仍旧有效，终生免费赠药。2017年，凯美纳降价54%纳入国家医保目录，2018年再次响应国家号召降价3.86%，大大减轻了患者的经济负担。

由于突出的创新价值和社会贡献，凯美纳获得了具有工业领域“奥斯卡”之称的中国工业大奖，并两次斩获中国专利金奖，特别是荣获了2015年度国家科技进步一等奖，这也是中国化学制药行业的首个国家科技进步一等奖，开创了历史先河。

矢志创新不停步　贝达续写新篇章

2016年11月7日，贝达药业在深圳创业板成功上市，贝达成为中国生物制药领域的一面旗帜。

旗帜意味着方向、榜样，意味着创新不可止步。目前，贝达药业分别在北京、杭州和美国圣地亚哥设立了新药研发中心，搭建了从化合物设计筛选、临床研究到产业化的完整的新药研发体系。他们聚焦肿瘤精准治疗领域，持续增加新药研发投入，2017年投入3.8亿元，占营业收入的37%，2018年投入5.9亿元，占营业收入的48%，2019年上半年研发费用已经超过了3亿元，占营业收入的42%，在国内药企中名列前茅，甚至比不少跨国药企都高。

贝达正在研发的新药项目有30多项，有11项已进入临床研究，其中5项正在全力推进三期临床试验。2019年年前，贝达递交的针对ALK靶点的靶向药盐酸恩沙替尼的上市申请已获受理，并于2019年2月被国家药监局纳入优先审评程序，有望年内上市成为贝达下一个重磅产品。这个新药的国际多中心三期临床研究也正在顺利推进中，将成为首个由中国公司主导研发的、在全球同步上市的创新药。丁列明说，未来贝达将继续秉持“开拓创新，造福于民”的理念，致力于关键核心技术突破，努力研发出更多高质量的创新药物，造福中国百姓。

旗帜的作用，更在于引领和集聚精英人才，攀登新的高峰。全球一大批优秀人才正在向贝达药业聚集。贝达历来重视人才队伍建设，把招引海外高层次人才作为“一号工程”来抓，先后引进了30多位海归人才。2018年至今，新引进了毛力教授、梁从新博士、吴颢博士、邓亮博士等一批国际顶尖的新药研发专家。毛力教授是全球最大的癌症中心——M.D.安德森癌症中心终身教授，马里兰大学两百多年建校史上首任亚裔系主任、医学院副院长。他来了之后，担任贝达资深副总裁兼首席医学官，负责临床研究项目及战略合作，大大推动了公司的临床研究项目和战略合作进程。梁从新博士是国际公认的小分子靶向药物机制研究和分子设计专家，拥有近30年抗肿瘤药物的设计、研发工作经验，作为主要发明人成功研发舒尼替尼，并凭借该项目获美国化学学会团队创新奖。加入贝达后，作为恩莎替尼和Vorolanib项目的发明和设计人，进一步协助开展临床研究，推向国际市场，同时致力于first in class且意义重大的新项目研发。

近几年，贝达药业在战略合作方面也取得了出色成绩。继与美国Amgen、Xcovery、Tyrogenex等达成战略合作之后，2018年又先后与5家国内外领先的制药企业携手合作。2018年11月7日，在上市2周年之际，贝达与一家大型央企基金携手，在新总部基地隆重举行了战略合作启动仪式，基金拟向贝达控股的美国子公司投资8000万美元，共同推进贝达新药在海外的研发和上市。

为了让更多科学家实现创业梦想，吸引更多创新项目落户杭州，丁列明发起建立了“贝达梦工场”，打造全链条的生物医药创新生态圈。位于杭州海创园的梦工场Ⅰ期，毗邻阿里巴巴总部，拥有11万平方米的造梦空间，如今已经入驻30多家企业，涵盖诊断技术、基因测序、干细胞、医疗大数据、健康教育等行业。4月25日，“2019贝达·生物医药投资与发展论坛”成功举办，设立的贝达生物医药产业基金专注于大健康行业，重点投资生物医药、体外诊断、创新医疗器械等领域，为企业提供全阶段助力。

长风破浪会有时，直挂云帆济沧海。站在新时代的前沿，每当被问起贝达的愿景，丁列明总是满怀感激和信心：“我们这一代人赶上了改革开放的好时代，是祖国的发展成就了贝达，让我们做成了在美国都做不成的事情，实现了价值和梦想。未来，贝达就是要成为总部在中国的跨国制药企业，努力践行创新为民、科技惠民。”

看！贝达的璀璨宏图正在徐徐展开！

执笔人/叶　辉　宦建新

2. 新和成:师心和成万物精

番茄红素、二氢茉莉酮酸酯、聚苯硫醚、虾青素……也许你平时从未见过,甚至不曾听闻过这些千奇百怪的元素名字,但从日本北海道的三文鱼到法国香榭丽舍大街的各类化妆品,从美国佛罗里达的梅奥诊所到德国慕尼黑的汽车工厂,人类的生产与生活都离不开这些熟悉而又陌生的化学合成品。而这些都来自浙江新昌的一家企业——新和成。其主导产品VE、VA、VD3、覆盆子酮、虾青素、芳樟醇的产销量和出口量居世界前列。

2018年,新和成营业收入达86.8亿元,净利润超30亿元,连续16年荣登中国石油和化工企业500强,是中国医药工业百强、中国制药工业百强、中国医药上市公司竞争力20强,被评为中国石油和化学工业改革开放40周年勇立潮头榜样企业。现有总资产219亿元,净资产161亿元,员工9000多人。

在新昌新和成总部大楼的一楼有一面独特的"师字墙"。这是一堵朴素而又厚重的石墙,墙上有一千余个用不同字体写成的形态各异的

"师"字。这些风格不同的"师"字有的灵动飘逸,犹如柳叶御风飘扬,有的苍劲有力,浑然天成,恰似磐石峻宕雄伟。在这面大墙前,我们第一次见到了这位不以"老板"自居,而被员工们亲切称呼为"老师"的新和成掌门人——胡柏藩,而这堵石墙就是公司里他最喜欢的地方。

相较于当前社会上风靡一时的"老板文化",这堵厚实的"师"字墙,更像是一道天然的屏障,将社会上的浮躁与戾气通通隔开,这些风格迥异的大写的"师"字,不仅表达了胡柏藩以"师者文化"经营企业的独到理念,更象征着他身为一名师者所秉持的"传道、授业、解惑"的人生信仰。

谈起与新和成一同跨越的30余载,唯有这"师"字最具诠释力。

白手起家　敢为人先

1988年,毕业于绍兴师范专科学院的胡柏藩被分配到了当地的大市聚职业中学担任化学老师。当时学校条件艰苦、入不敷出,为改变教学条件,胡柏藩东拼西凑借了10万元,开始了创业之旅。虽然当时改革开放的号角已经在神州大地吹响,但对于没有任何创业经历的人而言,创业并非一件易事。几经商量,既然自己是化学老师,还是不离老本行,胡柏藩将目光投向了成本低、见效快的废酒精处理上。

在政府各部门间来回穿梭了3个月后,"合成化工厂"的牌子被批准了,校办厂终于开始了运营。开工后胡柏藩也没闲着,他不光早上在工厂里指导学生们如何操作设备,晚上还要抽空到学生的家里进行家访,了解学生的家庭情况,并向他们的父母报告学生平时的表现。

由于担心学生年纪小不懂得节省,他还特意制定了一套“家庭基金”机制,将他们每个月的工资留下一部分,并在过年时再额外增添一部分交给他们的父母。在胡柏藩等7名师生的一起努力下,校办厂慢慢步入了正轨,第一年就赚了10万元,顺利挖到了第一桶金。

第一桶金让胡柏藩坚定了前进的步伐。在收集废酒精的过程中,胡柏藩萌生了要做高附加值产品的念头。经过反复研究,胡柏藩决定开发腹泻类药物诺氟沙星的中间体乙氧甲叉。这种新产品当时完全由德国赫斯特公司垄断,国内需求量很大却完全依赖进口,售价一度高达每吨14万元,但实际技术上只需要两步反应,开发难度不算太高。

1990年,乙氧甲叉研发成功,打破了国外垄断,这家小小的校办厂进入了第一个快速发展期,销售额在1992年突破了1000万。

尊师重道　开拓创新

企业虽然越办越大,但胡柏藩心中“尊师重道”的经营理念却不曾改变。老师出身的他,深知知识与人才对于技术创新的重要性,而一次机缘巧合,胡柏藩与老师的那种缘分让新和成的发展走上了高速路。

1992年,一次偶然的机会,他邂逅了当时正在浙江大学任教的陈志荣、李浩然两位老师。“当时陈老师和李老师到一家企业去开展产学研合作,本来说好成功后双方利益共享,结果企业没信守承诺,赖账了,两位老师很是郁闷”,胡柏藩听了之后,先是请两位老师在工厂旁的小面摊里简单地吃了一碗面，算是尽地主之谊，并向两位老师提出了希望他们能够到自己的企业来做研发，还表达了自己一直秉承尊师重道的经营理念。

可能是陈志荣、李浩然被胡柏藩的真诚所打动，也可能是出于3个人同为老师的亲切感，他们在小面摊的板桌上谈成了新和成与浙江大学的大合作。

“一面之交”开启了两位老师与新和成长达20余年的“惺惺相惜”，也进一步加强了新和成与浙江大学之间的产学研合作，陈志荣之后担任了新和成的总工程师，李浩然担任了企业研究院院长。

2016年，新和成与陈志荣、李浩然老师合作的“重要脂溶性营养素超微化制造关键技术创新及产业化”项目获得了年度国家技术发明二等奖。项目在国内率先进行了虾青素、维生素A、维生素D3和维生素E等营养素的超微化技术开发，实现了上百种超微化营养素制剂的产业化。近年来，获授发明专利11项，国际发明专利3项，2项技术鉴定处于国际领先水平。新和成所生产的虾青素、维生素A、维生素D3和维生素E超微化制剂的全球市场份额也从零分别跃升至全球第一（35%）、全球第三（25%）。

此后，新和成不断与浙江大学等国内外知名高校展开校企合作，有效整合高校院所与企业在人才、技术、资金、平台等方面的集成优势，形成了“风险共担，利益共享，共同发展”的合作模式，有效解决产品开发与市场需求相结合的问题，并加速了科研成果的产业化。

“新和成的发展需要新产品、新技术、新方法、新思想，‘创新’是新和成发展的根本保证。浙江大学创建世界一流大学，需要引进和培养高素质人才，建设一流学科。”2017年，新和成向浙江大学捐赠了7000万元，用于支持化学前瞻技术研究中心的建设和发展，不仅为浙江大学化学系的学科发展和中国化学研究事业献出一分力量，而且表达了自己对于浙江大学和所有“师者”的一份尊重。

肩负使命　引领行业

中国是肉类生产和消费大国，每年消费的肉类产品不计其数。作为动物饲料中的常见添加物蛋氨酸，可以使饲料中蛋白质的必要氨基酸得以平衡，从而大大提高饲料的营养价值，缩短饲养期，降低饲料成本，同时可以改善畜牧业产品的品质。但由于其工艺的特殊性及原辅料和产品的物理化学特性，其生产面临较大的环保压力，国内蛋氨酸厂家并未将其规模化。

使命感和责任心让新和成迎难而上，捡起了这块难啃的硬骨头。为此，公司大力推进清洁生产和三废防治技术研究，利用自身在精细化工领域多年积累的绿色生产技术，特别是将获过国家科技发明二等奖的项目——“脂溶性维生素及类胡萝卜素的绿色合成新工艺及产业化”的经验成功移植到本项目设计中。

历经10年，新和成通过自主研发和与各单位的产学研合作，终于成功开发了绿色循环一体化蛋氨酸清洁制造新工艺，其质量、成本均达到国际先进水平，并成为国内目前唯一拥有自主研发核心工艺和发明专利的公司。该项生产工艺路线短、能耗少、收率高,不仅提高了原料的使用效率,而且为向社会提供质高价廉的产品创造了良好的条件,并将以优异的产品质量赢得较高的经济效益,大大提升了“中国制造”的能力和水平。

胡柏藩常常教导员工们,“办企业不仅仅是要能赚钱,更重要的是还要承担社会责任,在创造物质财富的同时,还要创造精神财富,最终造福人类”。自1999年4月,由浙江省人民政府批准正式完成股份制改革以来,这家从中学校园走出来的企业,便肩负着新时代赋予的使命。

在肩负使命与责任中,新和成接受了时代的挑战,也抓住了时代的机遇。目前,新和成拥有浙江新昌、浙江上虞、山东潍坊、黑龙江绥化四个现代化生产基地,已成为一家专注于营养品、香精香料、高分子新材料和原料药生产的国家认定的重点高新技术企业。

与此同时,新和成所独有的这份师生情谊也在延续。公司建立了完善的科研人才引进和培养机制,拥有研发人员1600多人,其中博士44人,硕士646人,引进了荷兰、德国、法国等多国业内专家,与韩布兴院士团队、麻生明院士团队等30多位院士专家开展深度合作。通过导师制、伙伴制、课题传帮带,选拔优秀人才去高等学府深造,定期邀请院士专家开展专业指导等“请进来,走出去,给平台”的培养模式,打造了一支创新能力强、业务素质高的科研队伍。

而在科研方面,新和成将研发费用列入年度预算,并将研发费用占比销售收入从以往的3.5%提高到了5%以上。2018年,新和成的研发费用高达4.57亿元,占销售收入的5.26%。充足的科研投入也为新产品开发、各类科技项目的顺利实施奠定了良好的基础。据统计,目前新和成共拥有国内有效专利192项、国外授权专利25项、国家专利金奖1项。

不忘传承　继往开来

带走的是岁月,留下的是传承,风雨兼程三十载,胡柏藩将“老师文化”厉行在新和成的每一处角落,如同一面旗帜、一盏明灯、一份信仰、一种精神。它引领着新和成不断突破、开拓创新,用先进的科学技术和深厚的文化底蕴在时代的潮头继往开来。

近年来,新和成又持续向新的领域发起了冲击。其所研发的聚苯硫醚(PPS)是一种结晶性的聚合物,是特种工程塑料第一大品种,因具有耐高温、耐腐蚀、阻燃、高尺寸稳定性等特点,被广泛应用于电子电气、烟气过滤、汽车、航天、生活用品、工程设备等领域。中国作为需求量占全球40%左右的最大PPS消费国,在高性能PPS方面长期受到日本和美国等国的垄断制约。新和成PPS开发的成功迅速打破了国外企业的垄断,有效助推了中国制造业产业升级。同时,PPS在新能源汽车及5G设备上的应用,也将促进国内厂商在高端制造业、信息产业上的提前布局。

“师者,所以传道授业解惑也。”新和成来自学校,第一批创业者以老师和学生为主体。从诞生之日起,新和成就传承着“尊师重教”的基因。在发展壮大的过程中,新和成以“老师”的德行修己育人,以“老师”的称呼表达对贤者和能者的敬意。如今，“老师文化”已成为新和成独特的企业品格，推动着新和成持续健康成长。

“创新、人和、竟成。”不论未来挑战如何，新和成都将秉承这颗师者之心，以市场需求和技术创新为驱动力，在“创新精细化工，改善生活品质”上以专注、专心实现专业，在未来化学、生物领域进行不断探索，发现未来的蓝海，在人类发明创造、科技发展、工业发展史上留下浓墨重彩的一笔。

执笔人/柳　扬

3. 华海:擎科技之火　走创新之路

从籍籍无名到走向世界,从一间厂房起步到拥有完备的研产销体系,从中间体、原料药到普通制剂再到新药和生物药,从跟跑对手到深度融入全球医药产业链真正与狼共舞,30年来,华海人始终高擎科技创新之火,不畏艰辛、砥砺奋进,闯出了一条中国制药企业开辟国际市场的新路。美国《华尔街日报》称赞“华海药业是中国制药企业进军欧美发达国家市场的一个缩影”。2003年3月,华海在上海证券交易所上市。据了解,华海药业是中国首家通过美国FDA制剂质量认证并自主拥有ANDA文号的制药公司,也是首家在美国实现规模化制剂销售的中国制药公司,在世界高端制药市场树立了中国制药的品质形象。

2018年,华海(美国)国际有限公司下属销售公司Solco Healthcare(寿科健康)以处方量年净增长3300万张、处方量年增长率56%位列第一,同时进入美国仿制药销售额增幅前十强。此次是该公司连续第四年进入美国仿制药销售增速前十强。

艰辛起步　跟跑同行

一间厂房、一辆摩托车，怀揣着炽热的心去拼搏，难以想象如今享誉全球的华海药业在成立之初条件是如此艰辛。“刚开始的时候，什么都没有，条件相当简陋，唯一的交通工具就是停在厂门口的摩托车，换个电灯泡都是自己动手”。毕业于浙江化工学院（现浙江工业大学）的华海创始人陈保华回忆道。1989年，27岁的他虽然已是海门制药厂质检科副科长，但是他仍抱着一颗想做出点成绩的决心，选择了辞职下海，利用筹措到的2万元，在租来的棚房中开始打拼事业。

既当掌柜又当伙计，既管生产又管销售。创业之初，由于资金的限制，陈保华舍不得买设备，建实验室时，除了购置简单的玻璃器皿外，其余全部他自己动手。通过市场调查，他了解到治疗胆结石的曲匹布通比较畅销，于是，就专门生产曲匹布通。为了打开销路，陈保华吃了不少苦：在拥挤的火车上铺张报纸，躺在座位下面睡觉；因为拿不到入场券，只能背着挎包游走在各大博览会的门前，分发产品宣传单；为了充分利用时间，周末邀请上海的专家来厂里进行技术指导……就是靠着这份不认输、不怕输的决心，陈保华在创业的第一年就淘到了人生的第一桶金，销售额30万元，利润14万元。

世纪之交充满着机遇与挑战，陈保华靠着敏锐的市场嗅觉力，紧紧抓住了全球“专利到期潮”的有利时机，将原来生产中间体的化工厂向生产原料药的制药企业转型，并建立起现代企业制度。2003年3月，华海药业在上海证券交易所成功上市。从小作坊到上市公司,13年间,陈保华带着华海人一路披荆斩棘,在创业的蓝海中前行着。

三项第一　追跑美企

美国是全球最大的药品消费大国,进入美国市场可以说是全球制药企业最难攀登的山峰,美国FDA的制剂认证被公认为目前全球最为严格的药品生产质量标准,一定程度上代表了一个国家的制药水平。尽管难度很大,也有一定的风险,但公司上市之后,陈保华仍然决定要去"闯一闯",一如他当年果断辞职"下海"那股劲——明知山有虎,偏向虎山行。

时至今日,陈保华依旧清晰地记得2003年他第一次拜访美国FDA总部时的场景。当时有官员告诉他,印度已有30多家企业通过了美国FDA认证,而中国一家企业都没有,这巨大的差距,就像是一把无形的利剑,深深地刺痛了这位爱国企业家的心。那一刻他下定决心,一定要让华海药业的产品达到FDA的高质量标准。

回国之后,陈保华说干就干,他投入大量资金,选择素有"美国药谷"之称的新泽西州作为公司国际化发展的起点,引进高端人才组建起美国研发团队,形成高技术研发平台和美国市场的开拓平台。这在当时可谓国内民营医药企业的一个创举。

初到美国,一切都得从头开始。为了节省资金,工作人员从市场上买来材料,自己动手组装办公桌椅,几个人的手上磨出了血泡,但没人叫苦。

宝剑锋从磨砺出，梅花香自苦寒来。经过3年的努力，华海终于迎来激动人心的时刻，2007年6月25日，华海药业生产的抗艾滋病药品奈韦拉平片及其生产线，以零缺陷通过了美国FDA认证。1000多个日夜的努力与付出，终换来了进军美国市场的通行证。那一刻，华海药业不仅圆了多年的梦想，更让中国企业在国际市场上扬眉吐气。

良好的开端是成功的一半。接下来，企业的国际化之路也越走越顺，截至目前，华海已拥有60多个美国FDA认证制剂产品文号。华海是第一家制剂通过美国FDA认证，第一家在美国获得药品批准文号，第一家实现在美国大规模、商业化制剂生产及出口的企业，这三项第一领跑中国制药国际化之路。

2013年，华海又启动了二次转型升级战略，高起点进入生物药、新药领域。2017年6月，公司制剂产品甲磺酸帕罗西汀胶囊专利挑战成功，成为中国首家挑战美国原研专利成功的制药企业，这标志着公司已经建立起世界一流的专利挑战团队，在专利研究、药物开发、专利诉讼等方面建立起良好的体系。2018年，华海在美国的子公司Socol Healthcare（寿科健康）实现全美制药处方量增速第一，同时进入了美国仿制药销售额增幅前十强。公司的发展脚步已拓展至日本、德国等全球医药主流市场。

当别人开始做中间体，在国内市场竞争时，华海药业转做原料药，挺进印度、南美市场；当别人开始做原料药，涌入南美、印度市场时，华海药业开始做欧洲的COS认证，跻身全球高端市场；当别人开始做COS

认证时，华海药业又携制剂FDA认证，进军美国高端市场；而当别人开始做制剂FDA认证时，华海药业已在国际制剂市场站稳脚跟。华海药业凭借领先一步的前瞻性发展战略，在持续的转型升级中不断壮大。

三位一体，领跑行业

华海放眼全球引进高精尖人才，立足高校院所引进后备人才，搭建平台集聚优秀人才。2007年，华海药业首个制剂产品通过FDA制剂质量认证，来自各业务线的技术人才功不可没。

刘晓鸣是现任华海制剂分厂的高级技术总监，一直从事美国项目转移的技术指导工作，是公司缓控释制剂的技术骨干。缓控释制剂作为高端制剂，其研发及转化的难度比普通制剂要高得多。刘晓鸣回忆说："刚开始接触缓控释制剂的时候，吃了不少苦头，也经历了不少教训，感觉无从下手，似乎完全进入了一个陌生的领域，为了尽快攻克这一技术，我们在缓控释技术理论提升，以及设备与工艺的实际结合方面下了大功夫，加班甚至通宵都成了家常便饭。"通过多年的摸索和积累，研发转移团队逐渐掌握构建了湿法制粒、干法制粒、微丸制造及底喷包衣、多层及微丸压片、纳米球磨、激光打孔和产品印字等多种缓控释制剂技术的产业化平台。作为技术负责人、带头人，看着一个个新产品从研发阶段到真正商业化生产的实现，刘晓鸣满满的成就感油然而生。

小丸包衣和微丸压片是现代制药实现缓控释技术的重要手段之

一，但这项技术难度大且工艺复杂。一个不起眼的小药丸通常需要多层包衣，而其中的一层就需要至少连续喷液十几个小时，难度之大可想而知。为了攻克这项技术瓶颈，研发团队尝试了各种途径：广泛查询各类文献资料，与设备厂家工程师进行面对面交流，查找FDA工艺指南的实际案例等，随着研究的深入，一个个摆在团队面前的技术瓶颈被逐个攻破。

一片片小小的药丸是华海药业成立以来不断科研创新的一个个缩影。30年来，华海药业各业务线的技术人才与公司一同经历了成长壮大的阵痛，同时也体会到了科技创新收获的快乐：第一个缓控释制剂、第一个首仿制剂、中国第一个挑战原研专利成功的制剂产品……华海药业在多个领域实现了“零”的突破。科技为魂，创新为魄，创新的主体是人才。除了高层次人才外，华海药业还在积极储备技术人才。一座以“坚持德才兼备，全面实施职业素养教育；坚持技能为先，着力培养技能型人才；坚持公益办学，积极回报社会”为理念的浙江华海技术学校拔地而起，目前在校学生已超过1200人，通过对制药技术、食品药品检验等专业技术人才的培养，建立了一支强大的华海技术储备人才队伍。值得一提的是，华海也成为台州医药行业内第一个投资创办学校的企业。

现在，越来越多的技术人员在华海这个世界领先的发展平台中实现了自我价值。到目前为止，华海构建并完善了以美国研发为先导、上海研发为核心、临海研发为生产支持的“三位一体”创新体系。全球6000多名员工中，硕博人才达400多人，海外高层次人才70余人。

2018年研发投入约5.18亿元,同比增长18%,占营收的比重为10.17%。

创新之火与科技之星照亮了技术与资源的长处,造就了华海药业的独特优势。在华海药业总部的药品展示厅内,抗艾滋病药品奈韦拉平片、甲磺酸帕罗西汀胶囊等见证华海成长壮大的药品陈列在展台之上,它们承载着华海慷慨激昂的奋斗岁月,讲述着那一段段催人奋进的华海故事。

关爱生命　福泽四方

三十而立,对于华海药业而言,不仅需要在产业发展之路上立定目标,而且需要在福泽四方的社会责任上确立价值。"关爱生命,报效中华"这八个大字就是植根于华海人心中不灭的指路明灯。

在创始人陈保华的办公室中,陈列着一组组令人倍感心酸的相片——有的是山村里怯生生望着镜头的瘦骨嶙峋的孩子,有的是坐在街头满脸风霜垂垂老矣的老汉……陈保华经常说:"对于个人来说,最重要的是实现自我价值。对于一个企业来说,最终追求的是为客户、员工、股东和社会创造更大的价值。一个企业家的成功与否,物质财富的多少只是表象,有无社会责任感才是最终的衡量标杆。企业的发展、财富的积累离不开社会的支持,回馈社会是一个有社会责任感的企业家应尽的责任。"

陈保华说到做到,翻开华海药业的捐赠记录表,敬老扶贫、修桥铺路、资助新农村建设、支持社会教育事业……一笔笔的数据记录下暖暖的爱心,彰显着厚重的社会责任感。

作为全国人大代表,陈保华也非常关注社会民生问题,2019年两会期间,他提出的严格标准加快推进仿制药一致性评价就是一项利民生的提案。这对于提高中国制药质量、更好地满足百姓的用药需求、降低药价等都将会起到重要的作用。而他也不遗余力地在惠民生方面尽着自己的努力。当华海不断开拓海外市场,完成海内外市场规划与布局的同时,越来越多的国内患者享受到了华海生产的国内价格、进口质量的高品质药物。

越来越多的科技人才汇聚华海,在这个国际领先、国内一流的制药平台上大展身手,实现理想;越来越多的药品走出华海、走向世界,为更多的患者带去健康与希望。

“以人品保证产品,以创新推动发展,以品质创造未来。”华海30年的风风雨雨,生动地诠释了这几句话的深刻内涵。擎科技之火,走创新之路。未来,雄关漫道,华海蓄势如虹,将在二次转型升级战略引领下,以国际化企业管理为体制依托,以“关爱生命、报效中华”为使命推动,以“品质+创新”为理念引导,全面融入国际制药产业链,全力打造“国内一流、国际知名、极具竞争力”的制药企业,为振兴中国的制药事业而不断奋斗。

执笔人/葛　晨

4. 华东医药:创新走出转型路

1992年,李邦良开始担任杭州制药厂(华东医药的前身)厂长。他用27年时间将其从一个只能生产原料药的工厂转型为浙江省集医药于一体的龙头企业。2018年,华东医药实现总营收306.63亿元,归母净利润22.7亿元。2019年一季度营业收入逾97亿元,同比增长23.84%。实现净利润超9亿元,同比增长37.63%。于2000年1月27日,在深圳证券交易所挂牌上市。上市19年来,年均增长率保持在20%以上,被业界称为"华东现象"。

放眼全国医药界和上市公司,能保持营收及净利润增长率、净资产收益率等主要指标长年保持在两位数以上的,实属凤毛麟角,因此,华东医药被中国上市公司研究中心评为"长跑冠军"。

在华东医药总部几百米外,有一处正在紧锣密鼓施工的工地,不需要太多的等待,这里就会矗立起一幢崭新的建筑。现在,华东医药董事长李邦良很乐意带着来访的客人到这儿转转,因为在他看来,这里蕴藏着华东医药今后发展的核心动力。

回溯到2017年6月，华东医药发布公告，宣布江东生产基地二期工程投资计划由董事会表决通过，计划总投资额22.5亿元，超过了华东医药当年的净利润总额。正式投产后，这里将成为华东医药一系列重要产品的生产基地，包括阿卡波糖、多肽类糖尿病药物、超级抗生素、中药提取和制剂产品、出口制剂产品等。此外，这里还将建设研发平台，承担华东医药科研中心的职能。

公告内容不多，概括起来6个字——扩产能，抓研发。这座正在拔地而起的研发大楼是李邦良为华东医药谋划的又一次转型。

良医者，常治无病之病，故无病。圣人者，常治无患之患，故无患。坚持“改革转型、创造创新”，是华东医药实现持续稳健发展的最好注解。

最重要的事只有一件

在过去的一年里（2018年），华东医药在科研上的布局可谓疾风骤雨。1月和2月，华东医药接连在海外成立两个科研办事处，分别位于美国的波士顿和硅谷。紧接着，华东医药宣布在国内组建4个临床办事处，分别位于北京、成都、长沙、广州，而这只是前奏。

农历新年伊始，短短两天时间，李邦良先后召集华东医药集团新药研究院科研人员、中美华东科研中心全体人员、九源基因全体科研人员开会。3次会议只说了一件事，要创新，要转型。而后，他还亲自为驻波士顿办事处的3人送行，并在公司宴请20位博士生。这让华东医药的全体员工感受到华东医药的第二次转型近在眼前。

“这样的做法就是要让全体员工都知道，在华东医药抓科研这项工作，不分你我，要人人参与。”此举，并非李邦良一时兴起，而是他的转型战略的体现。

这样的方式，对于一些华东医药的老人而言，早在27年前就经历过了，上一次这样的全员参与和全面转型发生在1992年。

彼时的杭州制药厂以生产抗生素原料药为主，竞争激烈，产品科技含量不高，制药厂经常亏损。当时的党政领导班子经过商议，确定了制药厂的两大转型路径：一是中外合资进行企业改制，二是市场调研开发新产品。随后，原厂长调离，李邦良在新旧交替的转型关键期接任厂长。

一年的时间，华东医药顺利完成了一系列的改制承接工作：企业改制完成，成立华东医药集团；与美国富春纽约公司合资的中美华东有限公司成立；与美国默沙东成立合资公司。1993年，李邦良确定公司主打新产品百令胶囊，第一次转型从这里正式开始。

“当时还是以生产为主导的，整个公司近千人只有5个人负责销售，老产品越来越难卖，新产品打不开销路，如果走不出这个瓶颈期，企业就很难生存下去。”而这时李邦良发现合资伙伴默沙东一进入中国就大量培训专业的销售人员，因此在国内市场中站稳了脚跟，这让他大受启发，“企业靠市场活命，占领市场必须重视营销”。

为此，李邦良在总经理办公室下成立市场部，亲自抓营销，派人到默沙东参加培训，重新组建营销团队，并在全国开展“百令万里行”活动。李邦良回忆:“我自己带队跑了5年,走过了29个城市搞推广会,骑自行车送百令胶囊。”为了彻底扭转公司以往的理念,让全员重视市场、重视营销,李邦良要求各个科室都必须抽出人员来参与“百令万里行”。“不管哪个人,你有一技之长就加入进来,连后勤部的同事也被动员起来。”

5年之后,百令胶囊销售额超过1亿元,华东医药拥有了第一个制剂大品种并在浙江省初步站稳脚跟。2002年,华东医药受让新药研究院开发的阿卡波糖仿制药卡博平,产品触角伸向糖尿病领域,经过15年时间,卡博平销售额突破20亿元。公开数据显示,华东医药在全国重点医院阿卡波糖市场的市场份额稳步提升,2017年达到28.4%,相比5年前提高了10个百分点。

经过多年的发展,2008年华东医药成长为本省最大的医药企业,李邦良开始带领公司向全国乃至全球医药企业的金字塔顶端冲刺。他派出一大批人员考察了恒瑞、豪森、正大天晴等企业的科研布局与Ⅰ类新药成果,并定下了创新药为未来医药企业发展方向的战略。

调子虽然定下了,但李邦良坦言,在当时华东的实际情况下,企业并没有能力着重研发。十年累积,进入2018年后,华东医药净利润大幅增加,而中国医药行业政策、形势已经趋于成熟,创新药估值经过了几年的热炒逐渐回归理性。华东医药在中国糖尿病、肾病领域的学术实力和市场覆盖率已不可小觑,此时的华东医药既有财力投入创新增加品种,又有实力使新品种迅速放量。

李邦良在这时喊出了“营销进军全国,科研走向世界”的口号,这与他1994年喊出的“百令进军全国、赛斯平走向世界”性质一致,华东医药最终要成长为一个以创新药为主要产品的企业。“往前走一步,我们可能就会进入中国医药行业第一梯队,而慢一步,落后了,就会被淘汰,要谋求更大的发展必须转型升级。”

每年年会,他都要向员工推荐一本书,2018年李邦良选了《最重要的事只有一件》。这本书既是工作、生活、学习的方法论,书名又暗合了当下李邦良希望向每个员工传递的信息:华东医药最重要的事只有一件,那就是研发,一切工作都要为研发服务。

研发新药走向世界

研发怎么做,钱要花、事要办,但怎么花、怎么办是重中之重,“多年来的积累,让我们有了一定的基础,基本的架构已经有了”。李邦良确立了“自主研发＋委托开发＋外部并购”和产品授权引进相结合的新药研发模式。

于是乎,李邦良这样排兵布阵:“第一,把人才派出去,加强同国外科研机构的联系,把信息、机遇、产品引进来加快开发;第二,内部科研投入也要加强,提高科研队伍层次,把人才建设提到重要位置上来;第三,科研队伍不仅需要研发人员,生产承接不了也不行,还有营销、管理,通通都要转型,都要跟上去。”

华东医药集团的新药研究院和九源基因,是华东医药自己的主要研发机构,由中美华东进行产品受让、生产与市场营销。卡博平就是来自新药研究院。2015年12月，华东医药又以5000万元的价格从新药研究院获得肿瘤Ⅰ类新药迈华替尼的权益，如今迈华替尼正在进行三期多中心临床试验。2017年6月，华东医药以8066万元受让九源基因拥有的利拉鲁肽新药技术，据券商预计，华东医药将成为国内第一批申报利拉鲁肽生物类似药的企业。

位于波士顿和硅谷的两个海外科研办事处是与"美国浙江创新中心"联合组建的。后者成立于2013年，是浙江省和杭州市在美国面向国际顶尖科技领域的投资及交流窗口，李邦良要求科研办事处人员要利用好美国浙江创新中心的资源，积极与国外顶级科技团队合作。

海外创新产品引进里程碑事件发生在2017年12月。华东医药与美国vTv Therapeutics LLC（以下简称vTv公司）就GLP-1R受体激动剂TTP273达成协议，华东医药获得后者在中国、韩国、澳大利亚等16个国家和地区范围内的知识产权和商业化权利。

TTP273的成功引进也标志着华东医药打开了海外产品引进通道。对于协议双方来说，这项合作颇有些"门当户对"的味道。vTv公司是美国一家处于临床阶段的制药公司，2015年在纳斯达克上市，主要开发产品有两个：一个是TTP273，另一个是阿尔茨海默病新药。前者由于是慢病用药，三期大规模临床试验对病例数和财力的要求是一个初创公司很难负担的，再加上有诺和诺德的口服索马鲁肽在前且进度更快，vTv公司希望转让TTP273获取现金流、扩大海外市场影响力，以支持创新度更高的阿尔茨海默病新药的研发。他们选中了在中国糖尿病领域有影响力的华东医药。

引进产品的同时仍然要“练内功”。对于有科研基础的新药研究院和九源基因，李邦良提出的要求是，今后将创新药摆在突出地位，每年要争取研发2～3种创新药，投入研发的同时，在国内设立4个临床办事处，将临床优势变成科研的重要优势。从现在的人员结构看，华东医药的工业主体中美华东有限公司形成了以院士领衔的科研、生产、研发、管理团队。这里也要成立科研中心，主要定位是对前端的创新成果进行吸收、消化，迅速移交生产，并探索制剂技术开发平台。这些工作也是由李邦良亲自抓，他说：“最终的科研产品是要生产的，需要科研引导生产。”

2019年1月，在国家级科技领域的最高领奖台上，“泮托拉唑钠及制剂关键技术研究与产业化”项目荣获国家科学技术进步二等奖。华东医药再次榜上有名。这也是华东医药继环孢素生产工艺、阿卡波糖原料及制剂产业化关键技术后第三次获得国家科技进步奖。

泮托拉唑钠是消化性溃疡和胃食管反流病的理想治疗药物，该产学研合作项目的成功研发及产业化，一举打破了国外技术壁垒与市场垄断。如今，华东医药的注射用泮托拉唑钠产品获得美国FDA暂时批准文号，这也是中国此类产品首家获得进入美国的“通行证”。

在人才激励上，李邦良要求华东医药“抢人才”，特别是引进中高端的关键人才，每年引进10个博士生。在骨干人才上，打破原有薪酬体系，实行“一人一策”。人才引进之后，李邦良更看重人才管理，并提前在内部为高端人才的到来扫除障碍。他在创新工作会议上向管理人员提出要求：“干部要懂业务，懂科研，但更要懂管理，不要插足到具体的科研工作中去,要学会管理比自己有本事的人。”

华东医药的研发投入近几年都在持续大幅增长,并确定每年投入比例要达到销售收入的10%以上。2018年,华东医药研发支出总额为7.06亿元,同比增长52.90%。预计2019年研发投入将达到10亿元左右。李邦良相信,虽然科研转型任务更重、更难,但在良好的经济效益和更优的基础设施的优势下,第二次转型应该比第一次转型速度更快,效率更高,质量更好。

经营高手的精神指引

今天华东医药所取得的成就,凝聚了无数华东人的努力,而对于华东医药来说,与其说李邦良是一个商人、掌舵者,倒不如说他是一个经营高手和精神指引者。

矛盾,是李邦良身上最突出的特点。

他脸上总是笑吟吟的,员工们几乎没见他发过火。他说自己“性格内向,待人小心和善,做不了一把手”,但他在1992年任厂长之初立下军令状,3年不把业绩搞上去就下台。5年后,他把百令胶囊销售额做到了一个亿。

他从浙江义乌的乡下考进大学,在军事高校火箭制造专业就读,本该成为像钱学森那样的科学家,但却进了药厂做药。他也经历过那段特殊时期的下乡劳动,读书时学的是俄语,但他跟着电视硬是自学了英语,更难的事情都坚持了下来。

已经年逾古稀的李邦良说华东医药最大的发展特色是稳健,他也说自己的性格特征是不愿意冒险,但从20多年前一手促成了华东医药与美国默沙东的合作,到如今向研发创新转型,每一步他都志在必得。

华东医药至今还保留着一项传统:公司内不允许抽烟。需要抽烟的员工或来宾,必须下楼走上几百步,到厂区门外抽烟,再次进门还需要重新出示门禁卡。

这项传统从1992年开始,到现在维持了27年。当年,默沙东在中国考察,寻找合资机会,华东医药位列被考察的28家公司之中。那时默沙东的销售额是中国全部医药企业之和的2倍,而华东医药尚偏居一隅,即使是在杭州,也算不上大公司。

默沙东考察团队前后来访21次,历经2年,最终于1994年5月14日双方签订合资协议。有人疑惑,美国人怎么就选了华东医药,对此李邦良则回应:“他们每次来不同的人考察,都会提出新的问题,下一次来,发现我们都已经改正了。”

李邦良说其实考察团队盯的是细节,“美国人说女厕所用蹲坑,对太太小姐们不尊重,下一次来,我们的厕所比宾馆还要豪华;他们对在厂里抽烟有意见,我们几次开会禁不了,后来下了死命令,厂领导里的老烟枪带头戒烟,美国人再来,夸我们办事有魄力;为了接待考察团,我添了部在当时还是稀罕货的大哥大,3万多元,特别重的一个,用它随时和各车间联系,提高办事效率,美国人认为我们跟得上时代,观念新”。

同样的话,李邦良在首次被评为“风云浙商”接受采访时再一次说起，只是隐去了当时内心的惶恐。他后来说："刚当上国有企业厂长，事情八字还没一撇就大手大脚造高级厕所、买大哥大、乱掼派头，很犯忌的。但要做事情，只好硬着头皮上。"李邦良很勤奋，也要求员工加强学习。他曾经亲自抓营销，"营销是我自己拼出来、学出来的"。现在他亲自抓研发，凡是FDA批准的新产品他都要看，"不懂我也要看，一遍看不懂，第二遍、第三遍一定能看懂"。他认为，非专业出身的好处之一就是没有思想负担，敢于突破边界、突破极限去思考问题。

如果没有外出事宜，李邦良早上8点会准时出现在办公室。采访当天，他的办公桌上还有一本打开着的管理学图书和零散的笔记。李邦良说自己每年看的调研报告有几百本，无论是营销、管理还是科研，他都学，刻苦学。

在华东医药发展过程中，李邦良逐步归纳总结出六句经营理念："要么唯一，要么第一"，"不求品种最多，但求产品最佳"，"不求规格最大，但求效益最好"，"专注专科、特殊用药"，"不一定要做火车头，但一定要乘上第一节车厢"，"不做大鱼塘里的大鱼，要做小鱼塘里的大鱼"。这六句话也成为华东医药快速发展壮大的核心理念。

熟悉他的人说，他一天到晚没有别的爱好，脑子里思考的全是企业经营、管理、研发、市场。华东医药总经理吕梁说："晚上12点之前，我手机根本不敢调振动，必须随时接电话，因为他有时候看一个报告，一个电话就给你打过来了。"

"执着，敬业。认准的目标，多少年都得干，再困难也得想办法把它做下来，这个办法不行，那就再找一个办法做。"吕梁这样评价自己的老板。

《爱丽丝梦游仙境》里有一句台词传播甚广:在我们这个地方,你必须不停地奔跑,才能留在原地。“之前我以为这是童话,后来才意识到这是现实。市场千变万化,奋斗路上不能停息。”李邦良说:“转型很痛苦,但路就是这么闯出来的。”

执笔人/孟佳韵

5. 浙江医药:务实创新助推基业长青

浙江医药股份有限公司的前身为创建于1954年的国营新昌制药厂,是一家以生产西药原料药、制剂及化工产品为主的综合性化学制药企业,时至今日,已有65年的历史。65年,若置于历史的长河中,只是稍纵即逝,而对企业而言,历经风云变幻而仍能傲立世界之林者,可谓凤毛麟角。

建厂第一年,企业只有职工13名,固定资产710元,产值9100元,利润53元,如今,浙江医药已成为拥有9家主要分子公司和两家研发单位,员工6800余名,年创利润数亿、市值百亿,创造价值难以估量的上市公司。

从名不见经传的小作坊成为中国大型制药企业,浙江医药并不是天生的强者,只是怀着一颗永不言败和追求卓越的心,并充分发扬求真务实、创新进取之精神,在不断完善自我、开拓进取的征程中造就了今日之辉煌。

回顾公司发展的过往和历程,董事长李春波感慨颇多:"我们要保持战略定力,坚定不移地发挥工匠精神,孜孜不倦地做好自己的本职工作。特别是我们制造业,更要持之以恒抓创新,专心致志做实业,或许三五年之后,又是一次大发展、大飞跃的重要战略时机。”

坚守主业振兴民族药业

李春波一直坚信,“只要你在某些领域如技术、质量、资本、市场达到一定高度,具有世界级的最先进的水平,你的技经水平、质量指标、服务态度等优势就会被人知晓,就不愁没有市场了。企业要想持续发展,关键是要对自己企业近期乃至中长期的发展战略进行科学规划并切实把握。如果把握得好,企业将无往而不胜,关键是要做好自己。”

面对喧嚣尘世的浮躁之气,浙江医药公司始终能够立足本土,放眼全球,专注做实业,大力发展民族药业,其利润百分百都来自主业,所有的发展规划都是基于主业之上再相对进行延伸的。

目前,浙江医药已经形成了脂溶性维生素、类维生素、喹诺酮类抗生素、抗耐药抗生素等系列产品的专业化、规模化生产。公司成为全球维生素E第二大生产商,全球天然维生素E第三大生产商,全球β-胡萝卜素和斑蝥黄素第三大供应商,盐酸万古霉素和替考拉宁产量已占全球产量的40%以上。公司制剂产品:乳酸左氧氟沙星注射液(来立信)占全国销售量的20%以上,注射用盐酸万古霉素(来可信)占全国销售量的30%以上,同时公司成为国内注射用替考拉宁(加立信)最大供应商。

2011年，在国内的很多行业和企业不景气的情况下，公司却选择逆势扩张，巨资投入绍兴滨海新城，建立“昌海生物”，在这里企业开启了又一轮征程，建设总投资78亿元（目前已投资50多亿元）、规划总用地1280亩的大型生产基地。该项目被列为浙江省重点建设和省重大工业项目，浙江省扩大有效投资“411”重大项目，这是浙江医药面向21世纪、应对未来百年发展所建设的一个生产基地。昌海生物从设计构思、设计理念到具体细节，一切都是按照世界最先进的cGMP要求规划设计的。实行的生产模式也都是机器换人，全部自动化控制、计算机一体化控制、数字化控制。

在国际市场上，浙江医药充分发扬了不服输的精神，遇到各种问题总是能够迎头而上。2011年的3月22日，日本Kaneka公司向美国国际贸易委员会（USITC）呈交了诉状，诉状内容称浙江医药等几家中国公司涉嫌直接或间接侵犯Kaneka公司拥有的7910340号美国专利。同年6月17日，Kaneka公司向美国国际贸易委员会提交了“337调查”申请，Kaneka要求该会对被告企业发起“337调查”，并发布普遍或有限排除令及禁止令。虽然辅酶Q10这个产品在公司的占比很小，但是浙江医药无所畏惧，选择了打这场官司。2012年9月29日，浙江医药收到了来自美国国际贸易委员会执行法官Robert K.Rogers于9月27日发布的就USITC关于某种辅酶Q10产品及其制造方法调查案的书面初步裁定，该裁定内容包括，虽然Kaneka公司的专利有效，但该专利未能在美国形成国内产业，浙江医药生产的辅酶Q10产品不侵犯Kaneka公司提出的权利要求。直至2018年，美国休斯敦地方法院下达了终审判决书，裁定浙江医药公司不侵权，浙江医药最终证实了辅酶Q10工艺未侵犯日本Kaneka公司专利，从而捍卫了中国药业的尊严。

而在2018年4月，美国贸易代表办公室（USTR）公布了对华课税商品清单，其中包括了出口医药（精细化工、原料药、制剂、医疗器械、耗材等）等一系列产品。这无疑波及了中国众多的制药企业，尤其是出口型的医药企业。这是涉及民族药业权益的一场国际商业博弈，是积极应对，还是就此屈服？这个时候，应该有人站起来。浙江医药对此就做出了表率，李春波董事长得知消息后，第一时间召集了公司高管进行商讨，研究对策，要求公司首席科学家、浙江创新生物有限公司（浙江医药控股子公司）副董事长赵俊兴先生于2018年5月15日—17日赴美国贸易委员会出席听证会。

经过为期3天的听证会，2018年6月15日，美国商务部宣布删除原附加税商品清单中中国出口原料药及制剂的系列产品，此次关税申诉案胜诉。作为唯一一个出席此次听证会的中资制药企业，浙江医药立足自身优势，据理力争，勇于抗辩，不惜耗费人力、物力和财力，不仅保护了企业自身的利益，更使整个中国的原料药及制剂产品免于被征收反倾销税，为中国出口原料药及制剂产品进入美国市场打下了基础，也有力地提升了中国药企在国际市场中的地位。

科技创新提高企业核心竞争力

做企业如逆水行舟，不进则退，面对激烈的市场竞争和风云变幻的国内外形势，如果只是一味地墨守成规、故步自封，那企业只会是死水一潭，没有活力。但纵观浙江医药，若从其上市起计算，20年里，净资产从2.6亿元增加到100亿元，增长了37倍，人均创利从2万元增长到10万元，增长了4倍，并在人才、技术、产品、市场、资本等各个方面不断优化和发展。这其中的奥妙就在于浙江医药坚持不断创新，通过创新，浙江医药永远像一轮朝阳般散发着其崭新而又蓬勃的魅力。

李春波说："企业的'长生不老药'就是创新，如果不创新你就得永远追在别人的屁股后面跑，哪天追不上了企业也就死了。不过，医药行业的创新绝不是那么容易的，要耐得住寂寞，因为有时候研发一种新药要10年甚至20年。很多企业研发新药，已经坚持了很长时间，往往在快要出成果的时候放弃了，这是非常可惜的。"公司在产品、科技研发方面投入力度很大，每年的科研经费占公司销售额的5%。通过科技创新，实现了企业的高速发展和良好的经济效益。公司主持或参与了39项国家标准的制定，目前已申请国际国内发明专利500多项，授权发明专利300余项。

没有创新就没有进步，没有创新就没有发展。浙江医药一直瞄准制药领域前沿先进的、代表未来科技主要潮流的方向，并朝着这个方向努力。公司不断加强自主创新能力，产品研发实现了从"创仿结合、以仿为主"到"创仿结合、以创为主"的历史跨越。如与美国圣地亚哥的安博生物（AMBLAX）公司合作开发的单克隆抗体药物，已在澳大利亚、新西兰临床，现国内已上一期临床。该药作为新一代高度特异性靶向药物，被誉为治疗恶性肿瘤的"生物导弹"。

另外,为加快创新药上市步伐,丰富高端抗生素产品群,公司了解到台湾太景生物科技有限公司正在国内开发苹果酸奈诺沙星,当时胶囊剂型已进入三期临床,并显示了优良的临床效果。2012年6月21日,浙江医药与太景生物科技股份有限公司、太景医药研发(北京)有限公司正式签署《技术授权及合作协议》。2012年底,苹果酸奈诺沙星胶囊完成三期临床研究,并于2013年4月向国家食品药品监督管理局(CFDA)申请新药证书及生产批文。2016年10月,国家级一类新药苹果酸奈诺沙星胶囊获批上市,这是新型无氟喹诺酮类抗生素,可对抗耐药性细菌,安全性好,特别是为社区获得性肺炎等感染性疾病提供了新的治疗武器。

目前,浙江医药已逐渐改变原来制药领域传统的做法,率先开启了医药行业"工业4.0"的序幕。一方面,从机械化向智能化跃升,已经逐步实现用全新现代化、数字化控制的机器替代机械化生产,未来,无人值守生产线、无人车间也即将出现在浙江医药的生产基地中;另一方面,通过运用高精尖制药装备,浙江医药也开始了制药工法的革命,如被誉为"王牌抗生素"之称的盐酸万古霉素,在新的生产区域,通过引进国外的高端设备,应用无菌连续生产技术,实现了万古霉素由液体向固体干粉一步完成的飞跃,这种持续创新,吸引了美国顶级专家到公司访问,这在中国医药史上也是少有的。

创新成本之高昂、道路之艰辛众人皆知,知易行难,令诸多企业望而却步,但浙江医药最为可贵之处,在于无论处于何种境地,都对创新不遗余力,在浙江医药,创新已然不是口号,而成了刚需,成了灵魂,是公司发展的不竭动力。付出终有回报,正是因为对于科技创新的重视和不断投入,公司的许多产品不仅做到了中国领先,还做到了世界领先。

从1954年至今,公司和着时代脉搏跳动的节奏,伴着改革开放奋进的旋律,完成了一次次历史性跨越,走出了一条属于自己的发展之路,留下了溢彩流金的光辉印记。辉煌,不只是用来铭记的,更重要的是用来传承和发扬,在未来的道路中,浙江医药必将会"百尺竿头,更进一步",集群力,献群智,上下齐心,共同去开创一份不负时代的业绩,为达成"百年老店"而奋勇前行。

春水扬波,浙江医药,正在路上。

执笔人/叶伟东

6. 康恩贝:在蜕变中成长

1982年8月的一天早晨,20岁出头,身材精干,一脸青涩模样的胡季强走出金华兰溪县城火车站,跟随着等候在外面的一辆平板车,穿过县城街巷和民房,穿过高低不平的泥路,来到了当时的兰溪县云山制药厂。

他是这家创立于1969年,以养蜂场起家的制药厂迎来的第一位大学生。这个尚未褪去学生气的年轻人,两年半后就被时代的洪流推着走向了企业领头人的位置。而他也不负众望,带领员工创新产品、开拓市场,将偏居一隅的小药厂发展成为国内规模最大的现代植物药企业之一,并且让公司在2004年成功登陆A股。2018年,康恩贝集团实现利税总额近25亿元,制约板块经营收入位居全国中药行业十强。

甫出校门,助力企业创利润新高

1982年,从当时浙江医科大学(后并入现浙江大学)药学系毕业后，胡季强就进入康恩贝的前身——兰溪云山制药厂，成为该厂第138号员工。

这家创建于1969年的街道小药厂由一个养蜂场转变而来，早期产品主要为花粉和蜂产品。从20世纪70年代中期开始，逐步开始生产药品。作为厂里第一个科班出身的大学生，进厂之初胡季强就被委以研制新产品的重任，花粉口服液、花粉糕（片）、小儿流感糖浆等公司早期热门产品，都凝结了他的心血。

1984年2月，兰溪被国家列为体制改革试点县，在当地的国有和集体企业中，一大批有作为的年轻人被推上了领导岗位。而当时进厂不到两年、年仅23岁的胡季强，因为业绩突出、才能出众，被选为副厂长，一年多后，他又被任命为厂长。

"那个时候的改革力度、开放氛围和用人的大胆程度，放到今天来看，也是不遑多让的。"回想改革开放之初的情形，胡季强至今依然感慨不已。

和很多处于从计划经济向市场经济过渡的集体所有制企业一样，当时的云山制药厂内人心浮动、设备老旧、产品单一、利润微薄，老员工上班懒懒散散，年轻员工则大多不安心工作。

面对诸多困难，年轻的胡季强并没有退缩，而是大刀阔斧地实施了一系列改革：对内，打破了原先的"大锅饭"和"铁饭碗"制度，建立经济责任制，实行按劳分配；对外，努力突破计划时代的"包销"制度，组建自己的销售团队，"走出去"开拓销售渠道和产品市场。

在胡季强的主持下，云山制药厂在1985年研发出了一款新药——

前列康。这是世界上第一个以花粉为主要原料，治疗前列腺疾病的药品，一举填补了国内前列腺药品的市场空白。这款疗效好、副作用小的产品一经推向市场，就大获成功，当年即取得了8万瓶的销售业绩。现如今，前列康仍是国内服务人群最多的前列腺疾病治疗药物。

此前每况愈下的小药厂，在胡季强的带领下，登上改革开放的列车，迎来了高速发展。1984年，云山制药厂全年产值500多万，利润80多万；而到了1987年，销售额增长到了3000多万，利润达到500多万元。从1987年到1989年，云山制药厂的综合经济效益连续三年位列浙江省同行业第一名。

坚持创新，引领企业成为现代植物药开拓者

前列康的一炮而红，让云山制药厂的面貌发生了天翻地覆的变化，但胡季强却并没有安于现状，反而加快了寻找新的增长极的步伐。

1987年，胡季强熟识的一位专家前辈从德国访学归来后，给他打来电话，提供了一条信息：在当时的欧洲，采用银杏叶提取物制成、用于治疗心脑血管疾病的植物药非常畅销，不过在当地，生产银杏叶提取物的原料和人工成本都非常昂贵。

具备敏锐市场眼光的胡季强顿时眼前一亮，“银杏树在我们国家种植比较广，如果由生产植物药起家的云山制药厂来生产银杏叶提取物，成本一定可以降到最低”。

但在当时，国内药企对提取物缺乏了解，也不具备提取技术。为了

攻克难关，胡季强特地跑到中国科学院上海药物研究所，向这方面的专家寻求帮助。

1990年，经过攻关，云山制药厂生产的银杏叶提取物面世了，这是国内企业的突破。也是在这一年，“康恩贝”这个商号诞生了，兰溪云山制药厂更名为浙江康恩贝制药公司。“昨天的云山制药厂向你告别，今天的康恩贝向你走来”，这则别具一格的更名告示，一时广为传诵。

之后，康恩贝又突破了银杏叶提取工艺的技术瓶颈，在1992年成功研发出了国内首个符合国际标准的现代植物药——天保宁牌银杏叶片。1993年，天保宁牌银杏叶胶囊成为卫生部批准的第一个银杏叶提取物新药。1995年，天保宁销售额已经达到了8000万左右，和前列康一同成为康恩贝热销至今的两大拳头产品。

从20世纪90年代开始，康恩贝进入发展快车道，企业和产品接连收获了一连串国家级、省级荣誉，成为行业中的“明星企业”。对于企业的发展来说，人才、资金和市场是最关键的几个要素。

1994年5月，浙江康恩贝集团有限公司在杭州成立，成为浙江省首家将总部迁到杭州的地方企业，这个决定也为康恩贝之后20多年的发展奠定了基础。

品牌经营给了康恩贝活力，动力则在创新。创新是康恩贝发展的灵魂与永恒主题。其中，研发的创新，是康恩贝立身的根本。国内首家研发成功的中药抗前列腺疾病新药——前列康，银杏叶提取物制剂——天保宁牌银杏叶片的推出，奠定了康恩贝现代植物药开拓者的发展格局。

此外，近年来，康恩贝以国家级企业技术中心、国家级博士后科研工作站、国家创新型企业等技术平台为依托，在康恩贝制药中央研究院的引领下，在新型制剂研发、植物提取物标准提升等方面不断探索：2011年，公司研发的抗前列腺增生中药六类新药——黄莪胶囊获得新药证书；2012年，公司负责起草的普乐安片/胶囊药品质量标准被载入《中国药典》；2013年，康恩贝起草的银杏叶提取物行业标准，由商务部正式发布；2018年，康恩贝启动了以创新为核心的新长征2号工程——科技创新驱动发展工程，通过创新药研发、大品种的二次研究和开发、仿制药一致性评价等，大力培育公司未来的重磅产品和核心竞争力。

据了解，近5年，康恩贝获得授权专利256项，其中发明专利127项，获新药证书、生产批件、临床批件132项，有中药保护品种5个，获国家级科技进步奖1项，省部级科技进步奖10项，公司累计参与制定国家标准100余项。

潜心学习传统文化，率领团队行稳致远

2017年12月，康恩贝搬入了位于滨江区滨康路的新楼——康恩贝中心。在这幢乳白色蜂巢造型建筑的前广场上，最引人注目的是明代思想家、哲学家王阳明的铜像。不仅如此，在这幢大楼内部，还专门辟出一个楼层，用于研习包括阳明心学在内的中华优秀传统文化，探讨新时代下的商业文明之道。

胡季强说，他在治理企业的这30多年中，有过辉煌，也有过彷徨，

走过坦途，也走过弯路。开始学习阳明心学之后，他专程赴贵州修文县龙场，在王阳明悟道之地伫立良久，豁然开朗，明白了自己此生最大的责任和使命，是与这个伟大的时代同频共振，做人民生命健康的忠诚卫士，让中华医药放大光明于世界！

胡季强说，中国的经济总量已位居世界第二，同时是全球第二大医药市场，但是中国没有一家医药企业进入世界处方药企50强，也没有一个药品进入世界药物销售100强，每每看到这样的数据，他就会感觉非常痛心，也为此自责。但胡季强同时认为，这也意味着巨大的机会，“未来，我们将做一些取舍，真正聚焦于自己擅长的植物药领域，争取做成一家千亿级的公司，康恩贝上市公司2017年销售额只有50多亿元，这意味着我们要在这个基础上增长20倍”。

“虽然难度不小，但我这个已过中年的人既然明确了方向，完全可以开启自己更加精彩的人生下半场。”胡季强如是说。

其言切切，其行凿凿。

执笔人/汪　琦

7. 创业慧康：葛洪后裔的智慧医疗产业链

"下一个超越我的人，一定出现在健康产业。"

网络上流传数年的这句话，署名一直在比尔·盖茨和马云之间徘徊。我们无法考证两位商业巨头是否真的讲过这样一句名言，但蓬勃发展的健康产业，俨然已不止在世人面前露出冰山一角。

对年逾半百的葛航来说，深耕医疗卫生信息化的26年几乎占据了他的一半人生，而这份"用半辈子做一件事"的钻研劲儿，让他成立的创业慧康科技股份有限公司，缔造了覆盖全国340多个区县，积累超过2.5亿份居民健康档案的智慧医疗帝国，在健康产业领域占据了一块高地。2018年，创业慧康以近13亿的营收额、30多亿的资产总额，交出了其作为医疗信息化行业"领头羊"的一张优异成绩单。

三年二次跳槽：名校生选择合适职业

在一次电视访谈中，葛航曾对主持人说过这样一句话："人的一生，就是在不断地追求、不断地提升、不断地完善自我。”

回望葛航的人生履历，这种敢想敢做、勇于拼搏的精神在他求学时就已初现端倪。年少时的葛航，也曾是个未把学习放在心上的顽皮男孩，中考失利成了他人生的第一道坎。

幸而，在父亲的鼓励和引导下，葛航打消了负气报考中专的念头。与重点高中擦肩而过，就在普通高中发奋努力，葛航从全校第一百多名，渐渐赶超到前五十名、前十名，最后高考“一不小心”考了全校第一，凭借优异的成绩被浙江大学录取。

1984年，葛航从浙江大学工业自动控制专业毕业。这位意气风发的名校毕业生先是被分配到了隶属于杭州电视机厂的杭州广播电视研究所，端上了“铁饭碗”，但这份体制内按部就班、一眼看到头的工作让葛航总感觉缺了点什么。因此，三年后，他毅然辞职，去探寻自己想要的人生。

离开研究所后，葛航进入了杭州电子有限公司，从最基层的生产线技术员做起，一步步升职成为生产主管。但短暂的成功并未消解葛航对实现自我价值的追求。在岗位上，他一边勤恳做事，学习管理经验，一边对公司状况进行了深入思考，看到了繁荣背后的本质：公司的原材料需要进口，订单掌握在别人手里，只进行来料加工，没有掌握长远发展的核心要素，很难有发展前途。

于是，合同期满后，葛航再次提交了辞职申请。

凭着一腔热血:勇敢进行“四无”创业

1990年,27岁的葛航下海创业,赶上了国内互联网起步的大潮。

那时,北京的中关村和深圳的赛格电子市场正在崛起,是电子产品买卖的“根据地”。但国内的计算机产品大多依赖进口,价格昂贵。“所以我就去跑深圳、北京买零部件、装配电脑来卖”,敏锐嗅到商机的葛航很快赚得了第一桶金。

尽管做计算机装配生意很赚钱,但葛航清楚地知道,这不是长久之计。想得到更好的发展,就要做自己的东西。

转型的机遇出现在1993年。借着卖计算机硬件的机会,他得知浙江大学医学院附属第二医院想做一个电子门诊收费系统。因为财务统计完全依赖人工,一方面工作效率低下,另一方面账目差错频出,腐败也随之滋生。而计算机的蓬勃发展,为医疗系统的改革提供了新思路。

葛航当即请来了工程师,摸索着研发出了第一套收费软件,在浙医二院落地生根,收获了良好的反响。从此,葛航误打误撞地与健康产业结下了缘。

1996年,葛航回到浙江大学攻读工商管理硕士学位。这段学习经历让他更深刻地认识到,做贸易代理将受制于人,进口产品的汇率和供应商都是危险的“定时炸弹”。因此,在毕业论文中,葛航第一次论述了成立一家专业软件公司的梦想——“我想做原厂商的事业”。

1997年底,葛航完成了硕士学位的学习,创业慧康科技股份有限公司的前身——杭州创业软件集团公司也随即注册成立，专注于医疗卫生信息化发展。如今的创业慧康已经是一个市值破百亿，员工超3000人的上市公司。但在20多年前，算上葛航，公司的初创团队仅有5个满腔热血的青年。

“当时，我们对自己的评价是‘四无公司’：无公费补贴背景，无医疗行业背景，无海外留学背景，无大资本投资背景。”葛航调侃道。

重金投入研发：实现产品精准化精细化

1998年，国务院出台了《关于建立城镇职工基本医疗保险制度的决定》，拉开了我国社会化医疗保险制度建设的序幕。医保政策铺开，使得医院对于数据信息化的需求大大增加——医院要从医保拿钱，就必须提供每日结算清单，利用信息化的管理方法提高工作效率。

对于创业软件来说，这场政策的春风来得及时而热烈。但作为一家年轻的草根民营企业，如何与全国性的、有背景的大企业竞争？

用葛航的原话来说，创业软件的成功：“一是对市场的敏锐感，二是吃苦耐劳。我们可以把成本控制在比较低的水平，别人不能生存，我们能生存，别人没有利润，我们可以活下去。另外我们在服务上狠下功夫，与客户建立起了很好的关系，很多客户都合作了十多年。”

这种“敏锐”和“吃苦”，在创业软件的产品研发中体现得淋漓尽致：公司创建伊始，资金紧张，但葛航花了大价钱引进IBM的工程师合作研发产品；在全公司“勒紧裤带干革命”的日子里，葛航还砸下公司超过三分之一年产值的500万元做研发;普通员工的月工资还停留在千把块,研发人员的月工资已经超过了4000元。

如此投入之下,创业软件的产品做到了精准化、精细化。公司初期研发的基于C/S架构的全院级医院管理信息系统,结合国内医疗保险政策的需求,内嵌了完整的医疗保险系统,在杭州得到了快速的推广,并逐渐走向了全国。此后,公司在此基础上相继开发出电子病历、医学影像系统、放射科信息系统、体检系统等信息化产品,给出数字化医院整体解决方案,力求从各方面辅助医院完成全面信息化建设。

打破信息孤岛:高效利用医疗资源

尽管医疗卫生的信息化对于个人、医院和政府都有巨大的益处,但囿于固有的医疗体制,大数据联通、健康档案建设等一系列举措"谁来买单"的问题,在很长一段时间里限制了医疗卫生信息化产业的进一步发展。

彼时,竞争对手们都对大医院的订单虎视眈眈,葛航却把目光投向了基层社区医院。"一个医院的数据只是一座孤岛,"葛航说,"只有把个人、医院、社区、政府公共卫生等多方位的数据打通,才能建立健康的城市生态圈,让老百姓受益。"

作为国内最早开始研究社区卫生服务信息系统的公司,创业软件建立区域性的数据中心,让信息实现共享的前瞻性创新,为未来的发展打下了坚实的基础,也让葛航树立了做"中国的大健康事业"的理想。

2006年,上海市闵行区卫生局局长许速的到访给创业软件带来了飞跃的机会。许局长此行,是希望为老百姓做点实事,建立居民的“个人健康档案”,即把政府的公共卫生数据和医院的电子病历数据汇合在一起,存放在每个人的健康档案里,从而改善闵行区的医疗状况。但政府苦于缺少资金,所以想找一家公司合作。

这与葛航的理想不谋而合。公司委派30人组成了专项小组,很快就在上海扎根。在没有任何资金和经验的情况下,进行个人健康档案研发无异于一次艰难的冒险。研发过程中,葛航亲自担任项目经理,整个项目组更是前前后后换了4个合作的卫生院,终于做出了第一项产品。

一年后,第一批居民电子个人健康档案顺利入库,闵行区由此成为国内居民健康档案建设的先行区、样本区,陆续吸引了全国范围内3000多批次的政府考察团前来参观、学习。

2008年1月,国家卫生部的领导参观完闵行区后不久,健康档案被列入了医改的重要目录。创业软件趁着2009年新医改的东风,将项目推广到了超过250个区、县级城市健康档案数据从最初完成时的50万份,增长到如今的2.5亿份!

不过对于创业软件来说,健康档案只是健康城市生态建设的基础部分,他们的目标是建立完善的区域卫生信息平台,通过信息化解决原有的医疗流程固化问题,把全体老百姓的健康作为自己的责任。

因此,在2015年,创业软件与广东省中山市卫生系统合作,出资2亿,打造了“健康中山”项目,用3年时间将市内的5家市级医院、24个社区卫生中心的数据全部打通，一个系统解决从看病预约到问诊支付的全部流程，同时为城镇300万居民建立健康档案，基于档案内的信息数据，为居民提供健康管理的建议和服务。

健康信息网络：助力人们乐活百岁

东晋有个著名的医药学家，叫葛洪。

你可能不了解他，但你一定在屠呦呦的演讲中听到过他："当年我面临研究困境时，又重新温习中医古籍，进一步思考东晋葛洪《肘后备急方》有关'青蒿一握，以水二升渍，绞取汁，尽服之'的截疟记载。这使我联想到提取过程可能需要避免高温，由此改用低沸点溶剂的提取方法。"

而葛航，是葛洪第49代传人，出生医药世家，是葛洪文化推动者。

这似乎是冥冥之中注定的葛航与健康产业的缘分。步入医疗信息化产业26年，葛航的创业软件手握一份出彩的成绩单——多个区域样板项目引领着国内健康城市的建设步伐；在浙江、上海、北京，以及华南成立的四大研究院正在以持续的创新更好地服务客户；近年来，公司更是在智慧城市、智慧医疗、大数据应用、人工智能、区块链等领域加大研发投入，累计打造了八大系列280多个自主研发产品。

凭借产品创新和产业专注的独特优势，2019年5月，公司还中标了国家医保平台建设工程项目的核心业务包，在与一众互联网公司、保险公司、国有大数据公司的激烈角逐中脱颖而出。这对于国家医疗事业和创业慧康的发展来说，可谓是“双赢”。一方面，国家医保领域显现的数据鸿沟、信息孤岛、技术壁垒、应用烟囱等信息系统碎片化问题，将通过创业慧康的信息化手段解决，实现更好的运行、管理和服务；另一方面，创业慧康也将因建设此项目，在不远的未来实现成为智慧医疗行业“龙头老大”的梦想。

走过半百的人生，葛航对未来的思考仍然如20多年前一样犀利、深刻。医疗信息化不是保证健康生活的根本方法，在人体这台精密的“大机器”上，“零部件”的老化、损坏不可避免，关键是如何保持良好的生活方式、健康的生活习惯，对身体进行定期的“保养维修”。

2019年1月，公司的全名由“杭州创业软件集团公司”正式变更为“创业慧康科技股份有限公司”，葛航带领着伙伴们打造智慧医卫、服务健康事业的目标变得愈加清晰。

在这个基础上，葛航提出了“百岁工程”。随着科技的发展，活到百岁不再是遥远的梦想。按照60岁退休来计算，活到百岁的老人至少还有20年的黄金年龄。“这20年其实我们可以做很多事情。健康管理上、健康预防上花10块钱，可以省下医保费用100块钱，所以，我们现在提出活百岁、乐百岁，我们做此事，跟保险结合，跟大健康产业结合，利国利民，方便老百姓，也符合国家“健康中国”的战略方向。”葛航说。

为此，葛航新成立了亿家健康管理集团有限公司，提供家庭健康服务，通过互联网云平台和移动技术，连接医生和居民，让社区医生、医院医生成为家庭医生、私人医生。同时，利用个人电子健康档案，让家庭医生对居民进行专业化的健康指导。此外，公司还上线了集远程医疗、智慧医院、追踪随访、诊间支付等功能为一体的亿家健康App，几乎能够满足用户所有的医疗服务需求。

2016年8月，习近平总书记在全国卫生与健康大会上提出实施健康中国战略。人们常把健康比作1，事业、家庭、名誉、财富等就是1后面的0，人生圆满全系于1的稳固。坚守健康产业20余年，葛航和他的创业慧康将为全中国人民构建一个愈加圆满的健康管理信息链。

执笔人/徐雨萍

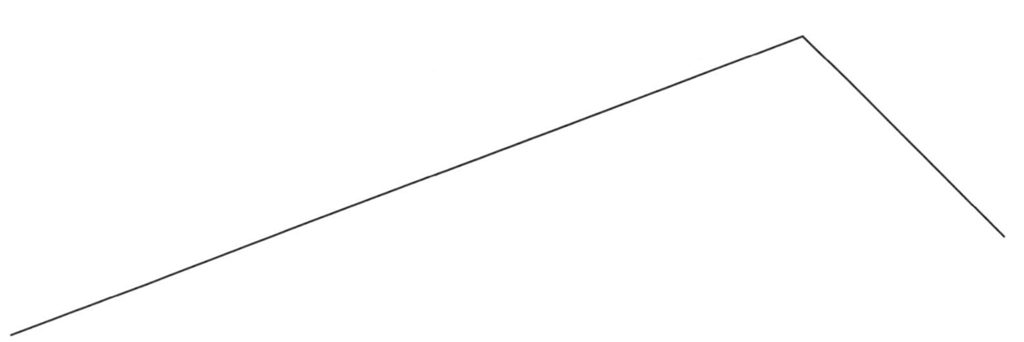

第五章

新能源材料：改变物质世界

1. 富通集团:创新引领　实业报国

浙江嘉善,我国首个县域科技发展示范点,正在崛起一个世界级的光通信产业集群。而这个产业集群,就是由全球光通信产业领军企业富通集团建设的。

根据富通的规划,这里将建成全球单体规模最大、竞争力第一的特大型光通信全产业链工厂,极大地改变全球光纤、光缆产业的竞争格局,为探索浙江区域块状经济转型升级积累经验。

作为富通集团创始人,王建沂在光通信领域创造了一个个产业奇迹。创业创新30多年来,富通集团一直坚守主业,持续致力于研发和创新,以技术创新和技术领先为核心竞争优势,形成了以高温超导电缆、光纤预制棒、超高压电缆与高压电缆接头、海洋光电缆和精密铜材为核心的五大技术体系。

如今,富通集团已成为涵盖光通信领域和能源电力线缆传输产业,业务覆盖全球50多个国家和地区的综合线缆企业集团,全面服务于全球信息高速公路和能源电力设施的建设,成为国家能源电力线缆传输产业的重要推动者。

坚守实业不懈创新

30多年对实业的坚守,30多年对创新的坚持,对于富通集团来说,不变的是对技术创新和实业的执着。

1982年,王建沂从学校毕业后,在杭州富阳邮电局担任线路传输工作技术员。工作中,王建沂潜心学习、钻研通信线路知识,也由此与通信行业结下了不解之缘。1987年,改革开放的大门逐渐打开,24岁的王建沂决心投身到创业大潮之中,创立了富通集团的前身——杭州富阳通讯材料厂。

凭着对通信行业的敏锐判断,王建沂带领富通集团不断转型创新,引进先进技术和人才等资源,抢占技术制高点。从产业低端的铜缆事业起步,由点到线,不断推陈出新,铁芯电话线、铜包钢电话线……1994年,组建成立集团公司,也由此迈入了规模化经营的发展之路。

1995年,富通集团与日本六大电线电缆企业集团之一的昭和电线电缆株式会社合资合作,致力于通信电缆、数据电缆以及电子线缆的研发和制造。1998年,富通集团成为中国第一家掌握光纤技术的民营企业,其技术和产品填补了省内空白。

2001年,富通集团研制成功中国第一根具有自主知识产权的全合成光纤预制棒,突破了国际垄断,填补了国内空白。第二年,富通光纤预制棒产业化项目被列入国家“863计划”。随后,该技术项目获得了国家信息产业重大技术发明奖。令富通人自豪的是,2004年,时任中共浙江省委书记习近平视察富通集团,对富通坚守光通信产业,以技术创新突破世界光纤产业核心难题——光纤预制棒技术,打破国际垄断的做法,给予了高度肯定。2007年,因在光纤预制棒技术方面的创新和突破,富通集团荣获国家科技进步二等奖。

正是以富通为代表的国内光通信企业突破了光纤预制棒技术,使得我国光纤制造成本迅速降低,为我国的信息化建设节约了千亿元以上的投资成本,带动了中国乃至全球光通信行业的整体技术进步和产业发展。

2008年,富通集团与世界500强企业日本住友电气工业株式会社形成战略合资合作,集聚双方的产业、技术和市场优势,在光通信领域缔结全面战略合资合作关系,建设具有全球竞争力的光纤及光纤预制棒研发、制造基地。

随后,富通集团在巩固和完善光纤预制棒自主技术创新体系方面做了大量的工作,坚持以创新驱动促进提质增效和产业升级,强化核心技术的研发和产业化发展,推动技术、管理和商业模式的协同创新。同时,参与和牵头起草、制定了国家关于光纤预制棒、光纤产品的技术标准体系,并持续加大技术创新和科技研发投入,将技术进步与产业升级融为一体,逐步实现从规模化发展向高质量发展、从低端产品向中高端产品迈进。

2012年,为实现企业中长期战略规划,富通集团开始实施"双主业"战略——在巩固光纤通信产业的基础上,发展以高温超导电缆,高压和超高压电缆,海洋光电复合缆以及精密铜材为核心的能源电力线缆传输产业。在全球信息化和城市化进程加速推进的过程中,富通的“双主业”战略已经初具规模并正在快速集聚优势。

在推动实业报国的实践中,富通集团坚持走靠合作共赢、靠人才发展的道路。不仅在国内建立了富通技术研究院、企业技术中心、博士后科研工作站等科技创新平台,还在海外生产基地建立高品质、高水准的检测中心,形成了多元化、开放式的研发检测体系。与此同时,富通集团先后与北京邮电大学、浙江大学、天津大学、南京邮电大学、电子科技大学等高等院校和科研机构开展交流合作,吸引更多的高端创新资源,集聚一批通信行业领域的技术人才和专家。

全产业链模式打造实业升级版

当前,随着物联网、大数据、互联网+、智能制造等新一代技术的应用,移动互联网应用和宽带流量增长迅猛,5G即将实现大规模的商业化,“宽带中国”“互联网+”等国家战略,都将促进通信基础设施建设的快速发展,光通信产业将迎来前所未有的机遇。

富通集团正放眼整个产业链,聚焦实体经济+人工智能,拓展更大的价值空间,进行了一系列的创新和布局。在浙江嘉善县,富通集团投资建设了光通信全产业链项目。按照规划,这座集光纤预制棒、光纤、光缆以及原辅配套材料生产于一体的全球特大型光通信全产业链工厂,正在探索“产业组织模式、生产制造组织模式和市场(商务)模式”

的创新，将制造技术、自动化技术和信息化技术三者融合，形成以机器自主者为核心的智能制造，打造具有全球竞争力的先进制造业集群。

与此同时，富通集团在电力能源技术创新领域也较早地开始研发和积累。超导技术是21世纪的战略性储备技术之一，在能源、医疗、信息、交通等领域具有重要的应用价值。近年来，富通集团在二代钇系列高温超导电缆技术应用领域投入了大量的人财物搞开发、搞试验，建设了全球领先的高温超导电缆制备工厂，并配置了全球顶级的超导电缆评测和研发、实验装备。2017年，富通集团建成了二代钇系列高温超导电缆传输应用验证试验线并成功挂网运行，为我国能源战略实施做出了积极贡献。

当下，在"海洋强国"战略的大背景下，富通集团积极布局未来五至十年的战略性技术，集中力量研制海洋光电复合缆技术。富通集团正在浙江舟山群岛新区投资建设的海洋光电缆项目，瞄准了海底光电复合缆和深海直流电缆等产品，打造亚洲顶尖、世界一流的海洋光电缆产业基地。

多年来，富通集团不断完善光通信全产业链布局，致力于新型产业和技术的研发，深刻诠释了中国光通信行业从成本、规模、技术赶超向"中国智造"转型跨越，以民营企业的家国情怀和企业担当书写着产业报国的"中国梦"。

开放合作铺设“信息丝绸之路”

在实施全球化过程中，富通集团以全球视野紧紧抓住“一带一路”倡议机遇，经历了从产品输出到技术输出，再到全产业链竞争的不断升级。

从杭州出发，在中国香港建立光纤制造基地，在泰国建立东盟区域最具规模的光缆工厂，在墨西哥合作设立工业园，在卢森堡设立欧洲区域管理总部……近年来，富通集团跟随“一带一路”倡议的步伐，积极实施品牌战略，持续加大海外市场拓展力度，稳步提升市场占有率，不断提高在全球市场的竞争力，产品已覆盖全球50多个国家和地区，其中光纤产品已占据全球10%以上的市场份额，富通集团走出了一条独具特色的全球化之路。

2013年，富通集团在泰国罗勇工业园建成了东盟地区最具规模、品种完整的现代化通信光缆工厂，以及东盟地区品质最高、最全面的产品研发和检测中心。

在“走出去”的同时，富通集团更注重“走进去”，因地制宜创新商业发展模式与管理模式，建立“本土化”长效合作机制。富通集团东盟泰国工厂运行以来，积极把握“中国东盟互联互通”的战略机遇，以“融入当地文化、本土化经营”以及秉持“中泰一家亲”的理念，取得了优良的经营业绩。未来，富通泰国工厂将全面服务于包括泰国在内的东盟各国以及南亚、中东、北非乃至欧洲等地，积极服务和保障当地信息互联互通建设。

富通集团还与国内民营企业加强合作,通过“抱团、集聚”发展的形态,在北美洲墨西哥合作开发和搭建高端产业园,积极部署北美洲和南美洲市场,探索中国企业“抱团、集聚”发展,产业链互补、有序“走出去”的模式,共同面向和参与国际竞争。

20多年的全球化实践,富通集团通过海外设厂或投资入股,不断提升实体制造业的智能制造水平,实现了从“技术引入”向“创新输出”转变,形成一个可持续、循环的战略规划。

执笔人/叶陈敏

2. 桐昆:从乡镇小厂到全球第一的秘诀

“天行健,君子以自强不息;地势坤,君子以厚德载物。”桐昆集团股份有限公司,凭着一代代桐昆人敢为人先的拼劲和辛勤耕耘、艰苦奋斗的韧劲,自1982年创业以来,历经改革开放、中国入世、金融风暴,企业由小到大、由弱到强,从一个连年亏损、资不抵债,负资产近100万元的纤维厂逐步走向涤纶长丝行业的世界之巅。桐昆集团,37年只做一件事——深耕化纤行业。企业发展至今,已成为一个拥有总资产达360亿元、下辖5个直属厂区和18家控股企业、拥有员工19000余人的全球化纤行业巨头。

凤凰涅槃,浴火重生

1991年,桐昆集团的前身桐乡化纤厂陷入困境,总资产不到500万元,资不抵债近100万元,人心涣散,既无自有资金,又早被银行拉进了信用“黑名单”,处于关闭边缘。此时在洲泉镇党委、政府的强烈举荐下，时任桐乡市凤鸣化纤厂副厂长的陈士良临危受命，出任桐乡化学纤维厂厂长。走马上任后，公司新任领导不找市长找市场，奔波于省市内外，破釜沉舟、背水一战：一方面带领团队进行深入细致的市场调研，准确把控市场行情；另一方面对内部进行整顿、恢复生产，仅用一个月的时间就上了一条年产200吨的SKV101丙纶纺丝机生产线，两个月收回全部投入，当年盈利100万元。终于，在当时国内化纤市场复苏的良好形势下，首战告捷，公司迈出了最为艰辛的一步。

1992年，公司高层领导三次北上江苏昆山，以满腔诚意和高度可行的合作方案赢得了江苏昆山苏三山集团和常熟化纤设备厂的支持和信任，以借船出海的模式引进了三条涤纶纺丝线，“精诚所至，金石为开”，终于使企业扭亏为盈，并实现了从生产丙纶到涤纶的转型升级。后来，为了让企业牢记这段来之不易的创业历程和感念昆山苏三山集团、常熟化纤设备厂的患难相助之恩，公司更名为“桐昆”，志名以谢。之后，公司利用自身积累，马不停蹄地进行设备升级改造、深化内部结构调整、大刀阔斧抓改革：一方面不断引进先进生产线，从常规纺走向高速纺，不断完善产品结构，增强专业化生产能力；另一方面走低成本扩张之路，先后以兼并、重组等方式收购了一批企业，迅速壮大了企业规模。1995年，桐昆首次跨出洲泉，在桐乡开发区筹建洲泉合成化纤厂，投资3000万元全套引进德国青泽公司两条DW-548高速牵伸卷绕生产流水线，并于当年一跃成为桐乡经济总量第一的企业；1997年公司成为中国大陆长丝产量最大的企业；2009年，桐昆一举超过印度信赖公司，成为全球最大的涤丝生产商。2011年5月18日，桐昆股份在上海证券交易所主板上市，成为嘉兴市股改以来第一家主板上市的企业，实现了又一次的华丽转身；同年，桐昆一面走出桐乡，布点湖州长兴，先后启动了长兴恒腾年产均达40万吨以上的一、二、三、四期直纺差别化纤维项目，一面又折回发源地桐乡洲泉，陆续上马建设恒达、恒嘉厂区和恒邦一期、二期、三期、四期及恒瑞项目，使公司的领跑者地位得以巩固，为桐昆的发展源源不断注入后劲。2012年，桐昆募投项目嘉兴石化年产80万吨精对苯二甲酸（PTA）项目正式进入试生产阶段，标志着桐昆成功地迈向上游原料端，其产业链得以拓展，这不仅增强了公司的市场竞争力和抗风险能力，开启了发展的新纪元，也再次彰显了集团高层领导对促进桐昆健康、可持续发展和打造“百年桐昆”的雄心。今天的桐昆集团已经在桐乡经济开发区、桐乡洲泉工业区、浙江乍浦工业园区、湖州长兴建起了四大生产基地，并正走出浙江，向江苏、广西等地延伸发展，现已建成的生产基地规模超过5000亩，已具备年产520万吨聚合和580万吨涤纶长丝、420万吨PTA的年生产加工能力，居世界涤纶长丝企业产能和产量之首。

顽强拼搏，稳步前行

前行途中，曲直高低，坑洼坎坷，不管寒暑风雨，环境如何变化，桐昆始终坚持用稳健的脚步砥砺前行，踩准了时代的每一个鼓点。正如集团高层领导所说，若想走得远，必须走得稳，稳健才能走出长远的道路。回首桐昆的发展道路，每一步都走得很稳很实：从1982年建厂初期的VC403镇江产丙纶生产设备到20世纪90年代初SKV101设备,转涤纶后,从最初的KP431涤纶纺丝设备和常熟SKV102涤纶纺丝设备到如今从德国、日本进口的最先进的巴马格、TMT纺丝卷绕设备,从二头纺到现在的十二头纺、十六头纺、二十四头纺乃至三十二头纺等。

"桐昆做大还真没想过,但发展最重要的是稳健经营,打造百年企业,这需要好的体制机制、好的文化。成功的定义是无论何时,无论谁人担任公司要职,集团都能健康发展、稳定前进。正所谓有多大能力,做多大事业,有多大资本,搞多大规模,有多大市场需求,搞多大的产能,而不是盲目地扩张……"公司领导如此诠释桐昆的发展思路。据了解,从1991年至今,桐昆实现了"五无":无年度亏损、无对外担保借款、无销售应收款项、无产品积压库存、无停产减产,向社会和股东交出了一份优秀的答卷。

目前,桐昆正处于并将长期处于"做强主业、拓展行业、延伸优化产业链、打造全产业链"的高速发展阶段,将通过打通上下游形成石油炼化、PTA、聚酯、纺丝一体化的产业链格局,即在现有PTA、聚酯和涤纶长丝产能产量做大做强的基础上,积极实现配套产业链的向上延伸。2015年,桐昆控股板块参股浙江石化年产4000万吨炼化一体化项目,并于2017年中将所持有的20%股权装入上市板块。据悉,该项目分两期实施,每期规模为2000万吨/年炼油、520万吨/年芳烃、140万吨/年乙烯及下游化工装置,其中一期2000万吨炼化装置将于2019年年底投产。该石化项目建成后,桐昆将实现产业链向"油头"的延伸,真正打通PX-PTA-长丝全产业链。同时,桐昆也正积极筹建煤制乙二醇项目，以实现聚酯主原料乙二醇的大比例自给，进一步降低原料的对外依赖度。

在桐昆的整个发展过程中，每当处于危难关头，公司领导以其理性坚毅的战略定力一次又一次地聚拢涣散的人心，与员工摸爬滚打在一起，与员工以心换心、将心比心，使员工们不断地看到企业新的希望。同时，也正是凭着公司高层领导稳健的工作作风、旺盛超凡的精力、严谨务实的态度、拼搏奉献的精神和认真严格的要求，形成了具有桐昆特色的强势管理作风和勇于拼搏的工作氛围，并不断涌现出一批批"肯干事、能干事、干实事、干成事"的高效管理和技术人才，为企业的科技创新和健康发展提供保障，并使桐昆走出了一条转型升级的特色之路，给行业做出了表率。

绿色"智造"，企业腾飞

企业的壮大，不仅是规模的扩张，也是设备与技术的创新集成，更是社会责任履行能力的不断提升。桐昆，始终坚持以"行纤维之事，利国计民生"为企业使命，以"打造百年桐昆，实现永续经营"为企业发展的长期目标，近年来，公司积极响应和执行国家"中国制造2025"规划，坚持推动产业进步，努力打造全球化纤新材料领军企业。在公司实行技术革新的过程中，始终坚持将绿色、智能化的设备与技术作为重点引进对象和集成创新的方向。

置身于恒邦二期的生产车间，随着机器的轰隆声，一只只洁白的丝饼从生产线自动落到络筒机的暂存架上,经轨道自动滑动至包装外检区接受外检、称重、贴标,包装流水线的自动抓取、套袋、堆垛、贴标、存储和输送发货等这一系列的“自由运动”,整个过程一气呵成。这样的场景就是桐昆近年来持续加大智能制造建设力度的生动缩影。

近年来,一方面,桐昆通过组建联合体,联合上下游信息数据建立工业大数据平台,大力实施“机器换人”行动,全面使用包括机器人检测、智能仓储输送在内的成套核心智能装备,以及大规模个性化定制与远程运维服务,如落丝机器人、自动化包装流水线、智能化立体仓库、DCS等。同时,配备MES大量开发与应用制造执行系统、ERP企业资源计划系统等工业软件,实现从原料入库、化验分析、聚酯、纺丝、质检到包装、仓储、订单管理、出入库管理等全流程的自动化、智能化、信息化的控制与管理模式,推进智能制造,进而实现两化融合。另一方面,桐昆积极贯彻国家倡导的绿色制造理念,通过与东华大学、中国纺织科学研究院、聚友化工等科研院所开展紧密的产学研合作,致力于绿色制造技术的研发和工业化实施,其间研究多项差别化聚酯纤维的绿色生产制备及集成创新技术,持续完成实施了多个节能降耗改造项目,如引入变频节能控制系统、输送设备节能改造、空压机装置改造、锅炉脱硫脱硝改造、环境空调及风管改造、冷却循环水系统改造等,此项举措大幅度降低了生产能耗,减少了碳排放量。此外,公司还建立了整套污水净化系统和烟气净化系统,通过自动监测监控系统对水质、烟气进行实时监测,确保排放指标优于国家环保要求。

通过以上各项“绿色”“智造”先进技术的研发与创新应用,桐昆不仅攻克了多项“卡脖子”的技术难题，也使化纤的生产制造向着绿色化、智能化方向发展。截至目前，公司现有PTA、聚合和纺丝等关键设备的数控化率达到95%以上，涵盖了聚酯纺丝在线添加、微量改性、混纤等关键设备，自主或合作开发全自动卷绕机改造技术、智能铲板系统、智能组件更换系统、全自动包装及智能立体库等装备技术，与国内外同类企业相比设备优势突出，从而实现了可持续的绿色工厂、智能工厂建设，在行业内起到了示范推动作用。

面对未来，集团董事长表示，作为国家产业振兴和重大技术改造的主要参与者、化纤行业绿色制造的领跑者和智能制造的开创者，桐昆将践行“值得尊重的企业，受人欢迎的伙伴”的核心价值观，坚持自主创新、科学和谐发展的理念，通过持续的技术革新和产品研发，强化科技实力，实现产业的垂直整合，积极转型升级为“智造型强企”。桐昆致力于把企业建设成为规模化、差别化、一体化、集约化的绿色智能化先进制造型企业，以世界化纤行业航空母舰的姿态，引领中国化纤行业勇往直前，驶向新的征程！

执笔人/刘艳丽

3. 巨石:世界玻纤巨擘的成功理论

“科技创新是我们撬起玻纤世界的支点。”张毓强说。巨石26年的发展史,就是一部持续创新、全员创新的历史。

江南水乡桐乡,有一个低调的行业冠军——中国巨石股份有限公司(以下简称“巨石”)。总裁张毓强在巨石建立起了一套独一无二的全员创新体系,让创新无处不在,创新无时不有,创新人人可及,创新人人有责。短短26年,便将一个自有资金不足20万元、玻纤年产量不足200吨的作坊型玻纤小厂,建设成为总资产超300亿元、玻纤生产能力超180万吨的全球玻纤工业领军企业。截止到2018年年底:巨石总资产超300亿元,年均增长18.08%;玻纤产能规模居世界第一,年均增长21.98%;20年来累计创造了三百多亿元的利税,年均增长24.05%。

关于创新,张毓强自有一套“雁行理论”:“一只雁能飞到南方过冬吗?不能。必须一群雁一起飞,才能飞越千山万水!”他始终认为,只有真正激发10000多名员工的创新积极性,企业才会变得强大。

"雁行理论"人人创新，一举打破国际垄断

桐乡经济开发区文华南路以西、新板桥港以东有一座充满智能元素的现代化工厂，这里便是在当地拥有极高知名度的中国巨石新材料智能制造基地。

走进智能制造基地的现场，智能元素随处可见：卸筒机器人完成自动称量、智能分析、精准搬运；浸润剂系统实现自动上料、精准配制；自动摆托机器人和取纱机器人运行高效精准；成品包装线集成整套包装工序，实现车间无人管理，智能入库……

谁能想到，这家成立于1995年的桐乡本土企业，仅用了20余年便从简陋的生产车间发展到如今的智能制造基地，玻纤年产量从不足200吨到超过180万吨，并成为行业内的"世界第一"。2018年12月9日，巨石荣获被誉为中国工业"奥斯卡"的中国工业大奖，这也是我国玻璃纤维行业第一次获得该项大奖。巨石总裁张毓强对此表示，这些都是巨石人全员创新的共同成绩。

人人参与，全员创新，便是张毓强口中的"雁行理论"。关于全员创新，当年巨石获得国家科技进步奖的项目，就是一个典型案例。

3年前，由巨石完成的高性能玻璃纤维低成本大规模生产技术与成套装备开发项目获得了国家科技进步二等奖，这是2016年度唯一由单个企业独立承担的科技成果获奖项目。据了解，这个项目的技术创新主要集中在高性能、规模化、绿色化三个落脚点上，其中高性能玻璃

纤维配方是项目的核心技术。

什么是高性能玻璃纤维？这个听着有些陌生的名词对国家经济发展与转型升级有着重要意义，在新能源开发、汽车轻量化、油气远距离输送等重大技术和工程领域中，都需更高性能的增强纤维作为基础材料予以支撑。

据了解，早在1938年国际上就有企业开始从事玻璃纤维行业的生产，而国内在20世纪50年代才开始从苏联引进生产技术。作为高新技术产业，国际上一直对中国实行技术封锁，高性能玻璃纤维生产在2008年之前一直被美国等国垄断。

面对这样的困境，作为玻璃纤维行业的领军企业，巨石闯出了一条创新之路。这是经过8年研发，花费数千万元，尝试了上百种配方终于获得的成功。这一项目的研发成功，标志着高性能玻璃纤维由美国一家独大的时代结束了。据了解，高性能玻璃配方超越并引领了全球高性能玻纤大规模生产技术，解决了高性能玻纤的供需矛盾，提高了我国基础材料制造水平，共拥有授权专利36项，含美国等国际发明5项，国内发明17项。前3年已累计销售173.16亿，更率先走出国门，在埃及建成示范生产线，实现了我国玻璃纤维行业首次向国外输出技术。

曾有人质疑，国家科技进步奖由一家企业获得，背后是不是有高校和研究院所帮忙？巨石副总裁曹国荣当年对众多前来采访的媒体记者真诚地表示，玻璃纤维这个领域在中国高校没有形成相应的学科，巨石靠的是近30年的“全员创新”。

“巨石拥有一支专业化的专家和技术团队，建有国家认定的企业技术中心、博士后科研工作站，每年的研究经费占销售收入的3%～5%，在玻璃配方、工艺技术装备、环保治理等方面拥有数百项专利，而在这番创新背后，是巨石‘创新无处不在、创新无时不有、创新人人可及、创新人人有责’的企业文化和激励机制。”曹国荣说。

完善激励机制，激发企业创新活力

在张毓强看来，创新为巨石带来的技术进步，是巨石从初期的规模领先战略向技术领先战略转型最重要的内容之一，也是巨石从规模带来的效益增长，转变为高附加值、高技术含量促进效益增长的重要途径。

可以说，巨石多年来能坚持全员创新并收获丰硕成绩，源自一套企业文化和激励机制。

据了解，巨石通过内外结合，致力于建设一个具有国际一流水平的玻璃纤维技术中心，为此构筑出以自主创新为核心，以战略规划、动力保障、科研开放、知识共享、高效组织五大系统为支撑的创新体系。

在企业内部，他们有一套科学的战略规划系统，由信息搜集、信息分析、战略制定机制等三大机制构成。通过技术信息收集部门，搜集整理玻璃纤维及相关行业情报，供领导层和专家分析，根据实际市场情况进行科研投入。

“公司确立了科技投入优先原则，不断加大科技投入，为技术创新提供资金保障。在人才开发机制上，突出抓好科技人才的成长通道建设,在国家规定的职称序列外,建立了技术职务和行政职务两条并行的成长通道,即由正副专业工程师、正副主任工程师、正副高级主任工程师和正副总工程师构成八级技术职务成长通道,并实行评聘分开、动态管理。”中国巨石科技管理部总经理顾桂江向笔者介绍道。

除此之外,巨石还制定了考核奖励机制,以业绩贡献为导向,实行全员经济责任制考核,根据每月考核评分确定最终考核结果,并据此发放绩效奖金。科研人员可通过承担科研项目拿酬金、取得“高含金量”成果获重奖、科研成果转化得提成。

据了解,在科研成果转化上,巨石展开了“技术研发—中试孵化—技术商业化”的全产业链的服务体系,并辅以产业载体、行业圈层、政策及企业服务等多维度的产业服务,同步搭建技术交易、金融服务、创新创业等服务平台,打造了完善的科技成果转化生态体系,加速技术商业化。

在技术研发环节,巨石通过校企合作机制、企企合作机制和博士后进站机制,建设多元化的科研开放系统。巨石技术中心先后与浙江大学、浙江工业大学、重庆科技学院、嘉兴学院等高校,以及捷克GS公司、北京机械自动化研究所、中钢集团洛阳耐火材料研究院有限公司、中国科学院金属研究所嘉兴工程中心等企业开展合作,通过博士后工作站与四川大学、华东理工大学联合培养博士后。

在成果转化方面,巨石围绕技术交易服务、金融服务、人才服务、政策服务、创业服务能力等技术商业化平台,为科研成果转化搭建更优越的服务体系。据了解,如今巨石拥有省级以上创新平台10个,其中国家级2个、省级8个。巨石建立的企业博士后工作站,已有3名博士后出站,同时巨石组织具有发展潜力的青年科研人员到高校深造,已有40多人获得硕士学历。

蒋红卫10多年前刚进公司时是一名保全工。受巨石创新氛围激励,他发奋自考上大专,一有空就钻研技术,这几年每年都有创新项目。2014年,他评上了专业工程师,收入达到了原来的2.5倍。

37岁的章林硕士毕业后进入巨石,直接参与高性能玻璃配方的研发,表现突出。短短几年间,他从工艺员晋升为玻璃研究中心副主任,评上高级工程师,收入提升2倍以上。

让章林感触很深的是公司对创新舍得投入、包容失败。他说,攻关E6配方时,每次上窑试验一试就是1个月,如果不成功,损失少则四五百万元,多则几千万元,每次老总都果断拍板:“上!”这样才让研发得以持续进行。而在研发自动化物流输送线时,第一轮投入几千万元研发效果却没有达到预期效果,第二年,又投几千万元重新设计。如今,巨石智能制造已成为国家级智能制造试点示范项目。

巨石无处不在的企业文化构筑起一个创新“能量场”,激活了每位员工的潜能。从公司高管到一线工人,人人想创新,时时在创新。

冲向全球市场,开辟巨石海外新征途

科技创新是巨石撬起玻纤世界的支点,也谱写了巨石持续创新的历史。除了科技研发领域,在体制文化、市场理念上巨石也处处充满着创新基因，成为民企转型升级，创新发展的典范。

1993年3月18日，巨石诞生，1999年4月22日，“中国化建”（中国巨石的前身）股票成功上市，开始了“混合所有制”发展道路。

“巨石的成功上市，产生了1＋1＞2的放大效应，国民共进，使巨石实现了跨越式的发展”，张毓强说。

上市混改之前的巨石就如拓荒牛一般，在桐乡经济开发区开垦荒地，不知疲倦地朝着国际先进技术方向前进。但是，再厉害的“拓荒牛”也无法躲避世界玻纤市场全面萎靡、中国玻纤市场奄奄一息的困境。

对于坚持走现代企业发展道路的巨石而言，它急需资金来发展先进技术，扩大国际市场占有率，摆脱国外玻纤大佬垄断核心技术的局面，而资金成为解决上述问题的金钥匙。恰逢亚洲金融危机席卷，外资企业又虎视眈眈欲收购巨石。张毓强做出了一个重大决定，他拒绝了外企的收购，选择与中国建材集团合作，拼盘上市，以保留中国玻纤民族工业的火苗。

上市后的巨石在企业战略、管理、生产、经营等方面采用了新模式，“混合所有制”的发展模式得到了新的实践和升华，激发了企业更大的活力与创新动力。

之后10多年，巨石建立了完善的全球营销网络，销售网遍布全球100多个国家和地区，拥有5个国内公司、14个海外公司、1个海外独家经销商。巨石针对战略客户、重要客户、一般客户的差异化需求，建立差异化的营销策略，创新营销模式，从品牌营销、环保营销、服务营销和技术营销入手建立顾客关系。每年举办一届的国际玻纤年会也成为全球复合材料行业发展的风向标，被誉为“小型联合国”会议，到2018年国际玻纤年会已经成功举办了24届。

“要真正成为一个国际化的公司，光有产品出口，引进外资，那是不完美的，更重要的是走出去。”张毓强说。

2012年，在“先建市场、后建工厂”理念的指导下，巨石挥师埃及，打响了海外战役的第一枪。两年后，第一条年产8万吨池窑拉丝生产线建成，这是中国玻纤工业向海外输出的首条生产线，更填补了非洲大陆玻纤制造业的空白。2018年，巨石埃及年产20万吨玻纤生产线全面建成，巨石埃及公司成为“一带一路”沿线上一颗璀璨的明珠，助推埃及成为全球第五大玻纤生产国，成为国家产能合作的典范。

2018年4月22日，巨石在桐乡总部举行股票上市20周年庆典，笔者为在“中国巨石股票上市二十周年”成果展上看到的累累硕果惊叹不已。可以说，这是巨石逐梦奋进的20年，是转型升级的20年，是从跟跑、并跑到领跑的20年。

从一串上市前后的对比数据中可以看出上市对巨石所起到的作用。1998年中国GDP为8.52万亿，2018年为90.03万亿，增长10.56倍已是全球最快，而巨石的收入增长率为31.71倍，净利润增长了65.05倍。截至2018年年底：巨石总资产超300亿元，年均增长18.08%；玻纤产能规模居世界第一，年均增长21.98%；20年来累计创造了300多亿元的利税，年均增长24.05%。张毓强表示，这是混合所有制下体制、管控、考核创新之功。

截至目前,巨石的玻纤总产能超180万吨,约占世界总产能的22%,约占中国玻纤总产能的40%,产能规模居世界第一!对于张毓强来说,如果要永远领先竞争对手5年,就必须坚持技术创新无止境,创新脚步永不停!

执笔人/陈　晓

4. 华峰:创新基因根植在产业发展中

从20世纪90年代的一个家庭作坊式小厂发展至今,一组数据可以诠释华峰的巨大变化:总资产增长了7万倍,营业收入增长了8075倍,税收增长了2140倍,出口从零增长到2017年的30多亿元,产业由一个生产厂发展到在全国11个省市建有产业基地,工厂面积由数百平方米增加到现在的530多万平方米,产品自1995年产业转型升级后由单一的聚氨酯原液产品增加到现在的十大系列产品,形成了相对系统完整的聚氨酯制品产业产品结构……

今天的华峰,是一个以化工新材料为主,涵盖金属、金融、物流、贸易、新能源等产业板块,横跨第二、三产业,业务覆盖全球近百个国家和地区,十大系列产品市场占有率位居国内甚至是全球行业前列的现代企业集团。

是什么让华峰从最初的瑞安塑料十一厂发展为中国聚氨酯制品龙头企业?是什么让华峰在时代浪潮中历久弥坚?

“是时代成就了我们!”华峰集团董事局主席尤小平如是说。

借着改革开放的春风,发扬温州人“敢为天下先”的精神,在对产业革新与共荣发展的不断追求中,为企业注入创新基因,这是使企业始终走在时代前列的主要原因。

抢抓机遇加快发展

回首来时路,尤小平由衷地说:“企业发展就像是一条抛物线,为了让华峰走得更高、走得更远,我们必须在一条抛物线到达顶点时,走到另一条抛物线上,这样才会形成阶梯发展。”

在华峰的发展历程中,有三次重大飞跃,每一次的飞跃,都基于对产业发展的执着和对机遇的把握。

1991年5月,尤小平投资50万元创建瑞安市塑料十一厂,生产聚丙烯塑料编织袋,当年实现产值109万元。

1994年,尤小平对瑞安塑料十一厂进行技术革新,引进了一条聚氨酯鞋用树脂生产线。这是华峰进行的第一次产业转型。这也是华峰从普通的塑料制品生产企业向全国最大聚氨酯生产企业迈出的第一步。

1995年,尤小平创建瑞安市华峰聚氨酯实业有限公司,注册资金500万元,当年实现产值4246万元。

当温州决心提升鞋业发展水平,提高产品质量和档次,以至作为制作高档鞋底原料的聚氨酯需求大增时,华峰用8个月时间建起了3000吨聚氨酯鞋用树脂生产线,跳出产业门槛过低、产品结构单一、市场格局拥挤的塑料制品“小作坊”式的产品加工业,进军聚氨酯这个当今世界最具发展潜力的高分子材料产业。在“轻工”支撑经济的温州，尤小平以独到的眼光选择了高分子材料行业，成为温州鞋业腾飞的幕后功臣。

当1997年温州制革业的主要原料合成革树脂大部分依赖进口时，华峰投入2000多万元建设年产2万吨的革用聚氨酯生产线，这一举措丰富了华峰自身的产品结构，增加了利润来源，进一步提升了华峰在聚氨酯行业内的整体地位，成就了华峰发展史上的第二次重大飞跃。

当1999年国内氨纶行业还处于起步阶段时，一座投资1.6亿元、国内最先进的氨纶工业基地又在浙南大地上迅速崛起，华峰通过随后对氨纶生产线进行的多次技改，现已成为国内最大、世界第二的氨纶生产企业，实现了华峰发展历程中的第三次重大飞跃。

在应对变化中把握机遇、在机遇中抢抓发展、在发展中促进转变、在转变中谋求发展，这使得华峰发展的指数呈几何级数地增长。

在产业集聚中迈向高端

东海之滨的洞头、黄金海岸旁的启东、飞云江与乌江之畔的瑞安与涪陵，自2001年华峰集团在全国布点以来，就以自身的发展节奏“融入长三角”“迈入大东北”“挺进中西部”。通过建设重大项目，不断延展产业发展框架，“扩量扩容提质”，上演了一场场从荒芜的滩涂地、丘陵到现代化产业园的“变形记”。

2009年下半年，华峰集团董事局从产业战略布局高度出发，制订了“入渝计划”；2010年6月，华峰重庆基地破土动工；2012年12月，华峰重庆基地举行一期项目竣工暨二期项目开工仪式。至2018年，华峰已在重庆涪陵白涛基地集聚四大产业，连续启动十期项目，完成六期建设，拉开了向“千亿园区，百亿企业”目标进发的序幕。入渝至今，华峰重庆基地项目建设高效有序，基地规模不断扩增，企业效益逐年增长，综合实力大幅提升。基地产值2018年首破百亿元，营业收入达到118.6亿元。

华峰集团公司现任董事长尤飞宇说：“我们要瞄准产业链高端，切实做好项目投建，整合优化现有产业，提升技术和装备先进性，稳步打造协同高效的产业体系，推动产业由‘量放大’向‘质提升’迈进。”

无论是瑞安的新建项目，还是华峰重庆基地及江苏启东基地的已建、在建项目，作为地方与行业龙头企业，华峰希望通过优化园区布局，推动落地项目向上游、差异化、高端化发展的同时，借助自身优势，整合资源并以商引商，引进一批上下游企业，打造一个基地式、一体化、循环化的产业集群发展平台，以更好地带动整体产业链和区域经济发展。

随着华峰一个个在建“大好高”项目的“破土而出”与落地生根，华峰产业链、产品链在“吐故纳新”中向价值链高端迈进。

专注打造产品单项冠军

共享单车的革新PU实心胎、高感鞍座、聚氨酯树脂高铁垫片……

华峰近年来不断推出符合当下潮流的新产品。不难看出，提倡再造新优势，绝不是要抛弃现有传统产业，而是要加快单项冠军产品的技术改造，提质增效。近年来，华峰在把握市场规律和行业发展态势下，注重成果转化运用，重视产品改性和产品升级。其中减震垫(缓冲垫)用聚氨酯树脂可用于替代高铁现有减速垫，现已得到专业机构中国南车集团的认可；经编氨纶产品，打破晓星、英威达等国外公司的垄断，赢得了市场认可和口碑。

在风云变幻的市场中，华峰紧盯同行业最高水平，长期专注于聚氨酯制品的研发、产销，致力于新技术、新工艺、新产品、新材料的开发应用，发挥规模、产业、技术、品牌、市场、品质等比较优势，积极实施品牌战略，加快培育“浙江制造”品牌。

目前，华峰新材料的主营产品聚氨酯原液国内市场占有率达57%以上。此外，集团旗下十大系列产品市场占有率始终位居全球前列，其中华峰氨纶的主营产品“千禧”氨纶市场占有率达25%，位居全球第二、全国第一。

这些看起来不平凡的数字背后，更为关键的是华峰积极打造行业标准和品牌的计划，推进“标准+”。“如果我们成为行业标准或者单项产品标准的制定者，那就意味着，我们的产品在市场上得到了主流的认可，以点带面，也就能够更好地推动企业今后的整体发展。”华峰集团总裁林建一介绍说。

“十一五”以来，华峰集团持续健全“一核多点，开放协同”的技术创新体系，现已着力搭建好一个国家级企业技术中心、一个国家级博士后工作站、一个省级重点企业研究院、两个省级研究院、八家国家高新技术企业及“产学研”合作等平台，并基本呈现了“协同创新”效应。

在建设“硬件”平台的基础上，华峰集团逐步加大了“软件”投入。首先保证每年研发投入不低于制造业销售收入的3%，其次确保产品向“高端化、差别化、品质化和环保型”转变的同时，加快科研人才引进培育力度，加强技术创新机制建设强度，加速科技成果转化速度。

“机器换人”装上发展“新马达”

在华峰产业园区工厂内，一条条新上马的自动化生产线衔接默契，一罐罐聚氨酯“黄金原液”及一袋袋珍珠般的TPU粒子源源不断地被输送出来。相比原来，生产工人少了，劳动生产率高了，生产环境变好了，这是华峰以创新驱动再造传统产业新优势的一个缩影。

在新材料工厂内，放眼望去，一个L形的聚氨酯鞋底原液B料自动灌装流水线正在运转，铁质空桶进入流水线后将实现充氮、灌装、封装、贴标签、成品装箱等7个步骤无人工干预的全自动化运行，现场只有3名员工对流水线进行监控和维护。这条流水线一小时能灌装20千克重的聚氨酯鞋底原液600桶，相比以前的半自动化生产线，效率提升了200%，人工减少了50%以上。

在1500公里外的重庆氨纶生产基地，一座现代化的立体仓库也在24小时有条不紊地运转着。包装分级、自动输送、机器扫码、机器人码垛、自动入库、自动出库，实现了氨纶丝成品物流仓储的全自动化。这是华峰氨纶第一座全自动立体仓库，也是华峰集团第一座自动化立体仓库，更是氨纶行业第一座自动化立体仓库所秀出的“智能”力量。

“机器换人”作为一张“华峰名片”再造传统行业新优势，正是以创新把握机遇，是创新驱动发展的成功实践。如果说传统的发展是做加法，那么创新驱动发展就是做乘法。突出智能不仅快速深刻地改变着我们的生活方式，更为企业培育供给效率新优势插上了腾飞的翅膀。

尤飞宇表示，华峰依托大平台、大项目及装备改进、工艺优化、技术创新，使产业融入“创新基因”，装上了发展“新马达”，增添了发展“新动能”，现已逐步迎来发展的“聚”变。

在责任关怀中结成命运共同体

华峰并不仅仅关注自身的发展，也致力于成为“蜜蜂型企业”，像蜜蜂一样既酿蜜又传播花粉，为客户、为公众创造和谐、双赢的局面，谋求企业与社会各界共生共荣、和谐发展。

发轫于2008年的全球金融危机导致华峰产品原材料价格大幅度上涨，如果华峰将上涨之后的成本转移到下游用户的身上，必然会引起用户生产成本的上涨。然而，华峰虽主动承担了价格压力，稳定了下游行业市场秩序，但华峰部分长期合作的下游客户面临“资金链”断裂的生存考验，致力于与员工、供方、客户结成“命运共同体”的华峰没有袖手旁观，而是根据合作的诚信度，不管市场上原材料供应多么紧张，总是竭尽全力保证客户的产品供应，为客户货铺提供周转资金，把用户的损失降到最低。

2008年3月初,第一次参加全国“两会”的尤小平,提交了《关于在企业界倡导推广“责任关怀”的建议》。到2017年,已是全国人大代表的尤小平第十次在全国人大会议上发出在国内企业推广“责任关怀”、践行绿色发展的呼吁。

一条建议提10年,一份情怀贯始终。谈起一条建议提10年的动因,在外人眼里有些“任性”的尤小平思绪万千。他说,在公众眼里,化工可以让生活更美丽,也可以让高污染、高风险紧随身边。而我呼吁在企业界推广“责任关怀”,目的是希望广大企业践行“责任关怀”,增强企业环保安全意识。

正是由于尤小平及华峰集团在践行及推广“责任关怀”方面的表现,2015年9月底,他被联合国副秘书长、环境规划署执行主任阿希姆·施泰纳邀请参加在瑞士日内瓦举办的国际化学品管理大会(ICCM),成为我国化工界第一个登上联合国讲坛的企业家,也是此次会议中唯一的中国代表。会上,两次发言的尤小平展现了中国企业家的责任形象,讲述了中国企业界践行责任关怀的精彩故事,传播了来自中国的“好声音”和“正能量”。

尤小平认为,责任关怀绝不是外加于企业的责任,也不仅仅是慈善公益之举,而是企业内生的经营责任,企业如果不自律、自觉去追求一个更加安全、环保、健康的环境,等到社会迫使你出局时,一切都晚了。

正是这一前瞻性的理念使华峰能够在近几年国内掀起的“环保风暴”中稳固优势,脱颖而出。

拥抱前沿技术打造生态圈

在互联网科技迅猛发展的今天，新技术、新业态又让华峰将产业革新与共荣发展紧密结合在一起。

作为华峰“新生代”的领头人，尤飞宇在参加华峰国际主办的“生态聚力，价值共享”工业互联网主题会时强调，要抓住工业和互联网深度融合的历史机遇，通过搭建价值共创、利益共享的产业生态平台，将产业链企业、各利益相关方及领域内专家汇聚在一起，共同推动产业生态升级，做大产业这个“蛋糕”，让更多产业合伙人受益。

2018年12月13日，由上海市经济和信息化委员会、上海市通信管理局、上海市临港地区开发建设委员会、中国信息通信研究院主办的“工业互联网标识解析国家顶级节点（上海）签约暨启动仪式”在上海举行，华峰作为新材料行业国家二级节点参与了启动仪式。上海顶级节点开通上线，标志着国家级工业互联网基础设施——“标识解析国家顶级节点”建设迈入新阶段。

对于工业互联网而言，标识解析体系是核心资源和重要基础设施，是支撑工业万物互联互通的神经枢纽，也为企业每个产品、零部件、机器设备等赋予唯一的“身份证”。整个标识解析体系为工业生产领域共享协作创造了良好条件，为工业大数据和智能化产业的进一步形成与聚集提供了坚实保障。

未来，华峰将借用工业互联网平台，在多领域、多层面、多角度与多方展开更为全面、更为深入的战略合作,整合并发挥各合作方的特质、特点、特色、特长,抓住历史机遇,聚焦行业热点,激发创新能量,聚力新材料产业发展,力争形成一流的工业互联网技术及应用模式。通过运用“双创”支持“科创”,“科创”引领“双创”的联动模式,最大化地盘活个人、企业、高校、院所、基金、政府、孵化器等国内外各方资源,最有效地释放创新动能,最充分地凝聚起产业活力,最终打造一个“科创”与“双创”协同发展、产业平台上各方人人受益的多赢生态圈。

执笔人/邹宗钧　周　涵　李其中　林加浩　舒　北

5. 龙盛集团:创新引领染料业“绿色革命”

以打造世界级特殊化学品生产服务商为目标,以“绿色、循环、可持续”作为指南针,多年以来,浙江龙盛集团股份有限公司对绿色产品、制作工艺的研发投入连年累加,以期打造全球行业领先的高端智能绿色制造业平台,引领行业生产模式变革,重塑行业生态。

从初创时期的焦虑迷茫到明确方向后的技术革新,这家浙江民营企业在一次次转型升级中,已然走过了40余年。

1976年的那个夏天,在浙江上虞,深受沥海公社党委干部器重的阮水龙,受命创办一家社队企业。从一家公社集资的微生物农药厂起步到如今跻身中国企业500强,净资产达230亿元的分散染料帝国,秉持创新理念的龙盛集团令世界染料业为之侧目。

企业初创筚路蓝缕　绿色赛道正式起跑

万事开头难,让初创企业转亏为盈,龙盛集团挣扎了9个年头。

1970年，上虞县沥海公社8个大队筹集6000元的资金，决定创办社队企业，以工辅农。同年6月13日，在善于钻研技术又有管理经验的阮水龙与阮伯华、章荣夫等13位“赤膊兄弟”的筹备下，上虞县沥海微生物农药厂挂牌开张，这便是龙盛集团的前身。

建厂9年，虽然采用土法上马的研制手段，实验经费也时常掣肘，还要遭到不时泛起的“搞资本主义”的责难，这家小厂仍研制出了“920”植物生长刺激素、“5406”抗生菌肥、井岗霉素、酒精酵母、中曲发酵饲料等多种微生物农药和发酵饲料。

农药厂初创的那几年，“文化大革命”尚在进行，企业团队虽专注于科学实验，经营理念却与当时的经济规律背道而驰，比之较为丰硕的技术成果，农药厂的经济收益却令人唏嘘——9年累计产值仅有11.52万元。如果将亏损的资金和各种借资、补助算进去，结存仅3.81元。

热情的技术投入却换来连年亏损，这令微生物农药厂士气消沉。身为厂长的阮水龙对此愧疚、咬牙坚持的同时，也对经济环境做了冷静的分析。在他看来，企业在开展科学实验的过程中，结识了一批中国科学院、浙江大学等高校院所的专家学者，这是企业开展“产学研”合作的丰富宝藏。

改革开放后的第一个春节，阮水龙在与晚辈亲眷聊起经济发展形势时，发现了一则重要信息——纺织印染助剂产品在市场上供不应求，许多纺织印染企业急需的助剂产品大部分依靠进口。乘改革开放之风，堪称织物“美容师”的助剂产品，随着人们“吃讲营养，穿讲漂亮”的趋势而走红市场。

在决定转型做助剂产品后，阮水龙顶着此前办厂亏损的压力，数次奔赴上海第一绸缎炼染厂，在自己表兄的帮助下，成功获得了该厂提供的原料、设备和技术团队等方面的支持，用以加快CPU树脂的生产。

1979年7月，当第一锅CPU树脂生产出来的时候，为尽快送到第一个客户苏州绸缎炼染厂，也为将有限的资金用在刀刃上，阮水龙挑着50多千克的两桶树脂，赶渡船，挤火车……很快，上虞县浬海公社纺织印染助剂厂的CPU树脂产品，在上海、天津、江苏等7个省市崭露头角，企业一举扭亏为盈。

1979年的那次大胆转产，使当年的龙盛实现了第一次转型，也是龙盛创新事业发展的真正起点。

二次转型拓展前景　机制创新力争上游

1984年3月，“上虞县浬海公社纺织印染助剂厂”更名为“上虞县助剂总厂”。不久后，公司推行分层经济承包责任制，中层干部由“任命制”改为“选聘制”，“固定工资”改为“浮动工资”，“平面管理”改为“立体管理”——这样“一包三改”的实施，使责权利得到更好的结合，提高了企业的生产运行效率。

1991年年末，在更名为“浙江省助剂总厂”后不久，彼时的浙江龙盛，其员工队伍已从1979年的24人扩增至360人，资产也从3.81元的结存资金增至2000余万元。取得初创阶段的成功后，公司犹如驶出港口、冲向大海的航船，面对今后难以预料的航程，需要掌舵者及时做出调整。

由于染料助剂毕竟是配套小产业，技术门槛低，难以形成产业优势，当时的市场也已趋于饱和，不及时抓住转型机遇，公司未来的路可能越走越窄。经过深层次的调研和论证，企业毅然决定转型生产技术含量相对更高的“分散染料项目”，进入上游染料行业。

经过1年多的开发，彼时的浙江龙盛投资巨大的分散染料项目于1993年投入试生产，公司上下盼着它能在市场上一炮而红。

同年秋天的广交会上，一个小插曲却又给阮水龙和公司带来了巨大的压力。

“一位美籍华人本来与我们签下了订购10吨染料产品出口意向合同”，阮水龙回忆道，但次日一早，对方再来回访时，却取消了那份意向合同。原因是那时公司生产的染料产品的品质、价格都不能和国外优质产品相比。

听了那位美籍华人对公司“提高产品的技术含量，组建一支技术团队”的建议后，阮水龙痛定思痛，决定不拘一格招揽科技人才。

1994年8月，浙江龙盛集团公司正式挂牌成立。不久后，浙江龙盛集团投资1000多万元，兴建了一个集科研、实验、监测等功能于一体的“龙盛科技中心”。同年，浙江龙盛科技人才招引攻坚战也全面打响，经过一整年的人才招揽，当年年底，企业专业科技人员比例从1%一下子跃升至15%。

平台建成，人才集聚，浙江龙盛由此开展了新一轮“产学研”合作新计划，通过与国内知名院校建立长期稳固的协作关系，并不惜斥巨资引进国际知名的染料专家,公司得以突破5个国际性难题,开发出三大主打产品,每一款产品年均创效益在1000万元以上。

独有分散染料产品多项关键技术使龙盛的生产技术水准居于国际领先地位,比如:公司的活性染料膜处理技术可大幅提升染料纯度,缩短生产周期,减少污染达90%以上。

同一阶段,浙江龙盛又大刀阔斧进行了一系列管理制度方面的改革,于1998年完成股份制改革,正式更名为"浙江龙盛集团股份有限公司",一跃成为上虞工业企业的"龙头",以及全球分散染料的"单打冠军"。

迈向世界尤重环保　技术提升赋能产业

上规模、重环保,已经走在全球行业前列的分散染料"龙头"要保持牵引力,有赖于长期稳定的科技创新,为此,浙江龙盛大力加强技术创新机制的建设,《龙盛集团染料研究开发中心项目研发管理制度》《染料研究开发中心员工激励考核办法》等一系列制度的出台,以及对产业链的有效整合,让企业综合实力不断提升。

2003年8月1日,"浙江龙盛"在上海证券交易所成功上市,龙盛成为国内染料行业的第一家上市企业,实现了第三次飞跃。刚刚在上海交易所挂牌上市,"浙江龙盛"就用募集来的1.43亿资金,启动了染料重要的中间体——间苯二胺项目,一个中国染料行业从未逾越的能耗高、效率低、品质差、污染大,广受诟病的"老大难"改造项目。

2006年4月，阮伟祥从父亲阮水龙手里接过了浙江龙盛控股有限公司董事长的重任，并全权主持间苯二胺项目，组建了100人的年轻科技团队协同作战。

如何最大限度减少污染物排放，提高污水处理率？随着国内环保政策日趋严格，龙盛集团作为染料行业内的龙头企业，深知相关的技术项目对企业发展的意义，以及主动适应政策、实施节能减排的重要性。

2008年，龙盛集团在其科技工业园新建1.5万吨/日综合污水处理项目，实现对染料及中间体废水的综合处理，使企业染料生产水资源消耗和废水排放量再一次大幅降低。

环保成绩单上的内容不断增加：2009年至2012年，间苯二胺项目及其苯系化合物连续硝化工艺开发及产业化，获中国石化协会科技进步二等奖；芳香胺系列产品连续硝化、连续加氢集成技术被列入行业重点支撑技术目录，同时获得浙江省优秀工业新产品和新技术二等奖。

凭借间苯二胺显著的环保优势和成本优势，龙盛集团极大地占领了市场空间。在练好内功之后，龙盛也在积极走出去，开拓更大的发展平台。2010年，龙盛并购了国际染料巨头德国德司达公司，成为世界级纺织用化学品生产和服务商，开始掌控全球染料行业话语权。

2014年，龙盛集团又将主要国际竞争对手杜邦的间苯二胺装置“逼停”，双方签下5年的战略合作协议。龙盛间苯二胺产品市场占有率达到70%以上，稳居全球榜首。

科研投入厚积薄发　占据全球染料高端

“在追求效益的同时，应对企业生产经营的环境影响采取负责任的行动，以达到企业、社会和环境可持续和谐发展”，一直以来，龙盛集团将此奉为准则。

早在2007年至2009年，龙盛集团的研发经费便从1.4亿元逐年上升为2.2亿元，年均增幅26.4%，主要集中投放于染料高新技术、染料中间体连续液相催化加氢技术等领域，建起了达到国内领先水平的纺织用化学品生产基地。

基于此前花大力气在染料、中间体领域进行清洁化、连续化、循环性生产的技术突破，公司彻底改变了原有的生产模式，实现了“三废”的零排放。

有了“重研发强创新”这张底牌，对于龙盛未来的发展战略，阮伟祥也充满信心。他曾表示，在国内产业结构转型升级战略的推动下，公司要继续在特殊化学品领域快速发展，通过内生性技术开发和外延式并购并重，融合规模化、技术化、品质化及品牌化的优势，成为名副其实的“世界级特殊化学品生产服务商”。

从制造到创造，一个企业如果没有智慧的话，即便有再多的设备、厂房，也创造不出更多的价值。龙盛集团正是看透这点，于是将企业的重点放在研发前端，以期在产业界掀起一场绿色革命，这不仅是一番自我创新，更是一种时代责任。

近几年，龙盛集团非常注重企业人才的培养，全力推进实施“人才培养引进系统工程”，建立起集理论研究、产品研制、产业化实施等完整科技创新链的一体化科技发展平台。每年用于技术研发的经费也已飙升到了5亿元以上，与产品销售快速增长保持同步。这种大规模的研发投入，让龙盛形成了“研发一批、见效一批、投产一批、储备一批”的良性循环模式。

目前，龙盛集团已形成了由国家级企业技术中心、浙江龙盛精细化工研究院、院士专家工作站、企业博士后工作站等多个产学研创新平台组成的研发体系，仅龙盛下属的国家级高新技术企业便拥有数千项专利，对上百种高新技术产品享有自主知识产权。

2018年，龙盛加快技术创新节奏，加大研发转化力度，不仅在新产品研发上取得较大突破，还在工程项目设计上实现较大提升——累计完成项目35个，全年共申请专利28项，成功开发中间体清洁生产新工艺、高附加值的热敏材料产品……将“中国制造2025、全球染料工业4.0的先行者”作为奋斗目标，在创新路上，龙盛集团始终走在行业前列。

执笔人/洪恒飞

6. 福斯特:双“52”的成功秘诀

如今,杭州福斯特应用材料股份有限公司已然占据全球光伏胶膜产品总量的半壁江山。1994年,林建华捕捉到热熔胶网膜行业的一丝机遇,毅然辞去临安化肥厂副厂长职务“下海”。从一个研制双面胶无纺布的小作坊发展到今天市值200多亿元的上市公司,其光伏胶膜产品全球市场占有率在50%左右,小小的创业种子完成了华丽蜕变。

“2018年浙江省高新技术企业创新能力百强榜单”第52位,“2018年底浙江上市公司市值排行”第52位。闪亮成绩的背后,有着怎样的故事?这家诞生于杭州临安的民营企业,如何在瞬息万变的国际国内市场中稳步前行?或许可从福斯特的成长和发展史中窥见一二。

下海艰辛后告捷,产品打破日本垄断

1982年,从浙江工业大学毕业的林建华被分配到临安,从家乡萧山拖着一个破旧的箱子,几经辗转来到几十里外青山湖大坝下的临安

化肥厂。对这一安排并不满意的他,却不承想他未来会喜爱上这个地方,更不会想到往后几十年的事业都在这里扎根了。

那时国企有规定,进厂须先下车间当一年的一线工人,林建华在大学里学的是化工机械,自然而然地被分到车间里修机器。每天和机械设备打交道,不知不觉中打下了创业的基础。

多年后回想起当初在基层的锻炼,林建华依旧十分感念这段艰苦时光。“书本上的理论知识就在这一年里和工厂的实践相结合,对机器熟悉了,接地气了,讲的话也不会出洋相了。”

从一线工人到技术员、技术科科长,很快,五年后林建华就成了国企中一名年轻的副厂长。

社会主义市场经济的大幕拉开后,一批批青年才俊走出体制跳进市场的大潮,人们称之为“下海”。林建华眼见不少同学成功创业了,“就不太安分,1994年‘净身出户’,辞掉副厂长职务下海了”。

“三来一补”、前店后厂、“两头在外”……这些都是改革开放进程中的历史名词,在林建华眼里,创业之路既然要敢为天下先,就要选择市场中的缺口产品和刚需产品,他把目光投向了国内没有能力生产的热熔胶网膜。

热熔胶网膜,通俗的叫法为双面胶无纺布。20世纪90年代初,中国纺织行业突飞猛进,而热熔胶网膜被日企垄断,价格高达20万一吨。在化肥厂工作时林建华接触过热熔胶粉,懂得一些基本技术。看准这一商机,林建华回到萧山,在杨汛桥租下一个礼堂,在改革开放大潮中,划动了他追梦的船只。

没有奇异天赋，没有资源背景，除了励精图治、艰苦奋斗，别无他法。一年半的时间里，生活和工作都在到处是老鼠和蚊子的礼堂里，所有设备、工艺、技术都是从零开始，可惜"产品没做好，没有解决技术问题，所以没挣一分钱"。

即便如此，林建华也从未想过放弃，他重新回到临安，依旧租了一个大礼堂，一门心思采购零部件，继续鼓捣组装设备来生产产品。凭借压不扁、打不败、拖不垮的坚守，这个小作坊终于赢来了光明，1996年产品取得重大突破，逐步打开了市场。中国终于打破了日本企业对热熔胶网膜市场的垄断。

踩准节点猛扩展，胶膜占市半边天

热熔胶网膜研发成功后，林建华赚到了可观的第一桶金，解决了生活困难。千禧年，林建华配置了一个摩托罗拉手机，开上了桑塔纳，还建起了小厂房。

尽管如此，创业的艰辛并没有减少几分，那会儿的林建华严格来说更像个体户，常常要自己倒班、送货。好景不长，竞争对手也如雨后春笋般涌现，市场上短兵相接，热熔胶网膜的利润率大幅下滑。

林建华的雄心并不只限于热熔胶网膜。随着改革开放深入，他敏锐地意识到，光伏产业正迎来发展机遇期。这一回，他开始鼓捣光伏材料。

2003年，公司前身杭州福斯特热熔胶膜有限公司成立，同年，公司成功研发EVA太阳能电池胶膜，正式进军光伏行业。

当时EVA太阳能电池胶膜被日本和德国企业所垄断，很多厂家不相信国内的产品，然而光伏产业发展突飞猛进，“有段时间供不应求了，国外买不到，我们的产品做得有八九分像，就卖给了河北的一家大厂”，林建华说。

看似不经意的巧合，但却稳稳地踩准了一个极为重要的产业节点，因而没有错过攻城略地的窗口期。“碰到了一个很好的时机，早几年没人用，迟了又没有先发优势。”

EVA太阳能电池胶膜在整个光伏组件里成本占比不大，但却是太阳能电池组件的关键封装材料，技术门槛非常高。“光伏产品在装机时不一定能够发现问题，一定要在真实场景中不断运用，才能暴露出问题，企业必须不断进行有针对性的改进和修正。”同时，光伏行业技术发展速度非常快，要求配套企业具备强大的持续研发能力，以便及时跟进。

福斯特就是在这样的竞争环境下成长起来——通过不断提升技术来解决问题，开发新的胶膜产品。以后的几年里，福斯特在EVA太阳能电池胶膜上发力，持续进行试验，不断改进设备。看到市场需求量大，就毫不犹豫买土地建厂房扩大生产规模。

潜心研发，持续创新，让企业尝到了甜头，也在市场上“吸粉”无数。福斯特的太阳能电池胶膜产品获得了国外众多商家的认可和欢迎，在细分行业领域内占据了50%以上的市场占有率。

2009年，公司完成了股改，整体变更为“杭州福斯特光伏材料股份有限公司”，启动上市进程。同年，光伏背板产品推向市场，增强了产品的市场竞争力。

直至2014年，杭州福斯特光伏材料股份有限公司在上海证券交易所正式挂牌上市，公司发展迈入了新征程。

二次创业靠科技，全力进军新材料产业

光伏材料为福斯特带来了丰厚的营收和利润，也让公司看到了运营风险所在。经过前几年的市场调研和实验室研发，从酝酿转型到全面完成转型，林建华带领他的团队让原本已是业内翘楚的福斯特爆发出新的能量。

2015年，福斯特定下了“立足光伏主业，大力发展其他新材料产业”的战略目标，开始着力在感光干膜、挠性覆铜板、铝塑复合膜、有机硅材料等新材料项目上布局。这一次“转型”谱写了公司材料业务的新篇章，在公司内部被称为“二次创业”。

“公司的定位是做材料，而不是局限于光伏材料”，林建华说，在他看来，自己20多年的创业经历，从热熔胶网膜到光伏材料再到如今的各类新材料，都在他熟悉的材料领域内。

福斯特的每一步精准落脚，都离不开对自主创新的强烈渴望。作为一个涉入新材料领域的技术型企业，少不了研发投入，2016年，公司投资1亿元打造的浙江福斯特新材料研究院正式运行。这个位于青山湖科技城核心区域的研究院，专门从事新材料研究，是企业持续创新发

展的核心力量。

目前，福斯特拥有含多名海外专家、高级工程师及博士领军者的技术研发团队。公司在不断提升技术研发实力的同时，与国内外众多科研机构及高等院校广泛开展技术合作和交流。产学研紧密结合，形成了强大的创新能力，为公司的产品创新及持续发展提供了有力保障。

感光干膜、铝塑膜等项目的成功实施强化了公司在功能膜、新材料领域的市场地位，同时为减少国家对关键材料的进口依赖度，实现新材料国产化做出了重大贡献。

2017年，公司的名称由“杭州福斯特光伏材料股份有限公司”更为“杭州福斯特应用材料股份有限公司”。

“福斯特的宗旨是‘创新技术为明天’”，林建华介绍说，成为一家拥有品牌优势，可持续创新和发展的全球化、技术性的优秀企业，是他成立福斯特应用材料股份有限公司的初衷和目标。

心无旁骛守主业，创新顺应新需求

深耕材料行业多年，加上工程师出身，让林建华保持了灵敏的商业嗅觉。关于企业的“经营秘诀”，林建华轻松作答：“我们以市场需求为导向，‘市场上最需要的东西’是立项依据。”

对市场和客户需求的关注，与企业持续地稳定发展绝非无关。这些年来，为了并购，林建华考察了100多家企业，却只看中了陶氏化学在泰国的一个产品生产线：“这个产品福斯特正好没有，是一个短板，谈判过程比较复杂，但还是很顺利地谈下来了，因为我算大账，不算小账。”

迎合市场需求，说起来简单，背后的用心投入不能不令人惊叹。福斯特的设备都是企业自己不断摸索研发的，“要有自己的创新，从而形成核心竞争力”。林建华举了一个例子，很多企业包括上市公司花3000万从国外进口的设备，其实并不适合做胶膜。“因为他们不懂工艺，设备没弄清楚就引进，最后很容易失败。”

一直以来，不断的研发创新让福斯特拥有了拳头产品和足够高的行业地位，“我们所有的项目从设备、资金、技术到人才培养都靠自己”。林建华信奉企业必须要有自力更生的力量，光靠钱和外智不行，不然“第二天天亮，你发现人都走掉了，可能在你旁边搞了一个工厂”。

“创新的主体还是要靠企业自身”，林建华深有体会地说。福斯特在研发和专利方面的突破，依靠耐得住寂寞、沉浸于研发的执着精神，或许这来源于林建华个人的性格特征。

实际上，林建华是一位谨慎且实在的浙商。在习惯于运用金融手段扩展市面的现代商业世界，已经上市的福斯特算是一个另类。多年来，福斯特从未有过一分钱的银行贷款，完全靠自有资金的内生性增长。

近年来，福斯特在生产能力、产品质量、营销渠道、资金管控上都非常稳定，很多企业在壮大后会选择在主业之外投资房地产等领域，但福斯特没有。作为改革开放后较早一批下海的工程师，林建华将半生的心血都倾注于材料行业，尤其是光伏材料和其他新材料的研发上。

林建华常常也会考虑，企业上市后的发展脚步是不是相对慢了些。前思后想，他还是觉得，企业做大是必然的，但慢一点不要紧，在做材料这条道路上，福斯特一直走得很稳健。

在市场经济的竞争环境下，任何一位业绩卓著的企业家都一定能感受到技术创新是企业发展的根本动力。心无旁骛、坚守主业，注重研发、持续创新，是驱动福斯特成长壮大的原动力，亦是局外人试图从中窥见的成长密码。

执笔人/王　超

7. 道明光学：亚洲第一　冲向世界

反光识别，安全相伴。在中国五金之都永康，有这样一个企业：它从一个的家庭作坊成长为具备亚洲反光材料领域最大的生产能力的行业领军企业；从传统反光材料大步迈进新材料领域，并成为国内安全应急产业的“执牛耳者”；从传统工业企业转型为构建现代企业制度的现代高新技术企业，打破国外技术垄断。2011年，道明光学在深交所中小板挂牌上市，成功登陆资本市场，成为全国同行中的第一家上市公司。17年的深耕细作、创新求变、奋力进取，铸造了如今的“辉煌”。2018年公司实现营业收入11.97亿元，利税总额3.66亿元，同年主导《锂离子电池用铝塑复合膜协会团体标准》的编制工作。

从“跟随者”到“领跑者”

远远看见“道明光学”的牌子，以为是一家研究光学的科研院所，其实它是一家十分重视科研的实物产品生产企业。董事长胡智彪中等个子、温文尔雅，是一位眼光独到、懂技术、重科研的企业家。

20世纪80年代我国才开始生产反光材料，而且在技术和产品研发等方面与国际先进水平差距甚大，进入21世纪以后，我国的公路建设飞速发展，交通状态也越来越复杂，人们对出行安全越来越重视，反光材料应用领域不断扩大，这无疑为行业发展提供了巨大的市场空间。

2002年，胡智彪把目光聚焦在当时国内起步不久的反光器材领域，创办了永康市道明反光材料有限公司，从事反光材料的研发与生产。"选择进军反光材料领域，既是看中了该领域巨大的市场空间，也凝聚着为道路安全尽一份绵薄之力的初心"，谈及创办企业的初衷，胡智彪说。

"既然做了，就要做最好，美国人能做到的，我们中国人一样能做到，甚至能做得更好。"胡智彪一开始便有做优做强的雄心，事实也正是如此，道明光学以奔跑者的姿态，铸造了一年跨越一个台阶的"道明速度"。

骏马自知前程远，无须扬鞭奋自蹄，翻开道明光学的"成长史"，一幕幕"奋斗乐章"让人动容。

2003年，公司新增4条反光布生产线，并开始投入研发反光膜，实现年销售收入5190万元，同比增长17倍，并一举跨入永康市纳税百强企业行列，成为国内最早拥有反光膜自主研发能力的企业之一。

2004年，公司投入千万资金进行技改，新增4条反光布流水线，在"量"扩张的基础上，狠抓"质"的提升，同时，聚焦产品结构调整做文章，新产品研发和设备改造"双管齐下"，年内就研发出"一次成型组燃反光标志带”“反光防伪标识”两项高新技术产品，并申请专利，填补了两项国内技术空白。

2008年，实现销售收入2.5亿元，自营出口2485万美元，上缴税收1975万元，同比增长100%，同时，在浙江龙游新建大型工业园区，并在韩国等地设立多家企业，逐渐向集团化、一体化迈进。

据介绍，铝塑复合膜是软包锂电池封装的关键原料之一，同时是锂电池产业链中壁垒最高的关键环节，也是锂电池四种关键核心部件中最后一种尚未实现国产替代的部件，有很大的市场空间。以前，日本的昭和电工和DNP寡头长期垄断铝塑膜行业，并占据全球市场主要份额。

胡智彪坚信日本人能做的，咱们中国人也一定能做，并能做得更好。2011年锂电池软包铝塑膜项目正式立项。该技术能够有效解决传统锂电池外壳发热引发的老化甚至爆炸的难题，为此，胡智彪特地请来上海交通大学的教授，并成立技术攻关小组，足足用了6年时间终于攻克了这一世界性难题，在国内最先研制成功，并成为国家标准的第一起草单位。

道明生产的铝塑复合膜具有良好的耐电解液稳定性、冲压成型性及防抗穿刺和绝缘性，性能指标达到或接近国际先进水平，可以广泛应用在数码、动力、储能等软包锂电池上，可以说是锂电池用铝塑膜行业的真正王者。

2016年，道明光学全面启动“‘无反光，不安全’全国行”活动，分别在杭州、济南、宁波、西安、南京、长春、上海等地开展反光材料新技术、新产品和新应用交流会，打破了国际品牌长期垄断高等级道路用反光膜的格局。

2019年，道明光学组织承办的“国家公路网命名编号调整暨战略合作研讨会”，邀请了500多位来自全国各地公安交通管理方面的有关领导、知名专家、资深学者、行业精英和媒体代表，开启了公路安全生命防护工程的新征程。

目前，道明光学拥有国内专利110件，境内外注册商标83件，获评中国驰名商标和浙江名牌产品，主导并参与制修订国家及行业标准14项，微棱镜型反光膜、机动车号牌反光膜、锂离子电池软包装膜、显示用增亮膜、扩散膜、量子点膜等产品核心技术均达到国际先进水平。

“我们用了17年的时间，完成了从‘跟跑者’到‘领跑者’的跨越，成为国内反光材料行业中规模最大、品种最全、量产最多的骨干龙头企业，这里面凝聚着所有‘道明人’的辛勤、汗水与坚守。”胡智彪感慨道。

当民族品牌的创立者

曾经，棱镜型反光膜只有名列世界500强企业的美国3M公司才能生产，在中国同行的眼中，绝对属于高科技。没有生产设备、缺少技术支持，甚至连原材料都很难买到，“道明人”知难而没有退却，一切从零开始，慢慢摸索、潜心钻研，通过长达10年的反复试验和不断改进，如今道明牌棱镜型反光膜畅销全国，走向世界，丝毫不逊于国外品牌。

“年产1000万平方米的微棱镜型反光膜生产项目是我们提档升级

的重要法宝，我们也通过努力成为国内首家突破微棱镜型反光膜技术壁垒的公司。”胡智彪一直有着深厚的“民族品牌”情结，突破技术壁垒，生产出属于中国人自己的微棱镜型反光膜成为他的一个信念。“目前，微棱镜型产品毛利达50%左右，相对于曾经处于垄断地位的美国3M、艾利、瑞飞等国外企业，我们在产品性能、品质、品种规格等方面并不处于劣势，且价格更为经济，能够逐步实现进口替代，打破国外企业在高端反光膜领域的长期垄断。”

提及往事，胡智彪无限感慨：“面对一次次失败，我心里始终坚定一个信念，那就是美国人能够做到的，我们中国人也一定能够做到！”全力付出终于收获了源源不断的订单与良好的市场信誉。

越沉淀越成熟，越专注越成功，越执着越有力，越创新越强大。道明光学通过技术开发与投入，尤其是高水平的创新研发队伍建设，取得了显著的成效，产品的技术创新与研发结出了硕果。利用现有的人才和技术优势，依托现有省级反光材料研发中心及省级技术中心，加强与国内院校、研究机构及企业间的合作，通过产品研发、工艺调整等手段实现产品功能的升级换代，研发出具有更高技术含量的产品，提高产品可靠性，降低产品成本，形成差异化竞争优势。

“浙江道明是一个年轻而充满活力的企业，拥有一个现代化企业所具备的全部素质——科学的管理理念、锐意进取和拼搏向上的企业精神，以及尽心竭力为社会发展做贡献的意识。”时任《交通标准化》理事会秘书长的张国维曾在“2010年国内机动车号牌生产、应用研讨会”上如此盛赞道明光学。

做变革与创新的“先行者”

在胡智彪眼里，企业要想在激烈的市场竞争中搏击风浪，并占据一席之地，无外乎三个要素——“质量、创新、服务”。

公司成立伊始，胡智彪就将“科技领先、质量第一、客户至上”作为企业发展宗旨，把“质量就是企业的生命”的理念根植于每个“道明人”的内心。

不进则退，慢进也退。胡智彪始终怀揣着强烈的忧患意识，做变革与创新的“先行者”，这在道明有了无比生动的实践：公司始终将自主研发、科技创新作为立身之本，每年将销售收入的5%作为科研经费，坚持“引进来、走出去”战略，向外吸引行业前沿的高端人才，在内培养本土优秀人才，革新技术、更新设备，为道明保持旺盛的生机注入强大动力。

道明光学在国内率先攻克微棱镜膜技术壁垒，成为继美国3M、艾利、瑞飞之后，全球第四家、国内第一家全面掌握微棱镜膜生产技术的公司，其产品进入市场后很快获得了下游客户的认可，并凭借较高的性价比、及时的服务和较强的定制化能力迅速提高市场份额。

“我们力争每年有1至2个新产品投放市场，形成研究一代、开发一代、储备一代的良好科研模式。”面对技术革新，胡智彪作为“掌舵人”始终不遗余力。2019年5月，公司正式上线协同商务平台，实现全球同步办公，共享国内外最新研发信息资源，保证技术沟通交流“无时差”。

不做百米短跑选手，争做马拉松式“长跑冠军”。为了增加企业核心竞争力，胡智彪亲自多次前往国内外专业院校，与行业内顶尖专家学者商谈搭建合作平台。

一步领先才能步步领先。胡智彪坚信，只有一支充满创意和活力，具备强大战斗力的团队才能帮助企业获得成功。“为了不断提高技术中心的团队能力，公司坚持实施人才优先战略，为企业保持活力赋能。”

十年磨一剑，霜刃未曾试。17年风雨无阻，17年奋勇前行，终于成就了今天的道明。将来不远，未来已来，“道明人”深知，成绩属于过去，不懈奋斗才能成就未来，他们将以奋斗者的勇气、奔跑者的姿态，驰而不息地深耕在反光材料领域。我们有理由相信，“安全相守、天下道明”会为道明光学做出最好注解，“打造世界卓越品牌——DM”不仅是“道明人”的“梦想底色”，而且会在不远的未来，由梦想转变为现实。

执笔人/巩长青

8. 横店东磁:磁吸全球客户

横店东磁于1980年建厂,1981年正式投产,1999年改制为股份公司,2006年“东磁股份”在深圳证券交易所成功上市……

39年来,东磁从一个名不见经传的磁性材料小厂,成长为一家拥有磁性材料、新能源和器件三大产业的高新技术民营企业,也是目前全球最大的永久磁铁氧体生产企业、全球最大的软磁材料制造企业、全国磁性行业协会理事长单位。同时,东磁也是国内太阳能设备制造领跑企业。2018年,横店集团东磁股份有限公司实现销售收入64.89亿元,实现归属上市公司股东的净利润6.89亿元,同比增长13.27%,连续24年名列东阳市第一纳税大户。

东磁究竟为什么成功?“在我们所有东磁人心里,都有一个美好的理想——东磁制造,世界领先。”东磁股份有限公司董事长何时金说。多年来,东磁人为实现这一“东磁梦”,披荆斩棘,不停拼搏。

学习力:东磁阔步前行的根本法宝

18岁进厂,20岁当厂长。39年来,为了做大做强"民企东磁",何时金带头学习专业技术、寻找生产设备、开发客户群体。说起昔日创业故事,何时金仍记忆犹新。

1980年8月3日,33名不知磁为何物的青年农民,踏上了前往陕西4390厂的求学之路。半年后,他们学成归来,在东阳横店大桥头建起了第一家磁性材料厂,这是横店的第一家"高科技"企业。何时金就是这批青年农民中的一员。"回顾东磁30多年的创业历程,学习力是东磁取得成功的根本法宝。"何时金说。

近年来,无论是在横店集团企业文化沙龙,还是在东磁大大小小的会议上,"学习力"可以说是何时金提到最多的一个词。如何判断有学习力?何时金总结出了两条标准:一是学以致用,并创造出商业价值;二是善于掌握和利用信息,把自己的产品做到世界第一。

东磁员工勤于学习、善于学习,并不断学、不断改,从改良油压机、窑炉到改良成型设备、磨床,再到改良拉下式模具……一次次拉开了东磁与同行之间的差距。在不少关键业务的开发过程中,东磁可以利用短短几个月时间,从对产品的一无所知到开发、生产,直至占领大半市场份额。

何时金说:"从跟着别人走,到领先同行,打破国外技术垄断,再到国际领先,东磁惊人的学习力和学习速度,不仅令客户惊叹,也一次次改变了世界对中国企业的印象。”

在汽车上,有一款叫“一键启动传感器组件”的产品,很多汽车品牌用的就是东磁产品。据了解:东磁塑磁事业部仅用半年时间就完成了该产品的开发,质量一举超越德国同行;第一次现场审核就让德国客户打消了重重疑虑;两周不到迅速完成改善,赢得德国知名企业和德国车企的一致认可。

服务力:以“客户至上”感动“上帝”

虽然20世纪80年代的东磁人凭借一股“拼命三郎”的狠劲,创办了第一家磁性材料厂,但当时的东磁仍处于艰难的爬坡阶段。何时金和他的团队总是反复地、不停地问自己:如何在复杂多变的市场环境中打开产品销路,占据市场一席之地?最终,通过讨论、实践、总结、反思,他们达成了共识,用六个字回答了这个问题:以客户为中心。

“我们始终坚持‘客户至上’‘为客户创造价值’的理念”,何时金认为,客户的需求是东磁发展的原动力。只有每个东磁人都发挥自己的创造性思维,急客户之所急,想客户之所想,竭尽所能地去研究客户,满足客户需求,才能保证“企业之舰”在市场海洋中劈波斩浪,勇往直前。

事实证明,态度和行动是可以感动“上帝”的。起初,东磁还只是一家不起眼的“农民企业”。在那个年代,要想成功获得大型国企的信任,顺利取得其业务,是一件非常不容易的事情。例如,在一次争取客户的过程中何时金反其道而行，谈话时从自己实践得出的“质量、信用、成本、关系、领先”5个保证要素建设的管理思想切入，引发客户兴趣，得到了试做模具的机会。看过图纸后，东磁人加班加点，仅仅用了8天时间就成功地将样品送到了客户手中，远远早于原定的45日，得到了客户的认可和称赞，也为东磁日后拓宽业务渠道奠定了基础。

对于百忙中的客户，东磁人总是尊重和服从他人的时间安排；对生病的客户，东磁人总是再三探望、关心、照顾。这些耐心等待和暖心关怀，往往给原先毫无希望的生意带来转机。例如，东磁人“以客户为中心”的理念，用真诚的态度和可靠的质量，赢得了日本客户的信任，使得全球每年一亿台产量的微波炉磁钢都用了东磁产品。东磁始终将客户需求放在首位，从而在市场竞争中赢得客户，抢得先机。

2017年，在接到某国际知名手机厂商的开发需求业务后，东磁仅用半年时间就完成了技术开发，厂房改造，设备购买、安装、调试，在交货日期、品质、产量等方面全面超越日本和国内的竞争对手，保证了能为客户及时发货。东磁也因此拿到了最高的份额。该公司高层还在一次内部会议上说：“只有中国企业行，只有东磁行！”

近年来，东磁公司不断提升客户服务的能力和水平。凭借强大的科研、设计和生产能力，特别是磁性材料方面的专业能力，东磁从产品设计阶段就积极参与，从磁性材料的选材、样式、指标参数等方面配合客户开发，为客户提供高附加值、高品质的产品及优秀的材料部件解决方案。

客户的肯定是最好的证明！东磁连续多年被德国博世、德国博泽、日本电产、韩国三星等国际知名企业，以及华为、中兴、格力、美的等优秀民族企业评为“优秀供应商”。

创新力：让东磁立于不败之地

2019年7月14日，一条“博世：授予8家中国公司最佳供应商称号”的消息，在东磁人的微信朋友圈里引起轰动。原来，横店东磁名列这8家企业之中。

“中国的供应商能拿到这个奖的很少，而像磁铁这种元器件能拿到这个奖的，更是少之又少！”得知横店东磁拿到博世最佳供应商大奖的消息后，上海博世采购总监有点意外。

在20世纪80年代，中国所有磁性材料企业的铁氧体产量不及日本一家最小企业一个车间的产量，并且产品缺乏竞争力，那时东磁也一样。

通过不懈的创新和追赶，现在，仅东磁一家的铁氧体产量就超过日本前三家生产磁性材料企业产量的总和。日本13家知名磁性材料公司代表组成的代表团曾来中国调研磁性材料产业的发展状况。东磁的存在，打破了他们眼中“中国磁性材料企业没有竞争力”的固有印象。最后，日本专家调整了结论报告，认为东磁公司在磁性材料领域具有无可比拟的优势。

何时金认为，技术的差距就是企业的差距——企业有技术创新才有活力，有技术创新才能鼎盛——技术创新决定产品和企业能否走到行业前列，关系着企业的命运。

为此，公司积极抢占各领域技术高地，成为行业标杆，先后创建了国家企业技术中心磁性材料分中心、首家国家级磁性材料企业博士后工作站、国家科技兴贸创新基地、浙江省院士专家工作站、浙江省重点企业研究院、浙江省企业技术中心、浙江省磁性材料重点创新团队，与浙江大学联合共建浙江省磁性材料工程实验室，与中国计量大学联合共建重点实验室等创新平台，形成了以研究院为核心的协同创新载体，取得了“1＋1 > 2”的梯度创新能级的增强效果。

在近40年的持续创新过程中，公司共组织开发相关课题研究3000项以上，涵盖永磁铁氧体、软磁铁氧体、太阳能电池片等项目，通过立项和申报的省级新产品中已有1300多种投入批量生产，其中一大批产品的技术水平达到国际领先水平。东磁研制的高性能永磁铁氧体12系列材料在永磁铁氧体技术领域填补国内空白。“铁氧体永磁元件”系列产品还获评“全国制造业单项冠军产品”。此外，东磁还获浙江省科技进步一等奖3项，获浙江省科技进步二等奖5项，获省部级三等奖9项。

更值得一提的是，何时金与浙江大学团队共同发明的“低功耗高性能软磁复合材料及关键制备技术”荣获2016年国家技术发明二等奖。

公司高度重视自主知识产权开发与保护，大力推进知识产权规范化管理，及时进行专利布局及申请。截至2018年年底，公司共拥有有效专利572项，其中，发明专利246项，实用新型专利247项，外观设计专利79项。2018年在“全省发明专利授权量百强企业”排名第18位。东磁发起并联合浙江省磁性材料行业协会等成立了“浙江省磁性材料产业知识产权联盟”,协同应对和解决磁性材料领域国际专利壁垒,为消除产业链上的技术壁垒献计献策。

东磁积极参与国际、国家、行业标准的制修订工作,完成目标任务标准制修订数量22项:其中东磁主导制定国际标准4项,参与制定国际标准8项;主导起草了永磁铁氧体国际标准体系提案,参与起草制定了金属磁粉心国际标准体系;提交国家标准制定申请并通过工信部、国标委答辩2项;参与国家标制修订2项;申报中行业标准1项;主导完成制定“浙江制造”团体标准1项,并通过“品”字标认证、申报新立项2项,参与2项;已申报中电元协团队标准1项。

通过提升企业技术研发能力水平和产品的竞争力,公司在磁性材料行业从追赶标杆完成了成为标杆的转变,并带动了中国磁性材料产业的发展。仅近五年,公司通过技术创新项目的开展实现新增销售额和利润高于行业50%的增长,带动行业近300亿的市场提升。

公司研制的高性能永磁铁氧体12系材料打破日本的技术垄断,在永磁铁氧体技术领域填补国内空白,达到了国际领先水平。同时,积极开展磁性材料新兴应用领域的研究,并积极以信息化为手段,从单机自动化到联机自动化,再到装备制造业的数字化,提升生产设备智能化水平。新兴战略材料及产业的拓展和生产自动化的提升将带动磁性材料行业的发展和飞跃。

凭借强大的科研、设计和生产能力,东磁为客户提供高附加值、高品质的产品及优秀的材料部件解决方案。目前,公司已生产磁瓦、喇叭磁钢、微波炉磁钢等超过60大类上万种规格的产品,广泛应用于家电、汽车、计算机、通信等领域，是世界500强企业的主力供应商和技术发展的开拓者。

创业不止步，创新无止境。何时金表示，未来公司将围绕“增长”做文章，从材料向器件延伸。重点在衫铁氮永磁材料、吸波材料、高频低功耗材料、无线充电模组、LTCC无源器件、FBAW滤波器、固态锂电池等新领域开展技术创新，为企业发展掀开崭新篇章，为东磁制造打开无限空间。

执笔人/金津津

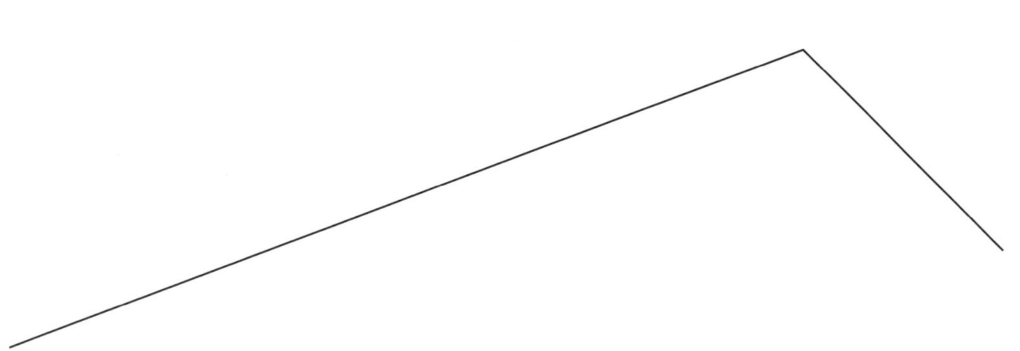

第六章

节能环保：呵护自然生态

1. 荣晟环保:创新造就“荣晟”

昂头冠三山,俯瞰旭日晟。荣晟因改制而创新,因创新而转“晟”。一个“晟”字,凝聚了荣晟人不懈的追求和对未来的自信与期待。

浙江荣晟环保纸业股份有限公司的前身是平湖造纸厂,创建于1980年。1998年进行集体企业改制,2004年完成股份制改革,2017年1月17日成功在上交所上市。

励精图治30多年,如今的荣晟环保已在国内包装纸市场闯出一片属于自己的广阔天地,在浙江省规模以上389家造纸企业中,荣晟纸业跻身前五,并名列全国造纸百强企业之一。2012年,公司被认定为国家高新技术企业;2015年,被评为浙江省级专利示范企业,其研发机构被认定为浙江省级企业研究院。

截至2018年底,公司总资产约14.5亿元,当年营业收入约21亿元。

目前公司主业已形成生态造纸、环保热电、绿色包装三足鼎立之势。凭借产业链优势、产品结构优势,在国内包装市场处于领先地位,在“低克重、高强度、阻燃型”再生环保纸领域填补了国际空白。

成长:从资不抵债到抢滩资本市场

荣晟环保的前身——平湖造纸厂是一家极普通的小型造纸厂,主要生产牛皮纸。1996年,冯荣华调到造纸厂工作,之后凭借自己出色的工作能力与胆识,历任副厂长、厂长。

20世纪90年代,乡镇企业纷纷转制,平湖造纸厂也不例外。这家已经资不抵债、经营状况堪忧的企业,如同一个烫手山芋,没有人愿意接手。

冯荣华站了出来。1998年11月,企业完成集体企业转制,改名为"平湖市兴星纸业有限公司",以冯荣华为首的企业新领导班子通过转换经营机制、技术改造、强化管理等手段,完成了第一次产品结构调整,引进了新的资本、技术等,形成了新的生产力。"企业自此进入良性循环",冯荣华回忆道。

2001年,冯荣华决定开拓业务,延伸产业链,投资2500万元成立了嘉兴市荣晟包装材料有限公司。2002年1月,平湖市兴星纸业有限公司更名为"嘉兴市荣晟纸业有限公司"。2003年7月,成立公司配套产业——嘉兴市荣晟热电有限公司。

2004年11月,公司完成股份制改制,组建浙江荣晟纸业股份有限公司。至此,冯荣华让平湖造纸厂从一家单一的造纸厂"华丽转身"成为一家以造纸为龙头,集热电和包装材料等为一体的现代化企业。

2010开始,荣晟开始走上上市之路。上市这条路,公司扎扎实实走了7年。2010年6月，荣晟环保组建了上市工作小组，通过专业机构确定了上市方向。两年后，他们在浙江省证监局备案，正式进入上市辅导期。2013年12月荣晟环保通过环保核查，一年后收到国家证监会的受理通知书。

在准备上市过程中，荣晟环保也遭遇了"史上最严"IPO核查。经历了2015年、2016年的股灾，面对日渐苛刻的上市条件和上市规定，冯荣华和荣晟环保始终坚定信念，花费了大量人力、物力和时间做前期准备工作，也得到了平湖市政府在业务指导、政策优惠等方面的大力支持。

2016年，荣晟环保终于步入了IPO审核的"快车道"。那一年，环保风潮、涨价风潮也在加速造纸、包装印刷业大洗牌，但荣晟环保却凭借扎实的产业和市场功底，实现了"逆市上扬"。凭借良好的业绩，经过证监会多次审查并反馈上报后，于12月16日，荣晟环保顺利过会。

2017年1月17日，荣晟环保成功登陆上交所主板。

荣晟环保站上了新的发展起点。

创新：闯过难关的"万能钥匙"

一个人的成长不可能一帆风顺，一家企业亦如是。

荣晟环保从一家资不抵债的乡镇企业，发展为业内第五的上市公司，一路走来，坎坷不少，许多次甚至到了生死存亡的关头。如何克服？如何度过？荣晟环保每次都用两个字来回答："创新"。

经过前期的一系列改制和多年运营，荣晟环保效益一年好过一年。然而在2008年,一场突如其来的金融风暴席卷全球,同样也对公司造成重创。

金融风暴中,全球对包装纸的需求急剧下降,如何突破眼前困境?冯荣华一方面提出坚持"苦干实干、稳中求进、不断拓展"的治厂方针,另一方面对内部进行了大刀阔斧的改革创新。

创新从技术入手。提高物料利用率,既可以增加效益,又能够降低污染。2008年,他们在国内首开先河,研究利用造纸废水厌氧资源综合利用项目——对污水厌氧处理过程中产生的沼气进行回收发电,发的电除了可以供自身使用外,还提供给周边企业。这一项目当年即被浙江省科技厅列为重点科技项目。

创新还被应用于管理。通过"两化"深度融合,荣晟实现了装备技术、产品和管理的"三个升级",努力打造升级版"荣晟",实现"四个新":用冯荣华的话说,就是打造组织、团队和产品"新印象";提高境界、目标和标准三个"新高度";拿出新思维、快决策,倒逼自己对接当下工作和市场等"新举措";实现员工成长、业绩提升和团队升级三个"新跨越"。

很快,公司走出了困境,迈向了新征程。

公司上市后,以冯荣华为代表的管理层更是借助资本杠杆,做好创新大文章。

据悉,在荣晟环保发布的《2017年度报告》中,明确公布公司的募投项目——"年产20万吨再生环保纸产品升级改造及中水回用项目"已于2017年度正式投产。

在这个项目投产前，公司原有瓦楞原纸生产线一条，年产能10万吨。而项目投产后，公司新增高强瓦楞原纸年产能20万吨。谈及项目投产后新增产能情况，冯荣华坦言，目前市场完全能够消化新增产能，新生产线带领公司迈向新征程。

2018年，荣晟环保计划募集资金4.1亿元，拟实施"年产3亿平方米新型智能包装材料建设项目"。为此，公司董事会通过了一项再融资可转债发行项目的议案，这将是荣晟环保发展的新起点。

据悉，这笔资金同时还将用于实施一个"绿色节能升级改造项目"，对荣晟环保现有的造纸设备、热电联产项目、中水回用的硬件进行再提升。

2019年开始，进口废纸被禁止，仅国内的废纸原材料远远不够公司产能。巧妇难为无米之炊，又一个难题摆在了荣晟人的面前。

为此，荣晟环保的研究团队开始了新探索，历经几个月的日夜奋战，研制出强度相当，但克重只有原来一半的新型包装纸，也就是说，同样重量的原材料，现在生产出的产品，是原来的两倍。

荣晟环保精益求精，仍在继续研究重量更轻的产品。另外，在节能减排、绿色环保、流程管理方面，荣晟环保也在持续发展。

环保：肩头有责方能行远

党的十九大提出了"绿色"发展理念，明确提出要壮大节能环保产业、清洁生产产业等。作为一家具有社会责任感的上市企业，同样也是环保业内企业，十九大释放的这一信号，对荣晟环保来说，既是机遇，也是挑战。

“十九大的新政策更坚定了企业走绿色低碳可持续发展道路的决心。我们会积极响应，加大节能环保投入，实施技术创新。”冯荣华说，坚持节能环保、创系列环保新举措，已经从传统的环保制约发展走向了环保促进企业发展。

事实上，绿色发展早已融入荣晟血液。早在2007年，公司投资2000多万元改造污水处理系统，引进国际最先进的“厌氧＋好氧”项目。2008年1月正式投运后，每吨纸排水量由15吨下降到5吨左右，真正实现高标准、少排放。

另外，针对造纸产生的废水经过沉淀会产生污泥这一问题，同在2007年，通过技术研发改革，荣晟在浙江省首家实现污泥回用技术，之后又全部回用于本公司产品中——这项技术后来在行业中被推广。

2014年，荣晟环保率先在行业内实现了脱硫脱硝减排，成为各地环保部门纷纷“取经”的示范项目。公司与浙江清华长三角研究院合作，在嘉兴市首家开展热电减排信息系统软件开发，该项目有效提升了企业脱硫脱硝系统的监控能力。

一直以来，冯荣华将公司的技术改造和节能降耗相结合，通过提升内部管理水平和技术水平，积极倡导和实施循环经济，并使得企业产量和利润同比不断创历史新高。

如今，荣晟环保已经可以做到全循环，生产过程中产生的废料几乎可以忽略不计。

荣晟环保以成为相关行业内具有一流品牌地位的企业为目标，以市场为导向，以科技为核心，推进清洁化生产，持续创新，夯实管理，充分发挥研发、技术、设备和产业链优势，以发展循环经济、推进节能降耗、生产绿色包装产品为方向，将公司打造成集废纸资源回收、生态造纸、热电联产、绿色包装于一体的资源综合利用企业，提高“荣晟环保”品牌在包装用再生环保纸及其制品领域的影响力。

执笔人/骆颖叶

2. 天地环保:“蓝天保卫战”的排头兵

数十年间,我国经济突飞猛进,GDP高速增长的背后,却留下了一个令人担忧的生态环境——全国二氧化硫排放量在2000年已达1995万吨,远高于环境承载能力,61.8%的南方城市出现酸雨……然而,国内脱硫减排事业2001年才刚刚起步,与欧美国家已经成熟的烟气脱硫技术相比,差距甚远。拥有蓝天白云、晴空万里,成为每个人的梦想,很多企业尝试对落后的治污技术进行突围,用科技创新日益逼近梦想,浙能集团旗下浙江天地环保科技有限公司(以下简称“天地环保”)就是其中一家。不久前,其承接的印度货轮“玛哈阿诺莎”号新型船舶尾气脱硫系统完成交付,并取得船级社认证,使其成为全省首家在全球船舶尾气脱硫市场上切下蛋糕的企业。据了解,天地环保目前已拿到全球100多个船舶尾气脱硫订单,行业规模跻身全球前五。

自主研发脱硫技术　打破国外行业垄断

中国的煤炭资源丰富,可燃物多为煤炭,火力发电已成为我国主要的发电方式。2000年,电厂的设计技术相对成熟,而火电脱硫刚兴起,环保的技术空间也较大。在政府的大力推动下,火电建设项目发展迅猛。2001年至2005年,经国家环保总局审批的火电项目高达472个,火电项目进入高速发展期。

在行业风口下,2002年,天地环保在国内率先启动火电厂脱硫改造;2005年,随着《火电厂大气污染物排放国家标准》正式颁布,浙能燃煤机组烟气脱硫规划全面实施;2007年,天地环保开工建设首个脱硝工程;2014年,浙能集团全面完成脱硝改造,成为全国首个全脱硝的发电集团。

早在公司成立之初的调研市场时,天地环保就发现国外的先进技术进入国内市场后存在较严重的“水土不服”现象,因而导致了一些燃煤电厂的脱硫装置运行不稳定、达不到设计要求。针对这一情况,天地环保果断决策:把国外先进技术“本土化”,作为开辟自主创新之路、实现由引进消化到掌握自主知识产权跨越的突破口。

天地环保成立后,便以脱硫技术工程化研究为载体推进自主创新。一系列的研发项目,伴随着一项项工程的开工而相继启动,并不断获得成功。这些成果最终汇聚成“改进的石灰石-石膏湿法烟气脱硫技术工程化的研究”。新成果不断成功应用到工程建设中,不仅为各个脱硫工程的高效优质投产奠定了基础，赢得了浙江省科学技术三等奖、浙江电力科学技术一等奖、中国环保科学技术二等奖等荣誉，而且也为天地环保公司的可持续发展打下了坚实基础。

随着火电“大发展”，天地环保也跟随着国家政策和市场脚步，业务领域从以电力行业为主转向船舶、钢铁等多行业并重发展，企业不断做大做强，发展到拥有22个子公司，拥有一条完整覆盖废气、废水、固废治理及环保装备制造的环保产业链，成为浙江省环保治理领域的龙头企业。

历经三年研究燃煤　成功实现超低排放

走进浙能嘉兴发电厂厂区，干净整洁的道路两旁是浓浓的绿荫。没有煤灰、不见烟尘，很难想象这里是一个燃煤发电厂。七年前，就在这个厂区，天地环保的燃煤机组超低排放关键技术被成功运用，成为国内首套成功投运的超低排放装置。

当国家三部委在2014年9月下发《煤电节能减排升级与改造行动计划》时，浙能集团早已先行一步。2013年，天地环保联合浙江大学成功开发了超低排放环保岛（ULE）关键技术及成套工艺。2014年5月30日13时45分，我国首套烟气超低排放装置由天地环保公司总承包建设完成，并在浙能嘉兴电厂8号机组投入运行。

“率先实施超低排放，对我国燃煤电厂的环保发展来说是一个历史性的跨越，这也是每一个电力人孜孜以求的蓝天梦想。”两台机组改造投运以来，一直保持可靠稳定运行，并通过了多家权威机构的环保性能测试。

2014年7月21日，中国环境监测总站在杭州发布权威消息。经检测，浙能嘉兴电厂7号、8号机组在不同工况时，烟囱总排口烟尘、二氧化硫、氮氧化物三项主要烟气污染物的排放数据分别为不超过3.08毫克/立方米、15.1毫克/立方米、23.67毫克/立方米，优于天然气燃气轮机组排放标准。

超低排放技术的成功应用，为整个燃煤火力发电行业的节能减排拓展了新空间。2015年，超低排放成果获国家知识产权局发明专利；2016年，超低排放入选国家"十二五"科技创新成就展；2017年起，连续四年写入政府工作报告中，成为国家层面全面实施的绿色行动。"燃煤机组超低排放关键技术研发及应用"项目荣获2017年度国家最高科学技术奖——国家技术发明一等奖。

在浙江大学玉泉校区老和山下的能源清洁利用国家重点实验室里，布局着燃烧各种复杂煤质的炉子、每小时1万标方烟气量的烟气污染物超低排放技术中试平台，以及各类大型精密仪器设备。由浙能集团与浙江大学能源工程学院高翔教授领衔合作，历时多年的自主创新和联合攻关的"燃煤机组超低排放关键技术研发及应用"项目就诞生于此。这也是浙江省首次获得的国家技术发明一等奖。

"当时，引进国外的燃煤污染物治理技术购买一个软件包就要花费上百万美元，而且，国外技术对于我国复杂多变的煤质等问题的适应性差，难以长期稳定可靠地达到超低排放要求。即使这样，当时还是有外国公司一年就能在中国收近亿元的专利使用费，就是因为早期我们没有技术储备。所以我们与浙江大学强强联合，一直致力于适应复杂煤质和复杂工况的燃煤烟气多污染物高效协同脱除技术研发及工程化应用。"回忆起当时的情形，项目完成人、浙能集团副总经理、教授级高工朱松强仍然深有感触。

如今，通过与企业的产学研用合作，"燃煤机组超低排放关键技术研发及应用"成果已在全国十多个省市的1000兆瓦、600兆瓦、300兆瓦等不同等级的燃煤机组及中小热电机组上实现了规模化应用，累计装机容量超过1亿千瓦，近三年应用本发明成果新增销售109.6亿元。

2017年阿斯塔纳世博会上，超低排放技术为世界的煤炭清洁化利用提供了中国方案。截至目前，天地环保已建在建超低排放项目总装机容量已超3200万千瓦，指标均居于行业前列。与此同时，团队也推进了关键技术装备的标准化工作，牵头研究制定国家和行业标准9项，参与制定国家和行业标准6项，推动了行业的科技进步及产业发展，支撑了国家超低排放战略实施。项目完成人还受邀在达沃斯论坛上介绍燃煤污染治理的"中国方案"。

不断创新环保技术　持续拓展市场空间

"政策、核心技术、人才是环保企业发展好的三个关键。"十余载风雨兼程，天地环保积累了充足的EPC工程总承包管理经验、装备制造能力和技术、人才优势，实现了"产学研用"一体化发展。

最早的脱硫脱硝项目,基本采用引进技术再进行创新;其后的超低排放技术,采用和浙江大学合作的形式;如今的船舶脱硫技术,则完全是采用自主创新方式完成的。天地环保的技术研发历程让人感触极深,更不乏令人瞩目的项目设计创新的成功故事。

——臭气治理激活千亿市场。

化工厂里烦人的臭气,竟蕴含着千亿元的商机。

2018年4月9日,天地环保在伊犁开始进军“工业臭气”治理大市场:浙能伊犁新天煤化工挥发性有机物(VOCs)——“工业臭气”处理项目开工建设。该项目是国内首个采用蓄热式热氧化(RTO)技术的煤化工VOCs治理项目,也是国内规模最大的RTO项目,项目建成后每小时可处理废气量超70万立方米,可让“工业臭气”无处肆虐。

作为全国首个煤化工废气治理项目,没有任何经验可以借鉴,设计团队又当了第一个吃螃蟹的人。新疆伊犁环境恶劣,昼夜温差大,VOCs本身具有毒理特性,臭味重,但分散、量少,治理难度较大。

废气处理,一般多采用高温燃烧的办法。而这个项目,充分发挥了蓄热技术的优势,可减少能量的损失和燃料的消耗,降低臭气治理的成本。

新大气污染防治法的颁布实施,从法律层面上将VOCs纳入了大气污染防治监管范围,给排污企业戴上了“紧箍咒”,也催生了千亿规模的环保新产业。

——船舶尾气收到近100条船舶脱硫订单。

2019年5月,天地环保新成立的浙江浙能迈领环境科技有限公司半年收了近100条船舶脱硫订单，浙能超低排放走向大洋。

据悉，浙能首创的“燃煤机组超低排放关键技术研发及应用”，在全国燃煤发电行业全面实施后，拓展到玻璃生产等行业的烟气治理，此次又运用在烧重油、柴油的海运行业，掀开了海运清洁化生产的新篇章。

海运是国际贸易运输的主力，海船也是排放大户。2016年10月，国际海事组织会议决定，自2020年起执行更高的含硫量标准的规定，即船用燃油硫含量应不超过0.5%，船舶清洁化生产已是大势所趋。

浙能敏锐地发现这片尚待开拓的蓝海，果断地在天地环保公司实施“混改”试点，组建浙能迈领环境科技有限公司，为船舶提供全方位的废气治理方案。

据悉，本次进行脱硫系统改造的印度散货船“玛哈阿诺莎”号，是全球第一艘实施该项技术改造的好望角型散货船。按海试要求需要在多个工况下进行测试，在船东和船级社现场验船师的见证下，各试验工况均顺利通过。

烟气经脱硫设备处理后，各项数据指标均满足IMO国际海事组织针对船舶安装脱硫系统法规的要求，并取得国外船级社认证。这证明迈领公司的脱硫系统已经得到船旗国及船级社的认可，船舶脱硫设计能力已经达到世界领先水平。

目前全球远洋船舶加装的脱硫设备已超过300多套，主要由欧美几家大设备厂商提供，相比成千上万的海船数量，需要安装的海船脱硫设备设计、制造是片方兴未艾的蓝海。

先人一步，方有可为。时至今日，天地环保已走过17个年头，从单纯的大气治理到以大气、固废、水务、噪声等污染治理为主的四大环保产业板块,从燃煤电厂烟气脱硫、脱硝技术到超低排放、VOCs处理、废水处理、固废处理与综合利用等多项核心技术。

“长风破浪会有时,直挂云帆济沧海。”今后,天地环保将在新的起点上继续努力、不断创新,为建设生态文明社会打赢“蓝天保卫战”做出新的贡献。

执笔人/徐　建　徐慧敏

3. 隆基乐叶:从浙西大步迈向全球市场

当前,全球能源正向着清洁低碳化加速变革,光伏行业前景看好。据国际能源署(IEA)预测,2030年全球光伏累计装机量有望达1700吉瓦,到2050年将增至4670吉瓦。高效、优质的光伏产品就是推动能源变革的“主力军”。

中国光伏看浙江。2018年5月31日,国家三部委联合发布“光伏减补政策”,对行业产生较大影响,浙江隆基乐叶光伏科技有限公司却是全面飘红,让人惊叹,2018年浙江隆基乐叶有限公司销售收入35亿元,每年研发投入1.5亿元,拥有研发团队134人,拥有110余项专利。

光电转换效率是太阳能电池唯一的技术衡量标准,以前,国内行业平均水平为16%。2008年开工2个月,公司产品平均效率最高时就达到了17%。继2018年四次刷新单晶PERC组件转换效率之后,今年浙江隆基乐叶有限公司单晶PERC电池的这一转换率,达到24%以上,单晶组件销售额居全国第一。

强强联手　突破产值“天花板”

“2014年之前，公司年产值一直徘徊在10亿元以下，似乎碰到了‘天花板’，让人苦恼。”隆基乐叶董事长叶志卿坦言，太阳能光伏产业当时还处于原料、设备和市场“三头在外”的发展阶段，即多晶硅原料、生产设备需要从国外进口，主要销往德国、美国等地，限制多多。

2014年11月，乐叶光伏与隆基绿能科技股份有限公司（隆基股份）强强联手，成立浙江隆基乐叶有限公司。

隆基股份在业内赫赫有名，于2000年成立，专注于单晶硅棒、硅片的研发、生产和销售，经过10多年的快速发展壮大，业已成为全球最大的单晶硅产品制造商。双方合作，成功延伸和完善了产业链，大幅提高核心竞争力，迅速跻身为国内一线组件品牌，成为各大主流电站投资商的组件供应商，此后几年，接连取得亮丽业绩。随着技改和扩产项目的不断完成，目前已形成年产3吉瓦太阳能光伏组件的产能，推动高效单晶组件市场份额从5%提高到45%。加快了光伏制造技术进步、产业转型升级的进程，迈出了衢州步伐，彰显了中国力量。

“2019年订单3月份就已排满。如今，月产值稳定在3亿元以上。最近的确很忙，但利好消息不断，忙得很充实！”叶志卿欣喜相告，这是产业链延伸完善之后巨大魅力的显现，也是持续投入科研的结晶。

高标定位　勇立光伏行业潮头

12年前，浙江隆基乐叶有限公司前身浙江乐叶光伏科技公司创立，以“要做就做行业领跑者”的高标定位，勇立潮头。如今这个坐落于绿水青山中的衢州市绿色产业集聚区的国家高新技术企业，占地75亩，注册资金3.5亿元，员工1300余人。

领跑者的定位来自产业报国，感恩前行。叶志卿，1964年12月出生，硕士研究生学历。创业以来，他始终专注实业，不断创新，持续深耕。先后荣获浙江省优秀企业家、浙江省科技新浙商、浙江省“五一劳动奖章”、衢州市“最美工业人”、改革开放四十年浙江工业创新发展四十人、浙江省劳动模范等多项荣誉，连续十年被评为衢州市市长特别奖获得者。

12年，弹指一挥间，浙江隆基乐叶有限公司已成为衢州市龙头企业的代表，主营业务包括组件设计开发、制造和销售，光伏电站的设计、施工和技术服务及光伏电站投资和运营，产品应用领域覆盖广泛，尤其在各类大型光伏地面并网电站、工商业屋顶并网电站、民用屋顶并网电站等领域广泛应用。产品通过国内外多项权威认证，各类技术指标处于行业领先水平并具有核心竞争力，公司成为全球领先的单晶硅生产龙头。

“我们正在和上游领军企业合作，从原生多晶硅切入，上控原料，再次延伸产业链。”公司负责人介绍，在日新月异的光伏行业发展进程中,他们一直坚持走高效单晶路线,通过技术和经验的不断积累,逐步将技术领先转化为产品优势。

深耕国内 大步迈向国际市场

“三头在外”的光伏产业可谓前途光明、一路曲折,浙江隆基乐叶有限公司深耕国内,朝着国际化的目标迈进,通过技术进步和降低成本,推动行业发展,践行新使命。

澳大利亚具有良好的光照资源,是世界上屋顶太阳能普及率最高的国家。216万多户家庭和商业机构安装了小型屋顶光伏系统,其中昆士兰的装机量居首位,达2.60吉瓦,新南威尔士和维多利亚紧随其后,分别为2.08吉瓦和1.77吉瓦。政府制定了2040年发电能源结构规划,届时太阳能将达40%,取代煤炭。2019年上半年,新增小型屋顶光伏装机156兆瓦,累计装机接近1吉瓦,总装机达9.04吉瓦。

公司在2016年10月进入澳大利亚;2018年首季,在澳每月发货量达10吉瓦;2018年6月,签订首个大型地面电站订单;2018年10月,签订大型地面电站合同超300吉瓦。2019年2月,出口澳大利亚数据位列前三。目前已在当地拥有完善的分销网络,产品大批量进入昆士兰、新南威尔士、维多利亚州等地。

大步迈向国际市场,离不开深耕,公司以客户优先、质量第一为宗旨,先后通过了ISO9001:02015质量管理体系认证、ISO14001:2015环境管理体系认证、OHSAS18001:2007职业健康安全管理体系认证,2013年入围国家工信部《光伏制造行业规范条件》第一批名单。拥有完善的质量管理与认证体系，规模化供应“领跑者”要求组件，在国内率先通过CQC“领跑者”一级效率认证，引领高效组件发展。

出色的技术和管理能力，使公司赢得了与国开新能源、华为公司、特变电工等一批国际知名公司的合作，并获充分肯定，逐步建立覆盖欧洲、日本、澳大利亚等主要光伏市场的销售网络。

公司先后获浙江省名牌、省知名商号、省著名商标、省科技型中小企业、省管理创新示范企业、省两化融合示范企业、省首批“三名”企业、省级重点企业研究院等荣誉，2018年、2019年蝉联衢州市龙头企业称号。

系列举措　暖心留住各类人才

近两年来，浙西衢州不少企业反映招工难，引才更难。浙江隆基乐叶有限公司也曾遭遇成长的烦恼，如今则进入了良性循环。最近，这个光伏人才“摇篮”向安徽、山东等基地，输出了150名专业骨干，在业界传为佳话。

“我们这几年，主要紧盯苏浙赣皖四省高校，积极引进人才，更通过一系列举措暖心留人。”公司人力资源部负责人周超记得，2014年公司本地员工占九成多，如今这一比例已降至七成左右，员工总数则从300余人增加到1300余人。

平均年龄31岁，如何留住年轻员工？周超算了几笔账：食宿费用，每年500多万元；文体活动，人均每年800元，每年共100多万元；节日福利人均每年1000元，每年共130多万元……

“传统制造业员工流动率达50%，甚至更高。公司2017年转正员工离职率20%，2018年22%。”周超相告，暖心是留人的关键：公司有一条不成文的规定，薪资发放如果遇到休息日、节假日，只能提前，绝不拖后；不少企业要试用期结束之后才开始缴纳“五险一金”，在这里，入职当月即参保；部分优秀员工可以享受公司内部的股权激励等相关政策。

留人看待遇，更要看未来。浙江隆基乐叶有限公司积极引导员工明确自身职业规划。以新招大学生为例，分为三个成长路径，即技术类包括工艺、设备等专业技术人才，职能类包括质量、仓储、财务、人力资源等岗位，管理类包括班组长、主管、车间主任等岗位。

近两年，浙江隆基乐叶有限公司先后从四省招聘近30位重点院校本科以上学历应届生，目前，仅个别人因参军、家庭原因离开衢州，其他人快速成长，有的已成为独当一面的工程师，有的已晋升为主管。

“为了吸引外地高技能人才，公司对外地职员的政策也走在了其他企业前列，领先同行。”周超介绍，外地职员每年享受6～12次的探亲假，12天的带薪探亲假，来回车票给予报销，仅这一项政策每年就要支出上百万元。公司还为外地职员及干部，提供租房补贴、报销水电物业费。

为了给一线员工提供舒适的住宿环境，老厂区宿舍于2018年全部重新装修。全员每年还有免费体检、旅游。2019年阳春三月里，1000

多名一线员工，分批赴无锡、黄山、婺源等地度假，真切感受了企业大家庭的温暖与关爱。

科技创新 “强根筑魂”坚韧“长跑”

2013年下半年，欧盟对中国光伏产业的反倾销最终以“价格承诺”的方式尘埃落定。从当年8月6日起，全国94家承诺企业按照价格承诺协议要求，对欧盟出口硅片、电池、组件可免征反倾销税，其中乐叶光伏是当时衢州市唯一一家价格承诺企业。

作为浙江省光伏协会副会长单位，中欧贸易史上涉案金额最大的贸易摩擦案初现端倪，乐叶光伏就作为全国12家企业代表之一，全程参与谈判，最终促成一大利好政策出台。

面对2018年“5·31”新政影响，浙江隆基乐叶有限公司积极响应号召，做大自身，加快调整营销策略，将国内国外“八二占比”调整为目前的“二八”比例。

回眸发展历程，叶志卿介绍，隆基乐叶始终秉承科技创新精神，“跑得比人快，关键看理念”，理念要“有根有魂”，要迭代升级。他诚恳地表示，经过持续努力，公司在硬件和软件上有了一个综合大提升。这是因为公司坚信科技是第一生产力，始终围绕科技创新作好强根与筑魂的大文章，每年投在科技、研发等方面的费用占到生产总值的近5%，产品不断提升转换效率的同时，大力进行结构调整，把原来300瓦的组件提升到400瓦以上，极大地增强了核心竞争力。

近年来,企业累计在全自动化设备及信息化改造方面投入近3亿元。企业科研资产近5000万元,场地3120平方米,建有组件技术研究院、综合测试分析中心、各类小试中试基地,各项配套设施条件完备。公司实验室于2017年11月顺利通过中国合格评定国家认可委员会(CNAS)认证,具备了按有关国际认可准则开展校准和检测服务的技术能力,2018年4月顺利通过TUV(德国技术监督协会)目击实验室认证,表明了公司高效产品的可靠性和耐久性,推进了公司在光伏领域加速"长跑"。

地处浙西,冲出盆地,大步迈向全球市场。浙江隆基乐叶有限公司在科技创新迭代升级中屡创佳绩,快速发展壮大,创下行业传奇。随着绿色发展理念深入人心,太阳能光伏产业将迎来新一轮大发展,叶志卿表示,持续创新、强化管理,公司将在行业内贡献更大的力量,进一步彰显中国智造的魅力。

执笔人/王继红　王思思

4. 超威:绿色能源产业领跑者

在湖州市长兴县太湖街道温州路上,老张经营着一家品牌电动车专卖店,门面不大,但开了很多年,生意相当不错。每次顾客确定好购买车辆后,老张会帮顾客把电池安装好。在安装之前,老张会跟顾客确认要什么品牌的电池。“六成以上的人都直接指名要超威”,老张透露道,不只是他的店,在私下交流中得知很多专卖店都是同一情况。

这,仅仅是超威得到市场和消费者认可的小小缩影。作为湖州本土企业,超威是全省乃至全国百姓家喻户晓的品牌。以蓄电池起家的超威,自1998年成立以来,一步一个脚印,从家庭小作坊发展成行业龙头企业,并连续7年荣登国内规格最高、要求最严、公信力最强的“中国企业500强”排行榜。2019年,位列中国企业500强第154位,中国制造业企业500强第60位,继续领跑电池行业。

如今,站在新中国成立70周年的特殊节点上,回首过去,20余岁的超威虽不能完全反映新中国成立70年来浙江砥砺奋进、天翻地覆的变化,但作为浙江工业企业中的佼佼者,超威在浙江这幅壮丽的城市发展画卷上留下了浓墨重彩的一笔。

三间民房搞创业　争做行业领跑者

"'白手起家'是对20年前企业创业最好的形容。"超威集团董事长周明明回忆起企业创办之初的情景：1998年初，秉持"要做中国人自己的电池，要做国内动力电池最大的供应商"的初心，而立之年的他舍弃了"铁饭碗"，跑到长兴县虹星桥镇上，用多年辛苦攒下的积蓄——8000元租下了三间相中已久的民房。

就这样，周明明靠着一份初心、三间民房正式开始了创业路。

理想很丰满，现实很骨感。横亘在电池行业面前多年的技术难题绝非可以轻易攻克。审时度势后，周明明想到了"搬救兵"，于是"厚着脸皮"一口气跑了10多所高校，跟专家、教授反复沟通交流，"软磨硬泡"。或许是被周明明的诚意打动了，多位国内顶级专家、教授被请到了超威。

专家指导、技术加持，周明明如虎添翼。在他的带领下，技术团队先后攻克了蓄电池中10多项技术难题。2000年4月，超威的第一个产品——电动助力车蓄电池一经面世便一炮而红。因其性能检测指标优良，短短三个月内，百余家电动系自行车厂家终止与洋品牌的合作，转向超威。

2004年，企业销售收入实现跨越式发展，首次突破亿元大关，之前小打小闹、不声不响的超威开始在全国布局，超威时代拉开了序幕。

"我们有很多新产品完成了中试，但并没有大批量投产，而是在一步步地验证优化，确保产品品质和安全性都达到最佳状态之后才会大规模量产上市。”周明明强调，作为一家立足长远全面发展的企业，超威在不断提升产品性能的同时，更加关注产品安全，力求让每一个用户都能用上安全、高效的产品。20余年，超威坚持产品质量，不越“雷池”半步，坚持把消费者利益放在首位。

有所为，终有所得。超威集团从一个小家庭作坊发展成为如今一个在全球拥有108家子/分公司、香港主板上市、中国新能源电池行业排名第一位的新能源集团，完美完成了从最初的行业“跟跑者”到如今的“领跑者”的嬗变，走出了一条民营企业高质量发展的特色之路。

科技创新当先锋　参与行业定标准

和美国合作的钠盐电池项目、和德国合作的低压直流高功率电机、和德国合作的高端启动（启停）电池项目、和法国合作的锌镍电池合作项目……走在长兴县画溪工业园区超威集团的文化中心里，每个项目对应的展台上陈列着产品，后面墙上图文并茂详细地介绍着超威20余年来的科技创新成果。

纵观超威的发展历程，一条轨迹无比清晰，那就是科技创新贯穿始终。据不完全统计，公司历年来的创新发明已有21650余项，已获得国家授权专利的有1917项，其中发明专利547项，包括国外授权发明专利112项，承担国家火炬计划、国家重点新产品、省重大科技专项80多项，并取得目前行业唯一的中国专利金奖、中国工业大奖表彰奖等。

作为以“技术领先”闻名于行业内外的科技型龙头企业，超威把科技创新作为赖以生存和发展的重要法宝，坚持聚焦主业，坚持创新驱动，坚持产业融合，加大新技术、新材料、新产品的引进与研发，探索构建起“一体两翼”技术创新体系，全力打造新能源产业“生态圈”。

近年来，智能制造是“中国制造2025”的主攻方向。以此为契机，超威将智能制造作为企业创新发展的“生命线”，转型升级的“发动机”，赶超跨越的“加速器”。依托科技创新，超威利用信息化手段，实现“机器管人、机器换人”，推动生产方式的转变，为集团从电池制造商向能源制造商、运营商、服务商转型，从制造大企向创造强企转变提供了有力的支持，助力推动企业高质量发展。

在推动企业自身高速发展的同时，超威也在引领行业的健康发展。“截至目前，我们一共参与各类标准制修订59项，其中国家标准32项，行业标准22项，团体标准5项。”超威集团研究院院长刘孝伟介绍道。据了解，标准化是企业快速发展的重要支撑，也是确保企业在未来全球化竞争中立于不败之地的重要法宝。

“三流企业做产品，二流企业做品牌，一流企业做标准”，始终坚持科技创新的超威，谋求的不仅仅是企业竞争力的提升，更是行业“话语权”的获得。

目前，立足国内产业优势的超威正积极参与《启停用铅酸蓄电池》《摩托车用铅酸蓄电池》国际标准起草等工作。

“和合”文化引人才　机制铺就成长路

本着“投资于产品，可活十年；投资于技术，可活三十年；投资于人，可做百年企业”的想法，超威集团自成立以来，将人才的选拔、引进、培育视为工作的重中之重，大力实施人才领先战略。

值得一提的是，周明明认为人的生活习惯不同、宗教信仰不同，勉强把人请到企业里来，人才会因为“水土不服”而不能很好地发挥作用。因此，超威以开放包容的姿态，面向全球招募高端人才，并坚持“人才在哪里、技术在哪里、项目在哪里，就把研发平台建到哪里”的原则，将研发机构建到高端人才的家门口，让其“在家门口搞研发”。目前，超威已相继在美国、俄罗斯、德国、加拿大等地建立了19个研发机构。

聚天下英才而用之的超威也成为激励人才创新的热土。2013年，在日本工作近10年，被日本政府认定为“优秀高端人才”的柯克归国，受邀加盟超威集团。人才汇集涌流、创业激情迸发，柯克在超威集团充分发挥所长，为电池生产、制造提供科技保障和支持，做出了突出贡献。

目前，就任超威集团锂电池首席专家兼超威创元技术中心主任的柯克，是首批浙江省“领军型创新创业团队”领军人。

以柯克为代表的大多数超威人，因为选择超威，为自己的腾飞选择了一个更广阔的平台。践行“和合”文化的超威，搭建起超威人实现自我价值、奉献社会的平台，促使其与企业形成利益共同体、事业共同体，让超威人与超威共成长。

河北超威公司总经理张建华，当初入职超威时，是一位普普通通的基层员工，通过自己的努力，现在是一个子/分公司的总经理。据了解，针对普通员工、专家科学家、合作伙伴三类群体，超威提出“企业家培养计划”，为其量身打造三条成为企业家的路径，成就人才的梦想。目前，超威旗下108家子分/公司的负责人大多来自“企业家培养计划”。

“我们将以开放包容的心态，将超威打造成培养企业家的摇篮，让全球新能源领域有梦想、有志向、有创业需求的人都到超威来，超威将提供最好的平台和环境，成就你们的梦想。”周明明表示，在超威：只要你是人才，就能实现梦想；在超威，只要你敢想敢拼，一切皆有可能。

“两山理论”为指导　绿色发展不动摇

湖州作为习总书记“两山理论”的重要发源地，义无反顾地走上了“绿水青山就是金山银山”的发展道路。

作为以科技创新为根、以绿色环保为本的企业，超威将绿色作为企业高质量发展的根本底色，坚定不移走绿色、低碳、循环的生态发展之路，将“创新、融合、绿色”理念贯穿到整个产品生命周期，积极探索“生态+”模式，推动产业绿色崛起。

日前公布的《第四批绿色制造示范名单》上，超威集团旗下的河南超威、江苏超威入选第四批“绿色工厂”。河南超威入选绿色供应链管理示范企业，安徽超威、金太阳公司旗下2个产品入选绿色设计产品。据了解，截至目前，超威集团已有9个工厂入选绿色工厂示范名单，2个工厂入选绿色供应链名单，14个产品入选绿色设计产品名单，国家级绿色制造体系建设示范项目总数居行业第一。

凭借强大的技术、人才优势，超威集团积极发挥行业龙头企业作用，牵头组建国家环境保护铅酸蓄电池生产和回收再生污染防治工程技术中心，成立中国电池产业绿色循环发展联盟，取得了显著的成果，为行业转型升级、绿色发展做出积极贡献。

2019年，超威践行以“倡导绿色能源、完美人类生活”的使命，围绕移动能源、固定能源两大发展路径，坚持科技创新，坚持绿色发展、创新发展，战略转型取得新突破、各项事业取得新成果。在超威看来，发展新能源就是对“两山理论”的最好实践。

如今，超威已形成了铅(锂)蓄电池、新型电池、电动车(船)及关键零部件、车联网与物联网平台、能源存储与管理、循环经济与国际贸易、金融等七大业务板块，新能源科技公司的版图逐渐清晰。

执笔人/高　飞

5. 中天集团:转型升级　如日中天

对于每天都会经过三桥的杭州人来说,俗称“大莲花”的杭州奥体博览中心体育场早已成为沿江的一道风景,无论在晨曦还是余晖中,这座体育场馆始终屹立在这里,透出不一样的美感。

“大莲花”建设方的中天控股集团(以下简称“中天集团”)的董事长楼永良坦言,杭州奥体中心项目,是他在杭州最骄傲的作品,其规模位居全国第二,仅次于北京的鸟巢。这是浙江人的骄傲,杭州人的骄傲,也是中天人的骄傲。

这家来自建筑之乡东阳,与新中国同龄的企业,曾经辉煌一时,也经历过风雨飘摇,而后凤凰涅槃,取中正之道、堂堂正正、正道经营,以天下为己任之寓意。从20世纪80年代初伊始,中天集团在楼永良的带领下,历经了出县城、闯外滩、落省城、布点天下的创业传奇。

2019年,中天集团名列中国企业500强第218位、中国民营企业500强第64位、浙江省百强民企第10位。2018年实现产值与销售收入1105亿元,利润总额达34亿元,上缴所得税9.59亿元,相较上年分别增长了61.07%、89.35%。每年为18万农村劳动力解决就业问题，帮助18万个农村家庭实现了持续性的脱贫致富。

23年的不懈奋斗，中天集团从埋头土地到仰望星空，无论是深耕建筑产业现代化，还是另辟蹊径拓展产业链，楼永良和中天集团始终紧跟改革开放的历史大潮，将转型升级作为发展战略，培育过硬的技术实力，中天人用匠心和智慧摸索出自己的创新发展道路。

完成改制：打造“质量＋诚信”的企业品牌

“东阳是个傍山县城，早年虽然山清水秀，但并不富裕，人们只能靠手艺吃饭，特别是木雕，我们的老祖宗在明朝的时候还修过故宫。”时过境迁，世代更迭，“百工之乡”的工匠精神薪火相传，也深深烙在了楼永良的骨子里，成为中天卓越品质的“基因密码”。

中天集团的前身依次为东阳县建筑合作社、东阳县建筑公司、东阳市建筑安装工程公司。到20世纪80年代，由于管理和生产方式落后，面对席卷全国的改革浪潮，东阳市建筑安装工程公司在杭州因质量问题被逐出市场，在上海同样因为质量问题被黄牌警告，企业走到了生死存亡的边缘。

1987年10月，楼永良临危受命，被任命为副经理兼上海工区主任，他带领团队扎根施工一线，以质量和安全为抓手，3年后获得了上海市建设工程最高荣誉——“白玉兰杯”，挽狂澜于既倒，在上海滩实现了“突围”。

数年来,楼永良身先士卒,公司在他的带领下扭亏为盈。1996年11月11日,东阳建筑安装公司经过改制,“浙江中天建设工程集团”应运而生。改制之后,企业经营业绩稳步上升,在北京、武汉、广州等市场的发展速度不断加快。“东阳人当年能去京城修故宫,中天人在改革开放后也要到全国去闯市场。”2000年12月,企业完成了无区域注册登记,更名为中天建设集团有限公司,开始大手笔布局全国。

2003年,中天集团将总部迁往杭州,成立三家甲级资质设计院,向着设计、施工的总承包方向迈进,并获得建筑工程总承包特级资质,建设板块市场格局形成。中天集团成为引领行业改革发展方向的领导企业之一,并跻身全国十大承建商序列,是其中唯一一家民营建筑企业。

尽管如此,中天集团董事长楼永良还始终谦虚地认为“中天不是品牌企业,只是‘有点名气’的企业,与品牌企业差距还很大”。在他看来,品牌竞争是高层次竞争,打造品牌企业,是中天的奋斗目标。

“1987年我到上海,是企业业务和信心最低谷的时候,为了能迅速扭转局面,我每天到工地去,甚至自己动手干。1990年的永清菜场工程,我们做得像木雕石刻一样精细,正是这个工程让我们拿到了第一个‘白玉兰杯’,打了翻身仗,也让我们意识到质量就是中天的生命线,也是每一个中天人不得触犯的红线。”

而楼永良眼中的“质量”不是狭义的建筑工程质量,而是涵盖了企业经营质量、管理质量、产品质量、服务质量、社会诚信、队伍建设、文化建设在内的全方位企业管理质量。

“质量好,首先就是我们中天开发的房子,要无质量投诉;建造的工程，要无质量通病”，早在十几年前，楼永良就提出了“每建必优”的要求。

2004年中天获得“全国质量奖”，之后中天做的第一件事不是召开庆功会，论功行赏，而是专门成立了管理改进办公室，聘请日本著名质量大师赤尾洋二作为管理顾问，启动质量管理流程梳理和再造工作。

之后，中天开始推行区域项目标准化管理，从集团公司、区域公司、项目部三个层面实施，内容包含了制度建设、工作规范、施工工艺、资源配置、过程管控五个方面，实现了全集团“一个标准、一个流程、一个水准、一个结果”。

一系列质量管理的“中天工作法”的实施，让中天在2010年获得了首届“浙江省政府质量奖”，这是全国首个省级政府质量奖，中天也是省内唯一获此殊荣的建筑企业。浙江大学原党委书记、浙江省政府经济建设咨询委主任张浚生评价说：“中天集团‘每建必优’的口号，是他们追求价值的体现，工程建筑是百年大计，敢于明确提出这一口号，并切实付诸实施，这种气概、勇气、情操和负责的态度，令人钦佩。”

技术创新：深耕建筑产业现代化

“中天每三年就会出一个规划，今年的‘七三规划’中，题目上就着重提到了‘强技术’。”中天集团总裁杨军说道，技术创新是企业创新的核心，中天建设深谙此道。

多年来，中天建设始终坚持产业发展方向，追踪产业发展前沿，不断加大技术创新与研发力度，积极推进与高校、科研机构的创新合作，力争在优势领域和关键技术上取得新突破，以此抢占产业发展制高点，为企业转型升级提供有力支持。

方忠民自2004年担任中天集团第六建设公司总工程师以来，组织指挥了深基坑施工技术，转换层、高支模施工技术，超高层施工技术等核心技术的实施。仅2010年至2013年，他便带领技术团队累计获省级工法11项，获授权国家实用新型专利27项、发明1项。

不仅重视技术创新，中天还对建筑业的发展有着前瞻性的考量。意识到建筑产业现代化是建筑业由粗放型向集约型生产方式转变的根本路径，因而早在十几年前，集团就把建筑工业化作为转型升级的重要突破口，集中力量攻坚。

2013年3月，中天集团第一个建筑工业化研发生产基地落户浙江德清，占地400亩，项目一期引进了具有国内先进水平的内外墙板部品制造综合生产线。

随后，中天集团又先后落子金华、北京、上海、西安、北京、武汉等地建成装配式建筑产业基地，形成了年生产能力60万立方米和相配套的设计施工能力。

一方面，以建筑工业化基地为平台，中天围绕产业化发展，实现核心产业、关联产业和支撑产业集聚，为建筑产业现代化的推进奠定了坚实基础。因成绩突出，中天建设于2015年获得了“国家住宅产业化基地”荣誉称号，2017年，被住房和城乡建设部确定为“首批国家装配式建筑产业基地”。

另一方面，中天与建筑产业化先驱企业万科、长沙远大等企业合作，开展装配式项目的施工。中天还成立了“中天建筑产业现代化研究院”，引进建筑设计、岩土工程等多个岗位专业技术人才192人，编制模板、混凝土、外架、钢筋等作业指导书，形成了作业指导书系，并在自己开发的项目上开展装配式项目的实践，集设计、研发、施工于一体，中天之江诚品、德清建筑产业化基地职工宿舍楼等多个项目的完成，为企业在装配式施工方面积累了丰富的技术经验。

转型升级：勇立建筑市场潮头

“建筑行业正处在变革时期，既有挑战，也有机遇。这个机遇就是高质量发展、转型发展，质量好、技术好、效率好，就能拥有广阔的市场。”2019年6月，中天集团董事长楼永良在中国数字建筑2019年度峰会上发表演讲时这样说道。

楼永良从走进人们视野的那天起，就与“中天”或者说建筑建造紧密相关，除了这些，你看不到他的生活，他似乎与休闲无缘。然而在中天，楼永良丰富而深邃的思想，一直是中天人的精神指南，是中国建筑建造行业的前进航标，是中国企业界流传的经典。

中国经济现已进入高质量发展新时代，而高质量发展离不开创新。楼永良曾一针见血地指出中天发展之道：“中天的优势在减弱，短板在增多，但创新空间很大，体制、机制、管理变革的潜力很大。对不适应市场竞争和客户需求的，要敢于革自己的命，否则，就要被市场淘汰。”

只有依靠技术进步、创新发展、转型升级,才能始终站在市场的潮头。多年来,中天集团围绕建筑业布局的路桥、装饰、钢构、幕墙、城轨、安装、氟硅、金融投资等产业链优势逐步显现。

如今,中天集团已经成为行业翘楚。对于企业的下一步发展,楼永良也有着自己的独特思考:“很多商学院里都说,要去找市场的新蓝海。但是,我认为,企业要提升在红海中做强、做大、做优的能力。”

转型发展让企业不止一次的尝到了甜头,近年来,中天集团转型发展的决心愈发强烈,围绕转型、紧扣转型,中天企业文化也要进行有机更新。在2018年的新年工作会议上,中天集团举行了一个以前没有过的活动——表彰十大优秀工程师。楼永良在会议上表示:“中天正在进行转型,转型发展是中天的发展战略,是中天的战略指向。工程师代表着专业、专注、敬业,工程师文化就是工匠文化。工程师文化体现着中天人加快转型的决心。”

今年3月27日,中天控股集团举办主题为“建·筑美好”的品牌战略发布会,发布会上,中天控股集团公布最新的品牌架构与品牌定位,郑重表明了将中天控股打造成为“国内领先的现代工程服务商和美好生活服务商”的坚定决心。

至此,中天控股作为一家以工程服务、地产置业与社区服务、全产业链支撑为三大主营业务格局的大型企业集团,完成了对自身品牌战略系统的重新梳理,实现了更新升级。董事长楼永良在不同场合多次强调,中天的这次转型发展是主业深耕、产业链拓展,不是转行,而是由传统的工程承包商向现代工程服务商、美好生活服务商转变。

企业发展，既需要功底更需要功夫。中天集团总裁杨军感慨，中天集团的转型升级，注定是一场艰辛的持久战，对于中天来说，其难度和意义都不亚于历史上的任何一次变革。

从不那么自愿的转型到从思想意识上自觉的转型，从市场倒逼式的转型到形成制度化保证下的转型，从表面的局部转型到纵深的全面转型，中天始终在努力，在前行。

执笔人/王　超

后　记

本书由浙江省高新技术企业协会组织浙江大学的老师和博士生，以及媒体记者撰写。

协会领导对素材获取高度重视，理事长蒋泰维、常务副理事长王宏理、副理事长兼秘书长赵敏、副理事长朱仁华分别带队，与记者一起深入企业采访，认真听取企业创始人或现任董事长、总经理讲述创业创新故事和经验体会。

入选《雄居天下——风起云涌的浙商第一方阵》一书的企业，都是近几年创业创新成就显著的全国乃至全球行业巨头。因本书编辑时间仓促，还有很多“单打冠军”企业未曾采访到，我们拟将其收录在下一本企业创新案例集之中。

衷心感谢三花、桐昆、大丰、中天、西子、杭叉、卧龙、王力、万丰奥特、今飞凯达、老板、新和成、道明光学、圣奥、福斯特、三维通信、奔腾激光、创业慧康、华海、荣晟、隆基乐叶等企业的创始人、董事长、总经理在百忙之中抽出宝贵时间亲自接受采访、审阅稿件。同时，也感谢各家企业积极配合调研，提供相关资料。

衷心感谢光明日报、科技日报、浙江日报、浙商杂志、科技金融时报、凤凰周刊，以及相关市县报社的记者和浙江大学管理学院的师生不辞劳苦，深入调研，撰写稿件。

衷心感谢浙江大学及浙大出版社的领导对本书出版的鼎力支持，帮助我们按时出书，向新中国成立70周年华诞献礼。

此外，对所有关心、支持和帮助本书编写与出版的领导、同事及朋友们，一并致谢！

由于时间紧迫，采访不够深入，也限于编者水平，有挂一漏万、反映不够准确之虞，敬请批评指正。

编者

2019年9月29日

图书在版编目（CIP）数据

雄居天下：风起云涌的浙商第一方阵 / 蒋泰维主编. — 杭州：浙江大学出版社，2019.10
ISBN 978-7-308-19642-0

Ⅰ. ①雄… Ⅱ. ①蒋… Ⅲ. ①企业创新—经验—浙江 Ⅳ. ①F279.275.5

中国版本图书馆CIP数据核字（2019）第229611号

雄居天下——风起云涌的浙商第一方阵
蒋泰维　主编

责任编辑　马一萍
责任校对　杨利军　牟杨茜
封面设计　周　灵
出版发行　浙江大学出版社
（地址：杭州市天目山路148号　邮编：310007）
（网址：http://www.zjupress.com）
排　　版　杭州兴邦印务有限公司
印　　刷　杭州高腾印务有限公司
开　　本　710mm×1000mm　1/16
印　　张　26.75
字　　数　311千
版 印 次　2019年10月第1版　2019年10月第1次印刷
书　　号　ISBN 978-7-308-19642-0
定　　价　72.00元

浙江大学出版社市场运营中心邮购电话（0571）88925591